网络技术与资源检索

贺 胜◎编著

東北大學出版社
Northeastern University Press

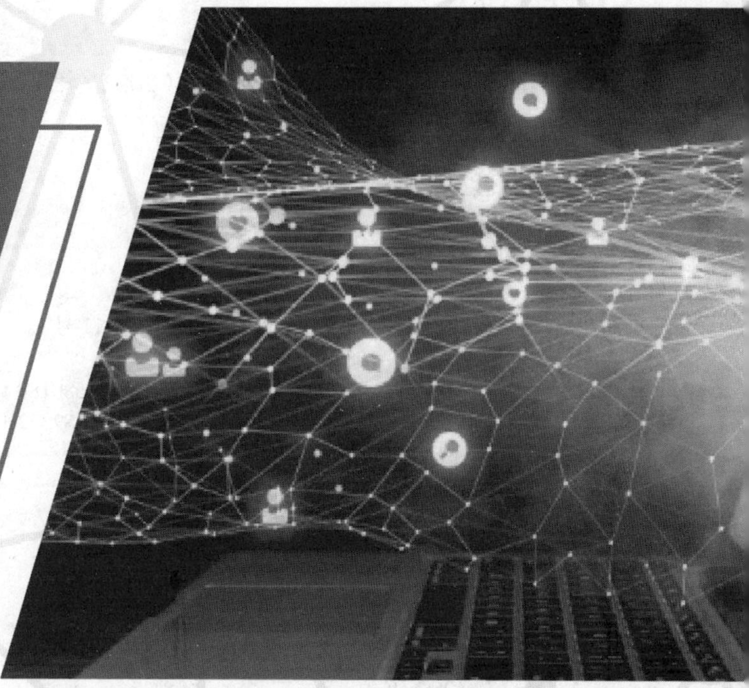

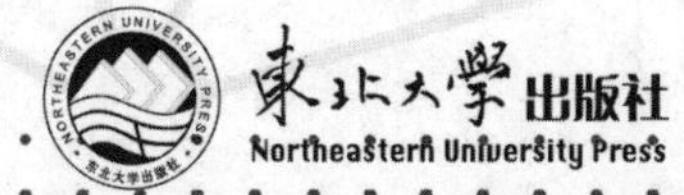

图书在版编目（CIP）数据

网络技术与资源检索 / 贺胜编著. -- 沈阳：东北大学出版社，2022.8
ISBN 978-7-5517-3035-8

Ⅰ. ①网… Ⅱ. ①贺… Ⅲ. ①网络检索 Ⅳ. ① G254.9

中国版本图书馆 CIP 数据核字（2022）第 125329 号

出 版 者：东北大学出版社
地址：沈阳市和平区文化路三号巷 11 号
邮编：110819
电话：024-83687331（市场部） 83680181（研发部）
传真：024-83680180（市场部） 83687332（社务部）
网址：http: //www. neupress.com
E-mail: neuph@neupress.com
印 刷 者：武汉鑫佳捷印务有限公司
发 行 者：东北大学出版社
幅面尺寸：170 mm × 240 mm
印 张：28.5
字 数：365 千字
出版时间：2022 年 8 月第 1 版
印刷时间：2022 年 8 月第 1 次印刷
策划编辑：罗 鑫
责任编辑：郎 坤
责任校对：刘新宇
封面设计：叶杨杨
责任出版：唐敏志

ISBN 978-7-5517-3035-8 定 价：99.80 元

前言

“网络技术与资源检索”是一门实践性很强的课程，随着信息时代的发展，网络技术、资源检索及利用方式发生了日新月异的变化。为了提高大学文科类学生的信息技术素养，本书按照教育部颁发的《普通高等学校文科类专业大学计算机教学基本要求》《文献检索课程教学基本要求》，结合编著者多年教学实践经验编写而成。除了向学生讲授网络技术与资源检索相关的理论知识外，更加注重培养学生的实践动手能力。

在第1章“网络技术概述”中，介绍了计算机网络的定义、计算机网络的发展、计算机网络的组成及分类、计算机网络的功能和应用；在第2章“网站技术概述”中，介绍了Internet基础，WWW、TCP/IP、域名与IP地址、网站与网页的基本概念、网站的开发流程、网站开发相关软件；在第3章“网站开发环境”中，介绍了常用网站开发语言、常用网站开发环境、IIS的安装与配置、Dreamweaver CS3简介，以及在Dreamweaver中设置站点；在第4章“HTML基础”中，包括HTML概述、HTML的基本结构、HTML的标签与属性、HTML语法等；在第5章“CSS基础”中，包括CSS简介、样式表的基本结构、在网页中加入CSS的方法、CSS选择器、div标签和span标签、CSS的几个特性、CSS的属性、CSS布局页面的优势及CSS选择器规范化命名；在第6章“网页布局”中，讲解了表格基础、表格的排版布局、制作页面数据表格、div+CSS布局技术、div+CSS布局案例及表格和div+CSS布局的比较；在第7章“静态网站制作实例”中，通过6个网页实战演练案例，让学生理解和掌握静态网站的制作；在第8章“动态网页技术”中，包括ASP介绍、ASP简明教程、VBScripe语法简介以及Win7下运行ASP网站程序的操作步骤；在第9章“网站数据库”中，包括网站常用数据库介绍、数据驱动知识概述、数据库结构与创建、

Dreamweaver 站点设置、建立数据源及创建记录集对象；在第 10 章“留言板功能的实现”中，通过一个网站留言簿案例，介绍了显示数据库中的记录、向数据库添加记录、修改数据库记录、删除数据库记录、检索数据库记录等操作；在第 11 章“新闻发布系统”中，通过一个网站新闻系统案例，讲解了新闻信息库的设计、新闻分页列表的实现、新闻发布功能的实现、新闻编辑功能的实现、新闻清理功能等常见操作；在第 12 章“网站后台管理”中，包括网站后台简介、常见网站后台管理系统、使用 PageAdmin 系统自建网站和 PageAdmin 的修改制作；在第 13 章“磁盘资源检索”中，介绍了文件检索利器——Everything、百度硬盘搜索、Archivarius 3000 等几个常用本地磁盘资源检索软件及操作；在第 14 章“信息检索与利用”中，介绍了信息检索的重要性、信息资源的类型、国内外主要电子资源及需掌握的相关技能；在第 15 章“资源发现系统”中，包括超星发现简介、超星发现的使用、获得文献的方式及参考文献的作用和类型等；在第 16 章“知网使用指南”中，包括知网产品介绍、数据库检索方法、数据库检索技术、检索结果处理及个性化服务。

本书是针对文理科兼有的专业特色结合高校图书馆资源收藏的实际情况，专为高等学校的学生编写的教材。

贺　胜

2022 年 4 月

我们在编写过程中参考了一些相关教材、论文和网站内容，由于引用网站内容时存在溯源困难，引用时可能有遗漏，这里特向所有参考文献的原作者表示诚挚的谢意！

本书提供相关章节的素材和参考源代码下载，读者可以发送邮件获得相关资料，邮箱为：njhesheng71@163.com。

目　录

第 1 章　网络技术概述 …… 1

1.1　计算机网络的定义 …… 1

1.2　计算机网络的发展 …… 2

1.3　计算机网络的组成 …… 5

1.4　计算机网络的分类 …… 9

1.5　计算机网络的功能和应用 …… 19

第 2 章　网站技术概述 …… 23

2.1　Internet 基础 …… 23

2.2　WWW …… 26

2.3　TCP/IP …… 30

2.4　域名与 IP 地址 …… 33

2.5　网站与网页的基本概念 …… 39

2.6　网站的开发流程 …… 43

2.7 网站开发相关软件 …… 46

第 3 章 网站开发环境 …… 52

3.1 常用网站开发语言 …… 52
3.2 常用网站开发环境 …… 58
3.3 IIS 的安装与配置 …… 59
3.4 Dreamweaver CS3 简介 …… 67
3.5 在 Dreamweaver 中设置站点 …… 71

第 4 章 HTML 基础 …… 78

4.1 HTML 概述 …… 78
4.2 HTML 的基本结构 …… 79
4.3 HTML 的标签与属性 …… 80
4.4 HTML 语法 …… 82

第 5 章 CSS 基础 …… 99

5.1 CSS 简介 …… 99
5.2 样式表的基本结构 …… 100
5.3 在网页中加入 CSS 的方法 …… 102
5.4 CSS 选择器 …… 108
5.5 div 标签和 span 标签 …… 115
5.6 CSS 的几个特性 …… 117
5.7 CSS 的属性 …… 118
5.8 CSS 布局页面的优势 …… 130
5.9 CSS 选择器规范化命名 …… 131

第 6 章　网页布局 ………………………………………………………… 134

6.1　表格基础 ………………………………………………………… 134

6.2　表格的排版布局 ………………………………………………… 140

6.3　制作页面数据表格 ……………………………………………… 152

6.4　div+CSS 布局技术……………………………………………… 159

6.5　div+CSS 布局案例……………………………………………… 164

6.6　表格和 div+CSS 布局的比较 ………………………………… 180

第 7 章　静态网站制作实例 …………………………………………… 182

7.1　实战演练 1…………………………………………………… 182

7.2　实战演练 2…………………………………………………… 185

7.3　实战演练 3…………………………………………………… 186

7.4　实战演练 4…………………………………………………… 188

7.5　实战演练 5…………………………………………………… 190

7.6　实战演练 6…………………………………………………… 192

第 8 章　动态网页技术 ………………………………………………… 197

8.1　ASP 介绍 ……………………………………………………… 197

8.2　ASP 简明教程 ………………………………………………… 202

8.3　VBScript 语法简介 …………………………………………… 206

8.4　Win7 下运行 ASP 网站程序的操作步骤……………………… 216

第 9 章　网站数据库 …………………………………………………… 222

9.1　网站常用数据库介绍 …………………………………………… 222

9.2　数据驱动知识概述 ……………………………………………… 225

9.3 数据库结构与创建 …… 226
9.4 Dreamweaver 站点设置 …… 229
9.5 建立数据源 …… 236
9.6 创建记录集对象 …… 241

第 10 章 留言板功能的实现 …… 246

10.1 显示数据库中的记录 …… 246
10.2 向数据库添加记录 …… 255
10.3 修改数据库记录 …… 272
10.4 删除数据库记录 …… 292
10.5 检索数据库记录 …… 296

第 11 章 新闻发布系统 …… 314

11.1 新闻信息库的设计 …… 314
11.2 新闻分页列表的实现 …… 320
11.3 新闻发布功能的实现 …… 328
11.4 新闻编辑功能的实现 …… 337
11.5 新闻清理功能 …… 347

第 12 章 网站后台管理 …… 352

12.1 网站后台简介 …… 352
12.2 常见网站后台管理系统 …… 353
12.3 使用 PageAdmin 系统自建网站 …… 355
12.4 PageAdmin 的修改制作 …… 358

第 13 章　磁盘资源检索 …… 382

13.1　文件检索利器——Everything …… 382

13.2　百度硬盘搜索 …… 392

13.3　Archivarius 3000 …… 403

第 14 章　信息检索与利用 …… 409

14.1　信息检索的重要性 …… 409

14.2　信息资源的类型 …… 410

14.3　国内外主要电子资源 …… 416

14.4　需掌握的相关技能 …… 422

第 15 章　资源发现系统 …… 425

15.1　超星发现简介 …… 426

15.2　超星发现的使用 …… 427

15.3　获得文献的方式 …… 430

15.4　参考文献的作用和类型 …… 432

第 16 章　知网使用指南 …… 434

16.1　知网产品介绍 …… 435

16.2　数据库检索方法 …… 437

16.3　数据库检索技术 …… 441

16.4　检索结果处理 …… 442

16.5　个性化服务 …… 444

参考文献 …… 445

第 1 章　网络技术概述

1.1　计算机网络的定义

计算机的发展，经历了以下 5 个阶段：大型机阶段、小型机阶段、微型机阶段、客户机 / 服务器阶段和互联网阶段（ARPAnet 是在 1983 年第一个使用 TCP/IP 协议的）。计算机可以分为 5 大类：服务器、工作站、台式机、笔记本、手持设备。

由于计算机网络技术在不断发展，因此在不同的发展阶段，计算机网络的定义也不尽相同。从计算机网络现状来看，计算机网络的定义为：将相互独立的计算机系统以通信线路相连接，按照网络协议进行数据通信，从而实现网络资源共享的计算机系统的集合。要更好地理解定义，应掌握以下几个概念：

① 计算机之间相互独立：首先，从数据处理能力方面来看，计算机既可以单机工作，也可以联网工作，并且计算机在联网工作时，网内的一台计算机不能强制性地控制另一台计算机；其次，从计算机分布的地理位置

来看，计算机是独立的个体，可以“远在天边”，也可以“近在眼前”。

② 网络协议：处于计算机网络的各台计算机在通信过程中，必须共同遵守统一的网络规定，这样才能够实现各个计算机之间的互相访问。

③ 通信线路：计算机网络必须使用传输介质和互联设备将各个计算机连接起来，其中的传输介质可以是同轴电缆、双绞线、光纤以及无线电波等，这些设备和传输介质共同组成了计算机网络中的通信线路。

④ 资源共享：处于计算机网络中的任一计算机，都可以将计算机本身的资源共享给其他处于该网络中的计算机使用，这些被共享的资源可以是硬件，也可以是软件和信息资源等。

1.2 计算机网络的发展

随着计算机的广泛应用，计算机网络的影响也越来越大，计算机网络从形成、发展到广泛应用，大致经历了以下几个阶段。

1.2.1 第一代计算机网络

早在 20 世纪 50 年代，人们就利用通信线路，将多台终端设备连到一台计算机上，构成“主机 – 终端”系统，如图 1–1 所示。这种面向终端的计算机网络雏形，被称为第一代计算机网络。

提示：

这里所说的终端不能够单独进行数据处理，仅能完成简单的输入输出，所有数据处理和通信处理任务均由计算机主机完成。

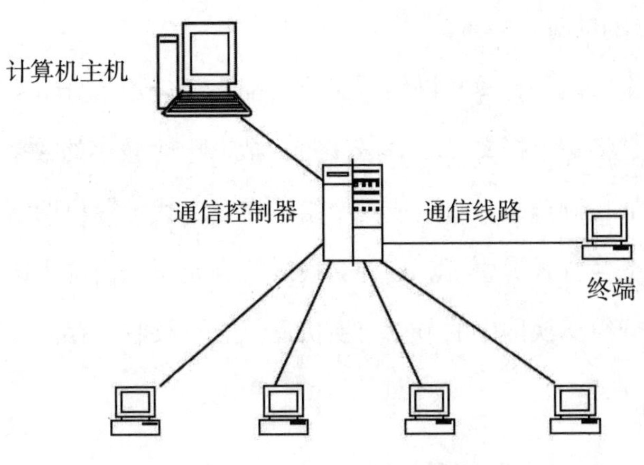

图 1–1　“主机 – 终端”系统

第一代计算机网络——“主机 – 终端”系统，由于终端没有独立处理数据的能力，因此并不是真正意义上的计算机网络。但在这个阶段，逐步开始了计算机技术与通信技术相结合的研究，是当代计算机网络发展的基础。

1.2.2　第二代计算机网络

20 世纪 60 年代，计算机应用普及范围逐渐增大，许多行业都开始配置大、中型计算机系统。正因为如此，在地理位置分散的各个部门间的信息交换量也越来越大，使得多个计算机系统通过通信线路连接成为一个计算机通信网络，以方便信息交换。在这种计算机网络中，各个计算机都具有独立处理数据的能力，并且不存在主从关系。通常情况下，称这种计算机网络为第二代计算机网络，它实现了计算机和计算机之间的通信。

第二代计算机通信网络主要用于传输和交换信息，由于没有成熟的网络操作系统的支持，因此资源共享程度不高。在这个阶段，产生了通信子网和用户资源子网的概念，因此，第二代计算机网络也称为两级结构的计算机网络。例如，美国的 ARPAnet 网络就是第二代计算机网络的典型代表，它是 Internet 的前身。

处于这个阶段的计算机网络，主要特征在于应用了分组交换技术。所谓分组，就是将一个报文（message）划分成若干个较小的数据段，并给每个数据段添加控制信息，封装成一个组。在第二代计算机网络中，面向无连接的分组交换方式诞生了。这种交换的原理是指：由源主机发出的报文分组，经过分组交换网中的节点交换机逐点进行接收、存储和转发，最后到达目的主机。

1.2.3 第三代计算机网络

到了 20 世纪 70 年代中期，计算机网络已经发展到一个新的阶段，出现了众多的网络体系结构与网络协议，将这些网络协议和网络体系结构进行国际标准化处理是急需解决的问题。举个例子来说明，当时，IBM 公司采用的是 SNA 网络体系结构，而 DEC 公司采用的是 DNA 数字网络体系结构，这两种网络体系结构存在着较大的差异，因此无法实现不同网络之间的互联，限制了计算机网络的发展。

直到 1977 年，国际标准化组织（international standards organization，ISO）制定了著名的计算机网络体系结构国际标准——开放系统互联 / 参考模型（open system interconnection/reference model，OSI/RM）。OSI/RM 的产生，标志着第三代计算机网络的诞生，它对网络技术的发展产生了极其重要的影响。

第三代计算机网络的主要特征是网络中所有的计算机遵守同一种网络协议，突出了资源（硬件、软件和数据）共享。如今，我们所使用的 Internet 是这一特征的充分写照，在网络中所有的计算机遵守同一种 TCP/IP 协议。

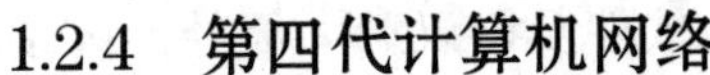

1.2.4　第四代计算机网络

从 20 世纪 90 年代开始，微电子技术、大规模集成电路技术、光通信技术和计算机技术不断发展，为计算机网络技术的发展提供了有力的支持。而在 Internet 中实现了全球范围的电子邮件、www、文件传输、图像通信等数据服务，这些都对计算机网络的传输速度提出了更高的要求。由此可见，信息综合化和传输高速化是第四代计算机网络的特点。

提示：

支持第四代计算机网络的技术有：高速网络、异步传输模式（ATM）、光纤传输介质、分布式网络、智能网络、互联网技术等。

计算机网络技术正逐步走向系统化、科学化和工程化，它将进一步朝着开放、综合、高速、智能的方向发展，从而应用到更广泛的领域、满足用户更多的需求。

表 1–1　计算机使用模式的演变

年代	内容
20 世纪 50 年代	批处理时代
20 世纪 60 年代	分时系统时代
20 世纪 70 年代	计算机间通信时代
20 世纪 80 年代	计算机网络时代
20 世纪 90 年代	互联网普及时代
2000 年	以互联网为中心的时代
2010 年	无论何时何地一切皆 TCP/IP 的网络时代

1.3　计算机网络的组成

不同的计算机网络在网络规模、网络结构、通信协议和通信系统、计算机硬件及软件配置方面都有着很大的差异。无论网络的复杂程度如何，根据网络的定义，从系统组成上来说，一个计算机网络主要分为计算机系统（主机与终端）、数据通信系统、网络软件及协议三大部分；从计算机网络的功能来讲，一个计算机网络也可以分为通信子网和资源子网两大部分。

1.3.1 计算机系统

计算机系统是网络的基本组成部分，它主要完成数据信息的收集、存储、管理和输出的任务，并提供各种网络资源。计算机系统根据其在网络中的用途，一般分为主机和终端。

1.3.1.1 主机（host）

主机是主计算机的简称，其功能是数据处理和网络控制，也是网络中的主要资源提供者。它主要是由大型机、中小型机或高档微型计算机组成，网络软件和网络的应用服务程序安装在主机中，在一般的局域网中主机通常也被称为服务器（server）。

1.3.1.2 终端（terminal）

终端是网络中的用户进行网络操作、实现人－机对话的重要工具。它在局域网中通常被称为工作站（workstation）。

1.3.2 数据通信系统

数据通信系统是连接网络的桥梁，它提供各种连接技术和信息交换技术，主要由通信控制处理机、传输介质和网络连接设备等组成。

1.3.2.1 通信控制处理机

通信控制处理机主要负责主机与网络的信息传输控制，它的主要功能

是线路传输控制、错误检测与恢复、代码转换以及数据帧的装配与拆卸等。

提示：

在交互式应用为主的局域网中，通常情况下不需要配备通信控制处理机，但需要安装网络适配器（网卡）用来担当通信部分的功能。

1.3.2.2　传输介质

传输介质是指传输数据信号的物理通道，将网络中各种设备相互连接起来。网络中的传输介质是多种多样的，总的来说分为两类：无线传输介质（如微波）和有线传输介质（如双绞线）。

1.3.2.3　网络连接设备

网络连接设备是用来实现网络中各计算机之间的连接、网络与网络之间的互联、数据信号的变换和路由选择等功能。网络连接设备包括中继器、集线器、调制解调器、路由器以及交换机等。

1.3.3　网络软件

网络软件是计算机网络中不可或缺的组成部分。网络的正常工作需要网络软件的控制，这就如同单个计算机是在软件的控制下工作一样。网络软件一方面授权用户对网络资源访问，帮助用户方便、快速地访问网络；另一方面，网络软件也能够管理和调度网络资源，提供网络通信和用户所需要的各种网络服务。网络软件一般包括网络操作系统、网络协议、管理和服务软件等。

1.3.4　通信子网和资源子网

从功能上看，计算机网络主要具有完成网络通信和资源共享两大功能。

为了实现这两个功能，计算机网络必须具有数据通信和数据处理两种能力。从这个前提出发，计算机网络可以从逻辑上被划分成两个子网：通信子网和资源子网，如图 1–2 所示。

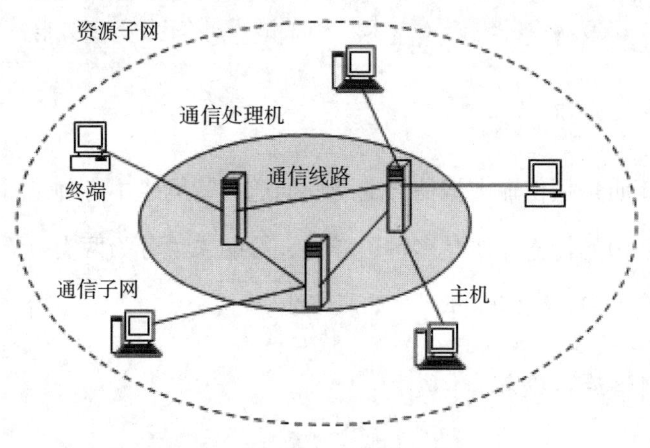

图 1–2　资源子网与通信子网

1.3.4.1　通信子网

通信子网主要负责网络的数据通信，为网络用户提供数据传输、转接、加工和变换等数据信息处理工作。通信子网由通信控制处理机（又称网络节点）、通信线路、网络通信协议以及通信控制软件组成。

1.3.4.2　资源子网

资源子网主要用于网络的数据处理功能，向网络用户提供各种网络资源和网络服务。它主要由主机、终端、I/O 设备、各种网络软件和数据资源组成。

提示：

将计算机网络划分为通信子网与资源子网，符合网络体系结构的分层思想，让网络研究和设计更加方便。

1.4　计算机网络的分类

计算机网络分类的方法很多，对计算机网络进行分类时，根据其强调的网络特性不同，分类方法也不同，下面将介绍几种常用的分类方法。

1.4.1　按网络覆盖范围分类

计算机网络根据覆盖的地域范围与规模可以分为 3 类：局域网（local area network，LAN）、城域网（metropolitan area network，MAN）和广域网（wide area network，WAN）。

1.4.1.1　局域网

局域网是指在有限的地域范围（一般不超过几十千米）内，把分散的计算机、终端、大容量存储器的外围设备、控制器、显示器等相互连接起来，进行高速数据通信的计算机网络。

从功能的角度来看，局域网的服务用户个数有限，但是局域网的配置容易，速率高，一般可达 4Mb/s ~ 2Gb/s，使用费用也低。

1.4.1.2　城域网

城域网所覆盖的地域在一座城市的范围内，即 10 ~ 100km 的区域。早期的城域网，采用光纤作为主干，在整个城市中分布，即为光纤分布式数据接口（fiber distributed data interface，FDDI），目前正转向采用光纤作为主要的传输介质，通常采用基于 IP 交换的高速路由交换机或者采用 ATM 交换机作为交换节点的传输方案。

城域网的数据传输速率较高，现在已有主干带宽为千兆的光纤宽带城域网，可提供 10/100/1000Mb/s 的高速连接。

1.4.1.3 广域网

广域网在地域上可以覆盖跨越国界、洲界，甚至全球范围。目前，Internet 是世界上最大的广域计算机网络，它是一个横跨全球、供公共商用的广域网络。除此之外，许多大型企业以及跨国公司和组织也建立了属于内部使用的广域网络。如原邮电部的 CHINANET、CHINAPAC 和 CHINADDN 网。

广域网利用公用分组交换网、卫星通信网和无线分组交换网，将分布在不同地区的局域网或计算机系统互联起来，从而达到资源共享的目的。

1.4.2 按网络传输方式分类

计算机网络按照传输方式分类，可以分为广播式网络（broadcast networks）和点－点式网络（point-to-point networks）两类。

1.4.2.1 广播式网络

所谓广播式网络，即网络中所有节点采用一个共用的通信信道来“广播”数据和“收听”数据。从发送方发出的数据中，会附带发送节点的地址（源地址）和接收节点的地址（目的地址），在网络中所有节点“收听”到发送出来的数据后，都需要将数据中带有的目的地址与自己节点本身的地址进行比较，假如该数据的目的地址与本节点地址相同，则表示是发给本站的数据而接收；其他所有“收听”的节点将自动丢弃该数据。

1.4.2.2 点－点式网络

所谓点－点式网络，即是指计算机网络中的每条链路连接一对节点。现在对两种情况来分析：假如两个节点之间存在直接链路，则可以在两者

中直接进行发送和接收数据；假如两个节点之间没有直接链路，则它们之间需要通过中间节点来转发数据。

点 – 点式网络采用数据分组存储、转发与路由选择技术，而广播式网络不需要。

1.4.3　按服务方式分类

按照服务方式分类，可以将计算机网络分为对等网络和客户机 / 服务器网络两种。

1.4.3.1　对等网络

对等网络中没有专用的服务器，在网络中的每一台计算机的地位都是平等的，即每一台计算机既是服务器又是客户机。网络中的每台计算机都可以与其他计算机对话，共享彼此的信息资源和硬件资源，一般而言，参与组网的计算机类型几乎都相同，如图 1–3 所示。

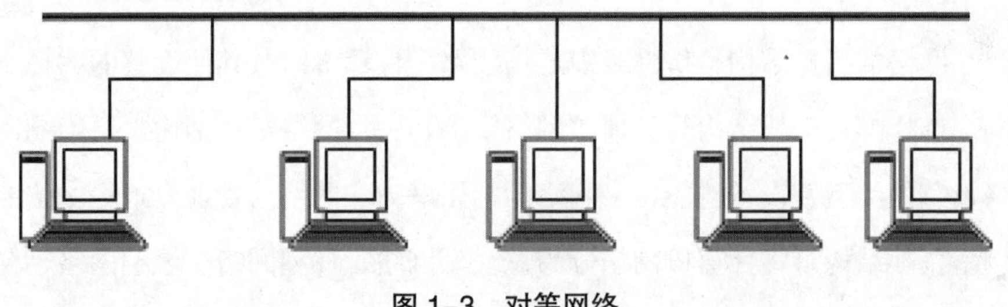

图 1–3　对等网络

1.4.3.2　客户机 / 服务器网络

在计算机网络中，如果只有 1 台或者几台计算机作为服务器为网络上的用户提供共享资源，而其他的计算机仅作为客户机访问服务器中提供的各种资源，这样的网络就是客户机 / 服务器网络。服务器是指专门提供服务的高性能计算机或专用设备，根据服务器所提供的资源的不同，又可以把服务器分为文件服务器、应用程序服务器和通信服务器等。客户机是指用户计算机。采用这种网络方式，特点是安全性较高，计算机的权限、优先级易于控制，监控容易实现，网络管理能够规范化。服务器的性能和客户机的数量决定了该网络的性能。如图 1–4 所示为客户机 / 服务器网络。

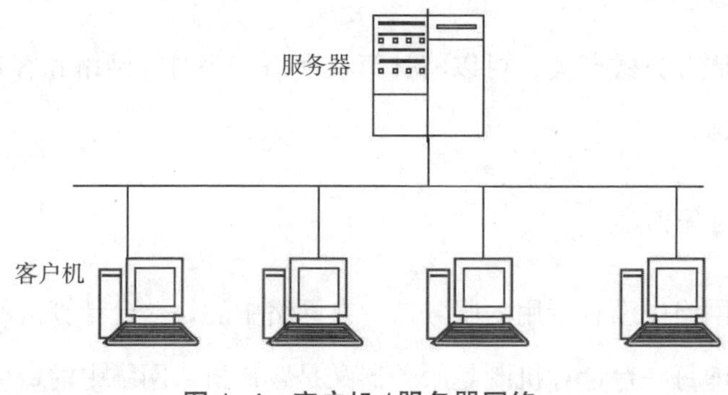

图 1–4　客户机 / 服务器网络

1.4.4　按网络的拓扑结构分类

网络的拓扑结构是指网络中通信线路、计算机以及其他设备的物理布局。选择哪种拓扑结构与具体的网络要求相关，网络拓扑结构主要影响网络设备的类型、设备的能力、网络的扩张潜力、网络的管理模式等。按照网络拓扑结构可将计算机网络分为总线型网络、环型网络、星型网络、树型网络、网状型网络等。

1.4.4.1　总线型网络

总线型网络是指采用一条中央主电缆连接多个节点，在电缆两端都要加装终结器匹配而构成的一种网络类型。其拓扑结构如图 1–5 所示。

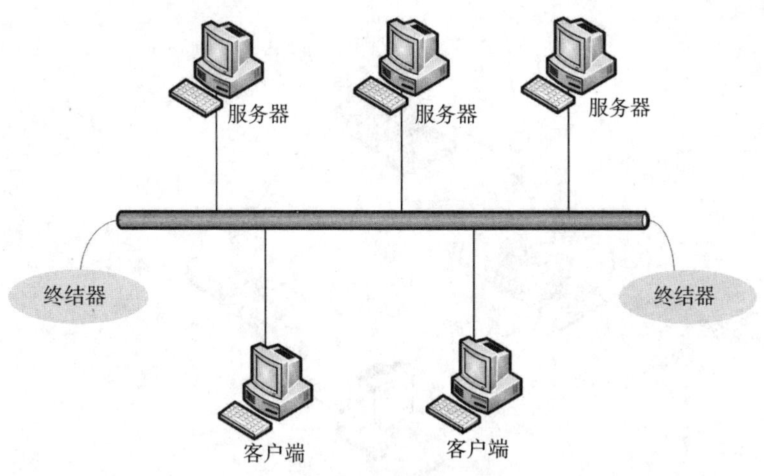

图 1–5　总线型网络拓扑结构

在总线型网络中，所有计算机都必须使用专用的硬件接口直接连接在总线上，任何一个节点的信息都能沿着总线向两个方向进行传输，并且能被总线上的任何一个节点所接收。由于总线型网络中的信息向四周传播，类似于广播电台，所以总线型网络也被称为广播式网络。

由于总线负载能力的原因，其长度有一定限制，且一条总线也只能连接一定数量的计算机。除此之外，它也具有网络结构简单、灵活，便于扩展；网络的可靠性高，网络响应速度快，且资源共享能力强等优点。

1.4.4.2　环型网络

在环型网络中，各节点首尾相连形成一个闭合型的环型线路。其拓扑结构如图 1–6 所示。

在环形网络中，其信息的传递是单向的，即沿环网的一个方向从一个节点传到另一个节点。在这个过程中，由环型网络内的各节点（信息发送节点除外）通过对比信息流内的目的地址来决定是否接收该信息。

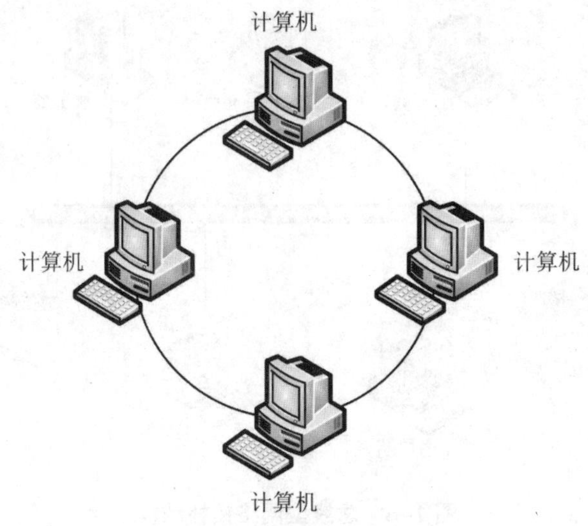

图 1–6　环型网络拓扑结构

由于信息在环型网络内沿固定方向流动，并且两个节点间仅有唯一的通路，因此简化了路径选择的控制。另外，还具有结构简单，建网容易，便于管理等优点。除此之外，也包括当节点过多时，将影响传输效率，不利于网络扩充。

1.4.4.3　星型网络

星型网络拓扑结构由中央节点和其他从属节点构成。其中，中央节点可以与其他节点直接进行通信，而其他节点间通信则要通过中央节点。在星型网络中，中央节点通常是指集线器或交换机等设备。例如，使用集线器组建而成的局域网便是一种典型的星型网络，如图 1–7 所示。

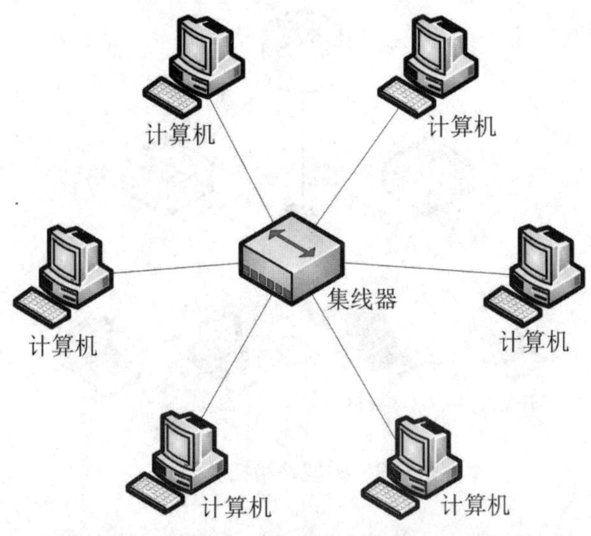

图 1–7　星型网络拓扑结构

在星型网络中，任何两台计算机要进行通信都必须经过中央节点，所以中央节点需要执行集中式的通信控制策略，以保证网络的正常运行，这使得中央节点的负担往往较重，而且一旦中央节点出现故障，将会导致整个网络的瘫痪。

1.4.4.4　树型网络

树型网络是星型网络的拓展。它具有一种分层结构，包括最上层的根节点和下面的多个分支，各节点间按层次进行连接，数据主要在上、下节点之间进行交换，相邻节点或同层节点之间一般不进行数据交换，其结构如图 1–8 所示。

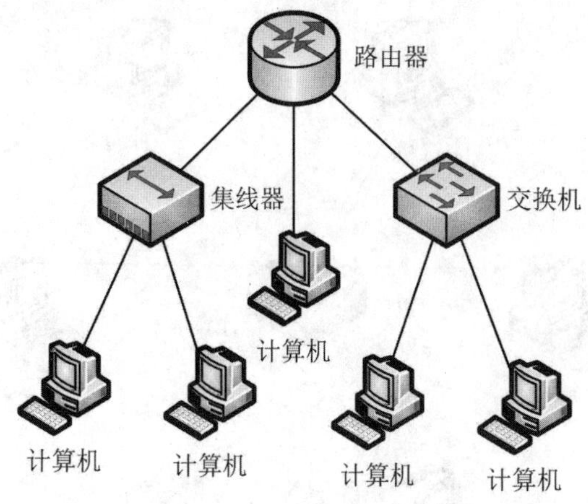

图 1–8　树型网络拓扑结构

在树型结构的网络中，任意两个节点之间的信息传输不产生回路，每条通路都支持双向传输。这种结构具有扩充方便灵活、成本低、易推广、易维护等优点。除此之外，也具有资源共享能力较弱、可靠性较差、任何一个节点或链路的故障都会影响整个网络的运行、对根节点的依赖过大等缺点。

1.4.4.5　网状型网络

网状型网络是指将多个子网或多个网络连接起来构成的网际拓扑结构。在一个子网中，集线器、中继器将多个设备连接起来，而桥接器、路由器及网关则将子网连接起来。根据组网硬件不同，主要有三种网际拓扑:

- 网状网

在一个大的区域内，用无线电通信链路连接一个大型网络时，网状网是最好的拓扑结构。通过路由器与路由器相连，可让网络选择一条最快的路径传送数据，如图 1–9 所示。

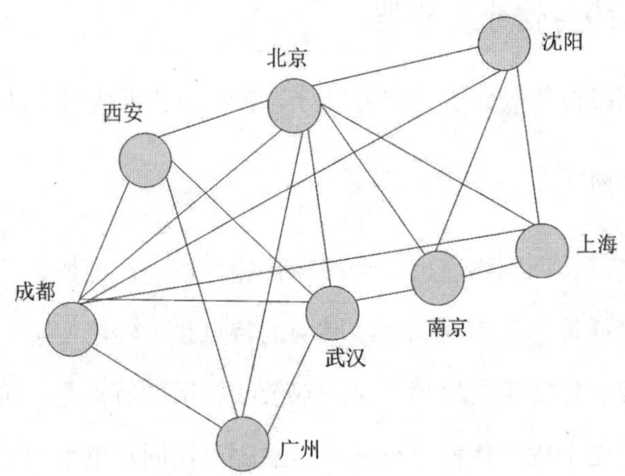

图 1-9　典型的网状拓扑结构

● 主干网

通过桥接器与路由器把不同的子网或 LAN 连接起来形成单个总线或环型拓扑结构，这种网通常采用光纤作为主干线。

● 星状相连网

利用一些叫作超级集线器的设备将网络连接起来，由于星型结构的特点，网络中任一处的故障都可容易查找并修复。

网状拓扑具有以下优点：网络可靠性高，一般通信子网中任意两个节点交换机之间，存在着两条或两条以上的通信路径。这样，当一条路径发生故障时，还可以通过另一条路径把信息送至节点交换机。网络可组建成各种形状，采用多种通信信道，多种传输速率。网内节点共享资源容易。可改善线路的信息流量分配。可选择最佳路径，传输延迟小。

而网状拓扑同时也有其缺点，如控制复杂，软件复杂。线路费用高，不易扩充。网状拓扑结构一般用于 Internet 骨干网上，使用路由算法来计算发送数据的最佳路径。

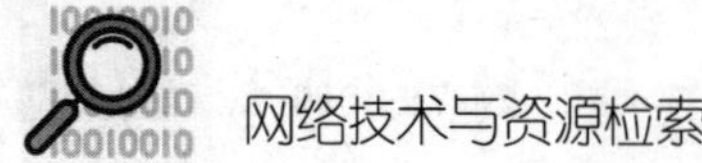

1.4.5 按网络传输介质分类

计算机网络按传输介质分类可以分为有线网和无线网两种。

1.4.5.1 有线网

所谓有线网，即网络通过某种线形传输介质连接而成，如同轴电缆、双绞线以及光纤等。采用同轴电缆联网的特点是：经济实惠、传输率和抗干扰能力一般、传输距离较短。采用双绞线联网的特点是：价格便宜、安装方便，但易受干扰、传输率较低、传输距离比同轴电缆短。采用光纤联网的特点是：传输距离长、传输速率高、抗干扰性强。

1.4.5.2 无线网

所谓无线网，即采用空气中的电磁波作为载体来传输数据的网络。无线网的特点有联网费用较高、数据传输率高、安装方便、传输距离长、抗干扰性不强等。无线网包括无线电话、无线电视网、微波通信网、卫星通信网等。

1.4.6 按网络的交换方式分类

所谓网络的交换方式，其实是指一种转接的方式。在计算机网络中，需要通过交换设备，在用户需要时提供数据传输的通道。计算机网络按交换方式分类可以分为以下几种。

1.4.6.1 线路交换网络

线路交换网络是由电话线路系统演变而来的，早期的计算机网络就是采用线路交换的方式来进行数据传输的。

1.4.6.2　报文交换网络

报文交换是指当计算机之间开始通信时，发送端发出的一个报文被存储在计算机网络中的一个交换器中，交换器根据报文的目的地址选择合适的路径发送报文。

1.4.6.3　分组交换网络

分组交换是将一个长的报文划分为许多定长的报文分组，以分组作为传输的基本单位，以实现网络中数据的传输。分组交换网络大大简化了对计算机存储器的管理，而且也加速了信息在网络中的传播。

1.5　计算机网络的功能和应用

计算机网络自 20 世纪 60 年代末诞生以来，便以异常迅猛的速度发展起来，被越来越广泛地应用于政治、经济、军事、生产及科学技术的各个领域。下面介绍计算机网络的功能和应用。

1.5.1　计算机网络的功能

计算机网络的主要功能包括数据通信、资源共享、提高计算机的可靠性以及提高系统处理能力等几个方面。

1.5.1.1　数据通信

数据通信是计算机网络的基本功能，它使得网络中的计算机与计算机之间能够相互传输各种信息，对分布在不同地理位置的部门进行集中管理与控制。

1.5.1.2 资源共享

资源共享是计算机网络的一个重要功能。在计算机网络中，资源共享包括硬件资源共享与软件资源共享两个方面。硬件资源共享是指计算机的处理能力、打印机等计算机外设以及计算机的磁盘系统等；软件资源共享包括数据资源和通用程序等。

提示：

资源共享提高了资源的利用率，它打破了资源在地理位置上的约束，使得用户在使用千里以外的资源时就如同使用本地资源一样。

1.5.1.3 提高计算机可靠性

计算机网络可以提高计算机的可靠性。这是因为在单一的计算机系统中，如果计算机中的某个部件暂时失效，必须通过替换资源的办法来维持计算机系统的正常运行。而在计算机网络中存在着可替代的资源，例如将某些重要的文件备份在处于网络中的其他计算机上，这样即使计算机网络中一台计算机出现故障，别的计算机也可以承担它的任务，使系统的可靠性提高了。

1.5.1.4 提高系统处理能力

由于单一计算机的处理能力非常有限，而利用计算机网络，可通过网络中的计算机协同操作和并行处理来提高整个系统的处理能力，并使网内各计算机负载均衡。因此，通过计算机网络可以缓解用户资源缺乏的矛盾，使各种资源得到合理调整。另外，对某些大型的任务而言，通过网络将其分散到多个计算机上进行处理，也可以使各地的计算机通过网络资源共同协作，这样也提高了系统的处理能力。

1.5.2 计算机网络的主要应用

计算机网络是信息产业的基础，随着 Internet 的日益普及，计算机网络已经在各行各业都获得了广泛的应用。

1.5.2.1 办公自动化系统（OAS）

办公自动化是以先进的科学技术（信息技术、系统科学和行为科学）完成各种办公业务。办公自动化系统的核心是通信和信息。通过将办公室的计算机和其他办公设备连接成网络，可充分有效地利用信息资源，以提高生产效率、工作效率和工作质量，更好地辅助决策。

1.5.2.2 管理信息系统（MIS）

MIS 是基于数据库的应用系统。在计算机网络的基础上建立管理信息系统，是企事业管理的基本前提和特征。例如，使用 MIS 系统，企事业可以实现各部门动态信息的管理、查询和部门间信息的传递，可以大幅提高企事业的管理水平和工作效率。

1.5.2.3 电子数据交换（EDI）

电子数据交换，是将贸易、运输、保险、银行、海关等行业信息用一种国际公认的标准格式，通过计算机网络，实现各企业之间的数据交换，并完成以贸易为中心的业务全过程。电子商务系统（EB 或 EC）是 EDI 的进一步发展。我国的“金关”工程就是以 EDI 作为通信平台。

1.5.2.4 邮件服务

对于用户来说，邮件服务是网络最常用的功能。通过邮件服务可以保

证在网络上进行电子邮件的传输，借助于电子邮件可以实现快捷方便的通信。邮件服务除提供发送、接收和存储电子邮件的功能外，还包含智能电子邮件路由、文档管理和到其他邮件服务器网络等功能。邮件服务可以运行在各种操作系统之上，可以连接到 Internet，也可以隔离在组织内。

1.5.2.5 Internet 服务

Internet 作为全球覆盖面最广的网络，已经成为生活和商业活动中不可或缺的工具。Internet 服务的概念包含很广，主要包括 WWW 服务器、文件传输功能、Internet 编址模式及安全过滤等。

1.5.2.6 管理服务

当网络规模较小时，一位网络管理员借助于网络操作系统的内部功能就可以很容易地管理网络。然而，随着网络越来越庞大、复杂，网络会变得很难管理。为跟踪大型网络运行情况，有必要使用特殊的网络管理服务。网络管理服务可以集中管理网络，并简化网络的复杂管理任务。

随着网络技术的不断发展，各种网络应用将层出不穷，并将逐渐深入到社会的各个领域及人们的日常生活当中，改变着人们的工作、学习和生活乃至思维方式。

第 2 章　网站技术概述

2.1　Internet 基础

2.1.1　Internet

Internet 将各种各样的物理网络连接起来，构成一个整体，而不论这些网络类型的异同、规模的大小和地理位置的差异。Internet 是全球最大的信息资源库，几乎包括了人们生活的方方面面，如教育、科研、商业、工业、出版、文化艺术、通信、广播电视、娱乐等。经过多年的发展，互联网已经在社会的各个方面为全人类提供便利。电子邮件、即时消息、视频会议、网络日志、网上购物等已经越来越多地融入人们的生活。

2.1.2　Internet 的发展

Internet 始于 50 多年前，是美国和苏联冷战的产物。

1968 年到 1984 年为研究实验阶段。由美国国防部高级计划研究署

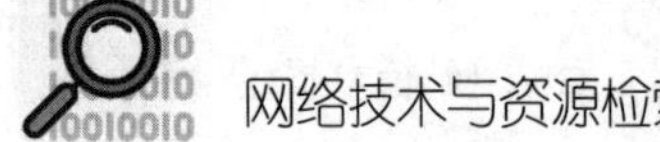

（ARPA）建立的 ARPA 网，把美国重要的军事基地与研究单位用通信线路连接起来，进行单纯的军事通信。

1984 年到 1995 年为实用发展阶段。以美国国家科学基金会（NSF）的 NSF 网为主干网，开始对全社会开放，实现了以资源共享为中心的实用服务方式，使 Internet 得到了迅速发展。

1995 年以后进入商业化阶段。其主干网也从原来由政府部门资助转化为由计算机公司、商业性通信公司提供。

我国于 1994 年 4 月成为第 71 个正式连入 Internet 的国家之后，已形成 9 个主要干道进入 Internet，它们是：中国公用计算机互联网（CHINANET）、中国教育和科研计算机网（CERNET）、中国科技网（CRN）、中国金桥信息网（GBNET）、中国联通互联网（UNINET）、中国网通公用互联网（CNCNET）、中国移动互联网（CMNET）、中国国际经济贸易互联网（CIETNET）、中国长城互联网（CGWNET）。

1994 年以来，中国建立了以北京、上海、广州三个骨干直联点为主、交换中心为辅的骨干网间互联顶层架构。2013 年，新增成都、武汉、西安、沈阳、南京、重庆、郑州 7 个骨干直联点。

截至 2021 年 8 月，全国已有国家级互联网骨干直联点 15 个，其中一个（南宁）在建，其他分别是北京、上海、广州、贵阳四个国际出口，成都、武汉、西安、沈阳、南京、重庆、郑州、杭州、福州、呼和浩特，极大提高当地网络连接速度和质量，为工业互联网、大数据中心等新基建提供良好的网络环境，有利于推动云计算、大数据以及人工智能、虚拟现实等产业的集聚迸发，为数字经济发展提供重要的基础支撑。

根据我国商务部发布的《2021 年前三季度通信业经济运行情况》，截至 2021 年 9 月末，我国三家基础电信企业的固定互联网宽带接入用户总数

达 5.26 亿户，其中，100Mb/s 及以上接入速率的固定互联网宽带接入用户达 4.85 亿户，占总用户数的 92.1%。

2.1.3　Internet 的主要组成部分

2.1.3.1　服务器（server）与客户机（client）

接入 Internet 的主机按其在 Internet 中扮演的角色不同，分成两类：服务器和客户机。服务器和客户机都是独立的计算机。当一台连入网络的计算机向其他计算机提供各种网络服务（如数据、文件的共享等）时，它就被叫作服务器。客户机是连接服务器的计算机。

所谓服务器就是 Internet 服务与信息资源的提供者，通常由具有较高的性能和较大的存储容量的主机充当。而客户机则是 Internet 服务和信息资源的使用者。

服务器借助于服务器软件向用户提供服务和管理信息资源，用户通过客户机中装载的访问各类 Internet 服务的软件访问 Internet 上的服务和资源。

2.1.3.2　路由器（router）

路由器（有时也称网关）是 Internet 中最为重要的设备，它是网络与网络之间互联的桥梁。当数据从一个网络传输到路由器时，路由器需要根据所要到达的目的地，为其选择一条最佳路径。

2.1.3.3　通信线路

通信线路是 Internet 的基础设施，各种各样的通信线路将 Internet 中的路由器、计算机等连接起来。Internet 中的通信线路归纳起来可以分为两类：有线线路（如同轴电缆、光缆等）和无线线路（如卫星、无线电等）。

2.1.3.4 信息资源

在 Internet 中存在很多类型的信息资源，主要包括文本、图像、声音或视频等多种信息类型，涉及社会生活的各个方面。用户可以通过各种服务来获取资料、搜索信息、相互交流、网上购物、发布信息、进行娱乐等。

2.2 WWW

WWW 是 world wide web 的缩写，又称为 W3、3W 或 Web，中文译为全球信息网或万维网，是一个基于超文本（hypertext）方式的信息查询工具，见图 2–1。

图 2–1 WWW

2.2.1 WWW 服务器与客户机

工作原理：信息资源以网页的形式存储在 Web 服务器中，用户查询信息时执行一个客户端的浏览器程序，向 Web 服务器发出请求，Web 服务器根据客户端的请求内容，将保存在 Web 服务器中的某个网页返回给客户端。浏览器接收到页面后对其进行解释，最终将图、文、声并茂的画面呈现给用户。另外，还可以通过页面中的链接，访问其他服务器和其他类型的信息资源。

2.2.2　超文本和超媒体

在一个超文本文件中，可以有一些词、短语或小图片作为“连接点”，这些作为“连接点”的词或短语通常被特殊显示为其他颜色并加下画线，称为超级链接（hyperlink），简称链接。即引导浏览者从一个 Web 页面直接跳转到另一个 Web 页面的 URL 字符串。

所谓超文本（hypertext）是指可以链接到其他文档的文字。从页面上看超文本也是一般的文字描述，但它包含了到其他文档或同一文档不同部分的链接（link）或超级链接（hyperlink）。

超文本是一种组织信息的方式，它通过超级链接方法将文本中的文字、图表与其他信息媒体相关联。这些相互关联的信息媒体可能在同一文本中，也可能是其他文件，或是地理位置相距遥远的某台计算机上的文件。这种组织信息方式将分布在不同位置的信息资源用随机方式进行连接，为人们查找、检索信息提供方便。

超媒体（hypermedia）是指通过图形（图像、声音、动画等）来完成的链接，或指通过链接可以获得多媒体信息或播放多媒体信息。

2.2.3　网站与网页

将提供信息服务的 WWW 服务器称为 WWW（或 Web）网站，也称为网点或站点。

WWW 网上的各个超文本文件就称为网页（page）。

一个 WWW 服务器上诸多网页中为首的一个称为主页（home page）。主页就是服务器上的默认网页。

2.2.4 超文本标记语言

超文本标记语言（hypertext markup language，HTML）是一种用来定义信息表现方式的格式化语言。它告诉 WWW 浏览器如何显示信息，如何进行链接。HTML 包括一系列标签，通过这些标签可以将网络上的文档格式统一，使分散的 Internet 资源连接为一个逻辑整体。HTML 文本是由 HTML 命令组成的描述性文本，HTML 命令可以说明文字、图形、动画、声音、表格、链接等。

HTML 语言的特点：

① HTML 语言编写起来简单方便，都是由一些标签组成，没有什么复杂的语法，人人都学得懂；

② HTML 语言可以跨平台，可以使用在广泛的平台上；

③ HTML 语言支持不同数据格式的文件镶入，这也是万维网盛行的原因之一。

2.2.5 超文本传输协议

超文本传输协议（hypertext transmission protocol，HTTP）是用于从 WWW 服务器传输超文本到本地浏览器的传输协议。它可以使浏览器更加高效，使网络传输减少。它不仅保证计算机正确快速地传输超文本文档，还确定传输文档中的哪一部分，以及哪部分内容首先显示（如文本先于图形）等。

HTTP 是客户端浏览器或其他程序与 Web 服务器之间的应用层通信协议。在 Internet 上的 Web 服务器上存放的都是超文本信息，客户机需要通过 HTTP 协议传输所要访问的超文本信息。HTTP 包含命令和传输信息，不仅可用于 Web 访问，也可以用于其他 Internet / 内联网应用系统之间的通

信，从而实现各类应用资源超媒体访问的集成。

2.2.6 URL

我们在浏览器的地址栏里输入的网站地址叫作统一资源定位符（uniform resource locator，URL），也称 Web 地址，是全球 WWW 系统服务器资源的标准寻址定位编码，用于确定所需文档在 Internet 上的位置。就像每家每户都有一个门牌地址一样，每个网页也都有一个 Internet 地址。当你在浏览器的地址框中输入一个 URL 或是单击一个超级链接时，URL 就确定了要浏览的地址。浏览器通过超文本传输协议（HTTP），将 Web 服务器上站点的网页代码提取出来，并翻译成漂亮的网页。

通常，URL 由以下四部分构成：

协议：// 主机 IP 地址或域名 / 路径 / 文件名

传输协议和站点地址之间用"：//"分开，而路径名总是以一个斜杠"/"开始。

如：http://edu.163.com/special/00293HDB/english000.html

① 协议：又称信息服务类型，是客户端浏览器访问各种服务器资源的方法，它定义了客户端与服务器在通信中采取何种方式检索或传输信息。如本例中的 http。

表 2-1　协议类型

协议类型	描述
http	使用 http 协议访问 WWW 服务器
ftp	使用 FTP(文件传输协议) 访问 ftp 文件服务器
gopher	访问基于菜单驱动的 gopher 服务器
telnet	远程登录到网络中的其他计算机
file	访问本地计算机中的文件

② 主机的 IP 地址（或域名）：指存放该资源的主机的 IP 地址或域名。

如本例中的“edu.163.com”。

③ 路径：由“/”引导的部分是用户要求访问的计算机中的具体位置。如本例中的“/special/00293HDB/”，这是一个可选项，因为并非所有的访问都用到目录。

④ 文件名：该项是访问的文件或页的文件名，它决定最终出现在用户屏幕上的内容。对于http方式，文件的类型是超文本文件，其扩展名为“.html（或.htm）”。

2.3 TCP/IP

TCP/IP（transmission control protocol/internet protocol），中文译名为传输控制协议/互联网络协议，该协议是Internet最基本的协议，简单地说，就是由底层的IP协议和TCP协议组成的。TCP/IP协议的开发工作始于20世纪70年代，是用于互联网的第一套协议。

2.3.1 TCP/IP参考模型

TCP/IP协议的开发研制人员将Internet分为5个层次，以便于理解，它也称为互联网分层模型（或互联网分层参考模型），如图2–2所示。

应用层（第五层）
传输层（第四层）
互联网层（第三层）
网络接口层（第二层）
物理层（第一层）

图2–2 互联网分层模型

① 物理层：对应于网络的基本硬件，这也是Internet的物理构成，即我们可以看得见的硬件设备，如PC机、互联网服务器、网络设备等，必

须对这些硬件设备的电气特性做一个规范，使这些设备都能够互相连接并兼容使用。

② 网络接口层：它定义了将数据组成正确帧的规程和在网络中传输帧的规程，帧是指一串数据，它是数据在网络中传输的单位。

③ 互联网层：本层定义了互联网中传输的“信息包”格式，以及从一个用户通过一个或多个路由器到最终目标的“信息包”转发机制。

④ 传输层：为两个用户进程之间建立、管理和拆除可靠而又有效的端到端连接。

⑤ 应用层：它定义了应用程序使用互联网的规程。

2.3.2　IP 协议

Internet 上使用的一个关键的底层协议是网际协议，通常称 IP 协议。我们利用一个共同遵守的通信协议，从而使 Internet 成为一个允许连接不同类型的计算机和不同操作系统的网络。要使两台计算机彼此之间进行通信，必须使两台计算机使用同一种“语言”。通信协议正像两台计算机交换信息所使用的共同语言，它规定了通信双方在通信中所应共同遵守的约定。

计算机的通信协议精确地定义了计算机在彼此通信过程的所有细节。例如，每台计算机发送的信息格式和含义，在什么情况下应发送规定的特殊信息，以及接收方的计算机应做出哪些应答，等等。

IP 协议提供了能适应各种各样网络硬件的灵活性，对底层网络硬件几乎没有任何要求，任何一个网络只要可以从一个地点向另一个地点传送二进制数据，就可以使用 IP 协议加入 Internet 了。

IP 协议对于网络通信有着重要的意义：网络中的计算机通过安装 IP 软件，使许许多多的局域网络构成了一个庞大而又严密的通信系统，从而使 Internet 看起来好像是真实存在的。但实际上，它是一种并不存在的虚拟网络，只不过是利用 IP 协议把全世界上所有愿意接入 Internet 的计算机局域网络连接起来，使得它们彼此之间都能够通信。

2.3.3 TCP 协议

尽管计算机通过安装 IP 软件，从而保证了计算机之间可以发送和接收数据，但 IP 协议还不能解决数据分组在传输过程中可能出现的问题。因此，若要解决可能出现的问题，连上 Internet 的计算机还需要安装 TCP 协议来提供可靠的并且无差错的通信服务。

TCP 协议被称作一种端对端协议。这是因为它为两台计算机之间的连接起了重要作用：当一台计算机需要与另一台远程计算机连接时，TCP 协议会让它们建立一个连接、发送和接收数据以及终止连接。

TCP 协议利用重发技术和拥塞控制机制，向应用程序提供可靠的通信连接，使它能够自动适应网上的各种变化。即使在 Internet 暂时出现堵塞的情况下，TCP 也能够保证通信的可靠。

众所周知，Internet 是一个庞大的国际性网络，网络上的拥挤和空闲时间总是交替不定的，加上传送的距离也远近不同，所以传输数据所用时间也会变化不定。TCP 协议具有自动调整“超时值”的功能，能很好地适应 Internet 上各种各样的变化，确保传输数值的正确。

因此，从上面我们可以了解到：IP 协议只保证计算机能发送和接收分组数据，而 TCP 协议则可提供一个可靠的、可流控的、全双工的信息流传输服务。

综上所述，虽然 IP 和 TCP 这两个协议的功能不尽相同，也可以分开单独使用，但它们是在同一时期作为一个协议来设计的，并且在功能上也

是互补的。只有两者的结合，才能保证 Internet 在复杂的环境下正常运行。凡是要连接到 Internet 的计算机，都必须同时安装和使用这两个协议，因此在实际中常把这两个协议统称作 TCP/IP 协议。

2.4　域名与 IP 地址

2.4.1　域名系统

Internet 采用了一种分布式分层机制的域名系统（domain name system），简称 DNS。人们使用一组简短的用英文表示的名字，称为域名（domain name），来表示每一台主机。在 Internet 上域名与 IP 地址之间是一一对应的，域名虽然便于人们记忆，但机器之间只能互相认识 IP 地址。这是为了方便对域名的有效管理，并使域名与 IP 地址之间的解析和反向解析能迅速有效地进行。

例如：

百度：202.108.22.5 $\Longleftrightarrow$ www.baidu.com.

一个完整的域名就是由各级域的域名与分配给该主机的名字共同构成的，书写时采用圆点“. ”将各个层次域隔开。

主机名 . 子域名 . 二级域名 . 顶级域名

域名是按从右到左的顺序来描述的，最右边的部分为顶层域名，最左边则是具体的主机名。

以域名 public.nj.js.cn 为例，cn 代表中国，js 表示江苏省，nj 表示南京市，public 就是这台主机的名字。

2.4.2 域名结构

域名结构见图 2–3。

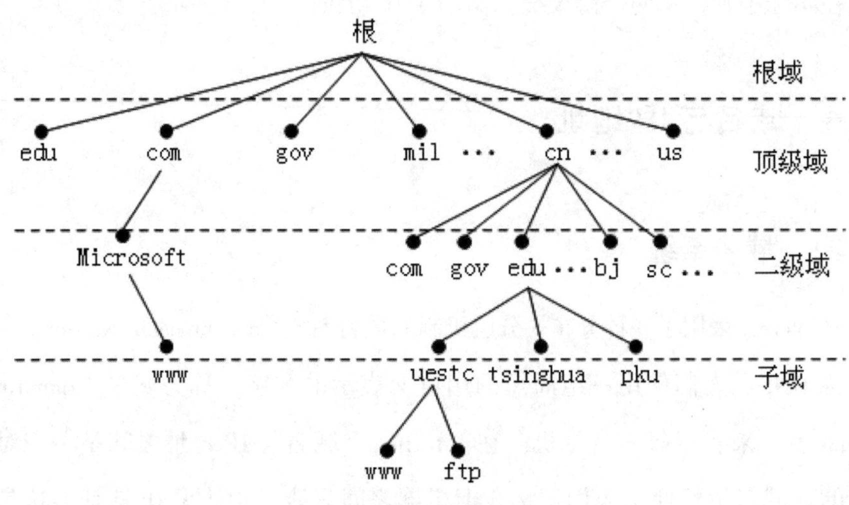

图 2–3 域名结构

2.4.2.1 顶级域名

顶级域名的划分采用两种模式，即组织模式和地理模式，如表 2–2 所示。

表 2–2 顶级域名分配

顶级域名	分配情况
com	商业机构
edu	教育机构
gov	政府部门
mil	军事部门
net	主要网络支持中心
org	上述以外的组织
int	国际组织
国家（地区）代码	各个国家（地区）

2.4.2.2 其他子域名

除了顶级域名外，各个国家有权决定进一步划分的域名。大部分国家

按组织模式进行划分。中国的二级域名采用两种方式：edu、com、gov 等域按类别命名的，而 bj 等是按行政区域命名的，从二级域名中可判定出主机所在的省份（地区）或所在单位的类型。分配如表 2–3 所示。

表 2–3　中国二级域名

	二级域名	分配情况
类别域名（6 个）	ac	科研机构
	com	工、商、金融等企业
	edu	教育机构
	gov	政府部门
	net	互联网络、接入网络的信息中心和运行中心
	org	各种非营利性的组织
行政区域名（34 个）	bj	北京市
	sc	四川省
	sh	上海市
	cq	重庆市
	hn	湖南省
	⋮	⋮

注意：在域名中不区分大小写字母；域名在整个 Internet 中是唯一的，当高级域名相同时，低级子域名不允许重复。

2.4.3　域名解析

一台主机既可以用 IP 地址表示，也可以用域名表示。但计算机只能直接识别用二进制数表示的 IP 地址，当用户输入域名时，如何处理呢？当客户使用主机域名进行通信时，必须首先将其映射成 IP 地址。这种将主机域名映射成 IP 地址的过程称为域名解析。

域名解析有两个方向：从主机域名到 IP 地址的正向地址解析，从 IP 地址到主机域名的反向地址解析。

Internet 上专门负责将域名（如 public.nj.js.cn）转换成 IP 地址（如 202.102.134. 68）的主机，称为 DNS 服务器（也称为域名服务器），只有经过 DNS 服务器的处理，我们才能通过域名找到 Internet 上的主机。

2.4.4 IP 地址及其分类

在 Internet 上连接的所有计算机，从大型机到微型计算机都是以独立的身份出现，称为主机。为了实现各主机间的通信，每台主机都必须有一个唯一的网络地址。就好像每一个住宅都有唯一的门牌一样，才不至于在传输数据时出现混乱。

Internet 的网络地址是指连入 Internet 网络的计算机的地址编号。所以，在 Internet 网络中，网络地址唯一地标识一台计算机。

我们都已经知道，Internet 是由几千万台计算机互相连接而成的。而我们要确认网络上的每一台计算机，靠的就是能唯一标识该计算机的网络地址，这个地址叫作 IP（internet protocol）地址，即用 Internet 协议语言表示的地址。

目前，在 Internet 里，IP 地址是一个 32 位的二进制地址，为了便于记忆，将它们分为 4 组，每组 8 位，由小数点分开，用四个字节来表示，而且，用点分开的每个字节的数值范围是 0 ~ 255，如 202.116.0.1，这种书写方法叫作点数表示法。

IP 地址可确认网络中的任何一个网络和计算机，而要识别其他网络或其中的计算机，则是根据这些 IP 地址的分类来确定的。一般将 IP 地址按节点计算机所在网络规模的大小分为 A，B，C 三类，默认的网络掩码是根据 IP 地址中的第一个字段确定的。

2.4.4.1 A 类地址

A 类地址的表示范围为：0.0.0.0 ~ 126.255.255.255，默认网络掩码为：

255.0.0.0；A 类地址分配给具有大量主机（直接个人用户）而局域网络个数较少的大型网络（例如 IBM 公司的网络）。A 类网络用第一组数字表示网络本身的地址，后面三组数字作为连接于网络上的主机的地址。

2.4.4.2　B 类地址

B 类地址的表示范围为：128.0.0.0 ~ 191.255.255.255，默认网络掩码为：255.255.0.0；B 类地址分配给一般的中型网络。B 类网络用第一、二组数字表示网络的地址，后面两组数字代表网络上的主机地址。

2.4.4.3　C 类地址

C 类地址的表示范围为：192.0.0.0 ~ 223.255.255.255，默认网络掩码为：255.255.255.0；C 类地址分配给小型网络，如一般的局域网和校园网，它可连接的主机数量是最少的，把所属的用户分为若干的网段进行管理。C 类网络用前三组数字表示网络的地址，最后一组数字作为网络上的主机地址。

实际上，还存在着 D 类地址和 E 类地址。但这两类地址用途比较特殊，在这里只是简单介绍一下：D 类地址称为广播地址，供特殊协议向选定的节点发送信息时使用。E 类地址保留给将来使用。

连接到 Internet 上的每台计算机，不论其 IP 地址属于哪类，都与网络中的其他计算机处于平等地位，因为只有 IP 地址才是区别计算机的唯一标识。所以，以上 IP 地址的分类只适用于网络分类。

在 Internet 中，一台计算机可以有一个或多个 IP 地址，就像一个人可以有多个通信地址一样，但两台或多台计算机却不能共用一个 IP 地址。如果有两台计算机的 IP 地址相同，则会引起异常现象，无论哪台计算机都将无法正常工作。

2.4.5 几个常用的程序

Windows 操作系统自带的 cmd 命令提示符功能非常强大，通过简单命令就能对网络系统进行查询设置。

2.4.5.1 ping

这个程序用来检测一帧数据从当前主机传送到目的主机所需要的时间。当网络运行中出现故障时，采用这个实用程序来预测故障和确定故障源是非常有效的。如果执行 ping 不成功，则可以预测故障出现在以下几个方面：网线是否连通，网络适配器配置是否正确，IP 地址是否可用等；如果执行 ping 成功而网络仍无法使用，那么问题很可能出在网络系统的软件配置方面，ping 成功只能保证当前主机与目的主机间存在一条连通的物理路径。它还提供了许多参数，如 –t 使当前主机不断地向目的主机发送数据，直到使用 Ctrl–C 中断；–n 可以自己确定向目的主机发送的数据帧数；等等。

2.4.5.2 ipconfig

ipconfig 用来显示主机内 IP 协议的配置信息。它采用 Windows 窗口的形式显示具体信息。这些信息包括：网络适配器的物理地址、主机的 IP 地址、子网掩码以及默认网关等，还可以查看主机的相关信息如：主机名、DNS 服务器、节点类型等。其中网络适配器的物理地址在检测网络错误时非常有用。

2.4.5.3 netstat

这个程序有助于我们了解网络的整体使用情况。它可以显示当前正在

活动的网络连接的详细信息，如采用的协议类型、当前主机与远端相连主机（一个或多个）的 IP 地址以及它们之间的连接状态等。它提供的较为常用的参数是: –e 用以显示以太网的统计信息; –s 显示所有协议的使用状态，这些协议包括 TCP、UDP 和 IP，一般这两个参数都是结合在一起使用的。另外 –p 可以选择特定的协议并查看其具体使用信息，–a 可以显示所有主机的端口号，–r 则显示当前主机的详细路由信息。

要运行以上这些程序，只要在 DOS 方式或 Windows 开始菜单的运行栏中以命令行的形式键入程序名即可。灵活使用这几个程序可以使你大体了解自己主机对网络的使用情况。

2.5　网站与网页的基本概念

2.5.1　网站

网站是 Internet 上的一个信息集中点，可以通过域名进行访问。网站要存储在独立服务器或者服务器的虚拟主机上才能接受访问。网站是有独立域名和独立存放空间的内容集合，这些内容可能是网页，也可能是程序或其他文件。网站不一定要有很多网页，只要有独立域名和空间，哪怕只有一个页面也叫网站。

2.5.2　Web 服务器

Web 服务器就是在 Web 站点上运行的应用程序，用户只有把设计好的网页放到 Web 服务器上才能被其他用户浏览。Web 服务器主要负责处理浏览器的请求。当用户使用浏览器请求读取 Web 站点上的内容时，浏览器会建立一个 Web 链接，服务器接受链接，向浏览器发送所要求的文件内容，然后断开链接。

2.5.3 静态网页

网页又称 HTML 文件，是一种可以在 WWW 上传输、能被浏览器认识和翻译成页面并显示出来的以 .htm，.html，.shtml，.xml 等为后缀的文件。静态网页是网站建设初期经常采用的一种形式。网站建设者把内容设计成静态网页，访问者只能被动地浏览网站建设者提供的网页内容。在静态网页中，也可以出现各种动态的效果，如 .GIF 格式的动画、FLASH、滚动字幕等，这些“动态效果”只是视觉上的，与下面将要介绍的动态网页是不同的概念。其特点如下：

① 静态网页每个网页都有一个固定的 URL，且网页 URL 以 .htm，.html，.shtml 等常见形式为后缀，而不含有“？”。

② 网页内容一经发布到网站服务器上，无论是否有用户访问，每个静态网页的内容都是保存在网站服务器上的。也就是说，静态网页是实实在在保存在服务器上的文件，每个网页都是一个独立的文件。

③ 静态网页的内容相对稳定，因此容易被搜索引擎检索。

④ 静态网页没有数据库的支持，在网站制作和维护方面工作量较大，因此当网站信息量很大时完全依靠静态网页制作方式比较困难。

⑤ 静态网页的交互性较差，在功能方面有较大的限制。

⑥ 静态网页运行数据快。

静态网页是相对于动态网页而言，是指没有后台数据库、不含程序和不可交互的网页。你编的是什么它显示的就是什么、不会有任何改变。静态网页更新起来相对比较麻烦，适用于一般更新较少的展示型网站。

2.5.4　动态网页

所谓动态网页是指网页文件里包含了程序代码，通过后台数据库与Web 服务器的信息交互，由后台数据库提供实时数据更新和数据查询服务。这种网页的后缀名称一般根据不同的程序设计语言不同，如常见的有 .asp，.jsp，.php，.perl，.cgi 等形式后缀。动态网页能够根据不同时间和不同访问者而显示不同内容。如常见的 BBS、留言板和购物系统通常用动态网页实现。动态网页的制作比较复杂，需要用到 ASP、PHP、JSP 和 ASP.NET 等专门的动态网页设计语言。

静态网页，随着 HTML 代码的生成，页面的内容和显示效果就基本上不会发生变化了——除非你修改页面代码。而动态网页则不然，页面代码虽然没有变，但是显示的内容却是可以随着时间、环境或者数据库操作的结果而发生改变的。值得强调的是，不要将动态网页和页面内容是否有动感混为一谈。这里说的动态网页，与网页上的各种动画、滚动字幕等视觉上的动态效果没有直接关系，动态网页也可以是纯文字内容，也可以是包含各种动画的内容，这些只是网页具体内容的表现形式，无论网页是否具有动态效果，只要是采用了动态网站技术生成的网页都可以称为动态网页。

总之，动态网页是基本的 html 语法规范与 Java、JS、VB、VC 等高级程序设计语言、数据库编程等多种技术的融合，以期实现对网站内容和风格的高效、动态和交互式的管理。因此，从这个意义上来讲，凡是结合了HTML 以外的高级程序设计语言和数据库技术进行的网页编程技术生成的网页都是动态网页。

2.5.5 浏览网页的过程

浏览器在浏览网页时，并不是请求一次，而是请求多次。当服务器第一次将网页以文本的形式送回浏览器时，浏览器先顺序阅读网页中的代码。当遇到图片、动画或者应用程序代码时，浏览器就会第二次请求，然后服务器找到图像、动画、应用程序代码并运行它们。当结果被送回浏览器端时，已经变成可以被浏览器解读的 HTML 代码，这样反复请求多次，才能将整个网页显示出来。

浏览器打开网页的速度，取决于客户端计算机的性能、服务器的性能、网速，以及网页的大小等综合因素。复杂的网页不但包含应用程序，还使用数据库，其执行过程更加复杂。

包含数据库的动态网页的执行过程：

① 浏览器向网络中的 Web 服务器发送请求，指向某个动态网页。

② Web 服务器接受请求信号后，将网页送至应用程序服务器。

③ 应用程序服务器将查询指令发送到数据库驱动程序。

④ 数据库驱动程序对数据库进行查询。

⑤ 记录集被返回给数据库驱动程序。

⑥ 驱动程序再将记录集送至应用程序服务器。

⑦ 应用程序服务器将数据插入网页中，此时动态网页变成普通网页。

⑧ Web 服务器将完成的普通网页传回给浏览器。

⑨ 浏览器接到 Web 服务器送来的信号后开始解读 HTML 标签并将其转换，有时还执行脚本程序，然后将结果显示出来。

2.6 网站的开发流程

网站开发没有固定的模式和套路，但对于网站建设来说，基本上都应该遵循着以下几个基本的操作步骤：

2.6.1 确定网站主题及网站内容

要想建一个网站，首先必须要确定的就是网站的主题。你要建一个什么网站？例如：网上求职、社区、论坛、交友、商城、资讯、专业技术、某一行业，等等，要先确定主题。对内容的选择，要做到小而精，主题定位要小，内容要精，不要试图建设一个包罗万象的网站，这样往往会失去自己的特色，也会带来高强度的劳动，给网站的及时更新带来困难。

2.6.2 选择好的域名

域名是网站在互联网上的名字，是网络的门牌号，一个网站，其所有建设价值都凝聚在这个域名上。在选取域名的时候，要遵循以下两个基本原则：

（1）域名应该简明易记

这是判断域名好坏的最重要因素，一个好的域名应该尽量短，并且顺口，方便大家记忆，最好让人看一眼就能记住你的域名。

（2）域名要有一定的内涵和意义

选用有一定意义和内涵的词或词组（或汉语拼音）作域名，不仅记忆性好，而且有助于网站的营销推广。

2.6.3 选择服务器技术

在着手网站制作之前要先确定使用哪种编程语言及数据库，选择哪种服务器技术。目前网络上比较流行的主要有ASP、ASP.NET、PHP、JSP等语言和ACCESS、MSSQL、MYSQL等数据库。一般的搭配为：ASP+ACCESS、ASP+MSSQL、ASP.NET+ACCESS、ASP.NET+MSSQL、PHP+MYSQL、JSP+MYSQL等，小型网站可以使用ACCESS数据库，规模大的网站一般都使用MSSQL或者MYSQL数据库。对于网站建设者来说，可以根据自身的情况，以及所掌握的专业知识，选择适合自己的服务器技术。

2.6.4 确定网站结构

（1）栏目与版块的编排

网站的主题确定后，就要对手中收集到的材料进行合理编排布局，版块的设置也要合理安排与划分，版块要比栏目的概念大一些，每个版块都要有自己的栏目。

（2）目录结构

目录的结构对网站的访问者没有太大的影响，但对站点本身的维护、以后内容的扩充和移植有着重要的影响，所以建立目录结构也要仔细考虑。

（3）链接结构

网站的链接结构是指页面之间的相互链接的拓扑结构。它建立在目录结构之上，但可以跨越目录结构。

2.6.5 网站风格

网站风格是指网站的整体形象给浏览者的综合感受，这个整体形象包括站点的CI（标志、色彩、字体、标语）、版面布局、浏览方式、交互性、文字、语气、内容价值等因素，网站可以平易近人、生动活泼，也可以专业严肃。总之，只要能让浏览者明确分辨出这是你独有的网站，也就形成

了网站风格。

2.6.6 数据库规划

选择网站需要什么规模的数据库，以及数据库的类型，这些确定之后，就可以设计数据库的结构了，数据库结构和字段设计要严谨，需要相关的专业知识。对于大型网站来讲，都会有专职的数据架构师和数据库管理人员。

2.6.7 后台开发

编写后台程序是网站开发的核心部分，编写网站后台程序需要大量复杂的逻辑，同时需要处理各种数据，从数据库中执行读取、写入库、修改、删除数据库等操作。网站后台程序是网站的骨骼，骨骼是否强壮，直接影响日后网站的运行。

2.6.8 前台开发

前台开发，又常称为网站模板，也就是网站的装修，主要用于将网站的内容呈现到浏览者的眼中。前台开发的好坏直接影响用户对网站的体验。随着对网站易用性要求的增加，前台程序开发显得越来越重要了，大型网站或者项目都有专业的前台开发人员，以更好地为用户服务。

2.6.9 网站测试

网站测试与修改是必不可少的，因为任何一个软件的开发都是存在漏洞的，网站开发也同样如此。网站测试，可以先在自己的主机上进行运行测试，也可以先上线，然后在运行过程中不断修改和完善。

2.6.10　发布网站

网站建设完成之后就可以发布了，通过 FTP 软件上传到远程服务器（对于初学者，一般会选择虚拟主机）上，然后把网站空间绑定域名，做域名解析。这样别人就可以通过网址来访问你的网站了。

2.6.11　网站推广

网站推广在网站运营过程中也占据了重要的地位，你的网站连接到互联网上之后，如果不去宣传自己，别人是不会知道你的网站的，同样也不会有人来访问你的网站，只有把你的网站推广出去，让大家都知道、了解，才能有人来访问。

2.6.12　网站日常维护

网站内容不可能一成不变，要经常对网站内容进行更新，只有这样才可以带来更多的浏览者。

2.7　网站开发相关软件

对于想要加入网站设计制作行业的新手们，学习网站制作设计的第一件事就是要选择适合自己的网站制作软件。在很早以前网页制作工程师都是使用记事本来手工编写网站代码的，但是这个需要对编程语言相对熟悉才可以，很不适合刚入门想要学习网站建设的爱好者。目前所使用的网站编辑软件工具类别越来越多，使用起来也是各有千秋。

2.7.1 网页编辑软件

2.7.1.1 Adobe Dreamweaver

Adobe Dreamweaver 是一种高级网页设计软件。它带有一个用于编写代码和设计 Web 模板的屏幕。它还有一个拖放部分，你可以使用实时预览创建网页设计。你可以同时使用这两个功能，这意味着，在编写代码时，你可以在 Dreamweaver 软件上实时预览它。而且，如果你通过拖动选项设计模板，则可以返回编码屏幕进行调整。

对于初学者和高级用户来说，它是一个很棒的网页设计工具。

2.7.1.2 WordPress

WordPress 是一个简单而免费的开源软件。它与最佳的拖放页面构建器集成，以向模板添加功能。无论你是要创建房地产网站模板还是商业主题，都可以使用 WordPress 快速生成任何类型的网站设计。

为了节省你更多时间，你还可以查看最好的内置 WordPress 主题。你可以安装 WordPress 主题并根据需要进行编辑。每个主题都有一个基本结构，你可以更改主题中的任何内容，如颜色、背景、图像等。

WordPress 安装很简单，你只需要一个域名和虚拟主机即可开始使用 WordPress。一旦你进行了设置，你就可以探索成千上万的主题和插件，它们可以帮助你实现梦想的网页设计。

2.7.1.3 Weebly

Weebly 是一个流行的网站建设和设计软件。它可用于为一般网站和在线电子商务商店创建网页设计。它受到互联网上数百万用户的信任。

Weebly 带有一个拖放界面，可在几分钟内创建你的网页设计。

像 Wix 一样，它是一个托管解决方案。它具有强大而快速的 Web 加载选项。拖放功能使得开发 Web 设计更加简单，无需编写任何代码。

2.7.1.4 GIMP

GIMP 是一种流行的免费网页设计工具。与 Adobe Photoshop 一样，它可以与图像一起使用来创建网页和模板设计。它可能没有与 Photoshop 相同的高级功能，但它附带了构建漂亮的 Web 模板所需的所有工具。

该软件适用于所有设备。可以处理高分辨率图像以创建图稿，模型和网页设计。

2.7.1.5 Sketch

Sketch 是适用于 Mac 设备的网页设计软件。它是专注于创建 Web 模板和设计的专业工具。它适用于矢量图像，可获得最佳，最高分辨率的结果。工具栏和选项非常简单。Sketch 提供了创建和管理 Web 设计项目的完全灵活性。

它具有镜像功能，允许在多种设备（如手机或平板电脑）上测试网页设计模板。这样，可以 100%确定网页设计将如何在不同的屏幕尺寸上显示。

2.7.1.6 Figma

Figma 是一个多用户网页设计软件。它允许你与设计团队联系以使用相同的 Web 模板。它是与客户共享项目并在模板设计上进行实时更改的智能工具。Figma 将网页设计提升到一个全新的水平。

它的编辑面板中包含字体、颜色和其他设置。用于创建图标或完整的 Web 模板时，工具和选项非常棒。Figma 有免费和高级计划。

2.7.1.7　Bootstrap

Bootstrap 是一个流行的框架，用于创建 Web 设计和网站。它专为技术用户精心打造前端设计而设计。它配备了最先进的开发功能。该框架功能强大，可用于使用 HTML，CSS 和 JS 进行 Web 设计。

2.7.2　图形和图像处理工具

2.7.2.1　Photoshop

Photoshop 也就是我们常说的 PS，它是由 Adobe Systems 公司开发和发行的图像处理软件，对于网站设计制作公司来说，是一款不可缺少的专业的图片处理网页设计软件。可以说一个网页设计得是否成功，主要还是取决于网页上的图片处理的精美程度，因为现在已经进入了读图的网络时代了，所以判断一个网站设计制作人员是否专业的重要因素之一就是能否熟练掌握 Photoshop。掌握了这款软件，不但能在图片设计上发挥优势，还可以在网页制作过程中节省很多时间。

2.7.2.2　Fireworks

Fireworks 由 Macromedia（在 2005 年被 Adobe 收购）推出的一款网页作图软件，软件可以加速 Web 设计与开发，是一款创建与优化 Web 图像和快速构建网站与 Web 界面原型的理想工具。Fireworks 不仅具备编辑矢量图形与位图图像的灵活性，还提供了一个预先构建资源的公用库，并可与 Adobe Photoshop、Adobe Illustrator、Adobe Dreamweaver 和 Adobe Flash 软件省时集成。

2.7.3 动画制作工具

常见的二维动画制作软件有，Flash、AE、万彩大师、AnimateGif 等。三维动画制作软件有 3dmax、maya 和 CINEMA 4D。

2.7.3.1 常用 Flash 动画制作软件

Flash 动画制作软件基于矢量图的特点，传统制作动画视频多采用 Flash 软件来完成。因为 Flash 软件公司不再更新插件，所以现在逐渐被其他软件代替。可以制作传统 Flash 逐帧动画、Flash 水墨动画、Flash 游戏动画，非常适合结合 pr 视频合成软件制作二维动画。

2.7.3.2 国产二维动画软件：万彩大师

万彩大师是一款免费国产二维软件，因为是中文界面，可以制作简单动画，如 PPT 课件动画、创意微动画等。该软件不仅可以绘制图形，还有很多精美二维动画模板，所以很受一些动画工作室喜欢，是使用起来很方便的一款软件。

2.7.3.3 MG 动画制作软件：AE

AE 是当今最流行的制作二维动画软件，MG 动画广告设计等都是使用 AE 来完成的，因为有基本的特效设计功能，在制作 MG 动画时候有一定优势，让整个动画视频看起来更加流畅和炫酷，是很多动画公司特别钟爱的一款 MG 动画制作软件。

2.7.3.4 AnimateGif

AnimateGif 是一款特别受欢迎，而且非常好用，可以协助制作各种动

态图、小视频的软件，可以迅速建造 GIF 动画。利用 AnimateGif，可以把几张图片合并成一个 gif 动画图片。可以设置是否重复、帧延迟时间、图片质量等参数。AnimateGif 支持 JPG，PNG，GIF 等格式的图片转换成 GIF 动画图像。

第 3 章　网站开发环境

3.1　常用网站开发语言

目前，常用的网站开发语言无外乎 HTML、ASP、ASP.NET、PHP、JSP 等。

3.1.1　ASP

ASP 是微软（Microsoft）所开发的一种后台脚本语言，它的语法和 Visual BASIC 类似，可以像 SSI（server side include）那样把后台脚本代码内嵌到 HTML 页面中。虽然 ASP 简单易用，但是它自身存在着许多缺陷，最重要的就是安全性问题。目前在微软的 .NET 战略中新推出的 ASP.NET 借鉴了 Java 技术的优点，使用 C Sharp（C#）语言作为 ASP.NET 的推荐语言，同时改进了以前 ASP 的安全性差等缺点。但是，使用 ASP/ASP.NET 仍有一定的局限性，因为从某种角度来说它们只能在微软的 Windows + IIS 的服务器平台上良好运行（虽然 ChilliSoft 提供了在 UNIX/Linux 上运行 ASP 的解决方案，但是目前 ASP 在 UNIX/Linux 上的应用可以说几乎没有）。所

以平台的局限性和 ASP 自身的安全性限制了 ASP 的广泛应用。

ASP 在执行的时候，是由 IIS 调用程序引擎，解释执行嵌在 HTML 中的 ASP 代码，最终将结果和原来的 HTML 一同送往客户端。

3.1.2　PHP

PHP 是一种 HTML 内嵌式的语言（就像上面讲的 ASP 那样）。而 PHP 独特的语法混合了 C，Java，Perl 以及 PHP 式的新语法。它可以比 CGI 或者 Perl 更快速地执行动态网页。

PHP 的源代码完全公开，在“开放源代码”意识抬头的今天，它更是这方面的中流砥柱。不断地有新的函数库加入，以及不停地更新，使得 PHP 无论在 UNIX 或是 Win 的平台上都可以有更多新的功能。它提供丰富的函数，使得在程式设计方面有着更好的资源。它可以在 Win 以及 UNIX/Linux 等几乎所有的平台上良好工作。PHP 在 4.0 版后使用了全新的 Zend 引擎，其在最佳化之后的效率，比较传统 CGI 或者 ASP 等技术有了更好的表现。

平台无关性是 PHP 的最大优点，但是在优点的背后，还是有一些小小的缺点的。如果在 PHP 中不使用 ODBC，而用其自带的数据库函数（这样的效率要比使用 ODBC 高）来连接数据库的话，使用不同的数据库，PHP 的函数名不能统一。这样，使得程序的移植变得有些麻烦。不过，作为目前应用最为广泛的一种后台语言，PHP 的优点还是异常明显的。

3.1.3　ASP.NET

ASP.NET 是 Microsoft.NET 的一部分，作为战略产品，不仅仅是 ASP 的下一个版本；还提供了一个统一的 Web 开发模型，其中包括开发人员生成企业级 Web 应用程序所需的各种服务。ASP.NET 的语法在很大程度上与 ASP 兼容，同时它还提供一种新的编程模型和结构，可生成伸缩性和稳定性更好的应用程序，并提供更好的安全保护。可以通过在现有 ASP 应用程序中逐渐添加 ASP.NET 功能，随时增强 ASP 应用程序的功能。ASP.NET 是一个已编译的、基于 .NET 的环境，可以用任何与 .NET 兼容的语言（包括 Visual Basic .NET、C# 和 JScript .NET）创作应用的程序。另外，任何 ASP.NET 应用程序都可以使用整个 .NET Framework。开发人员可以方便地获得这些技术的优点，其中包括托管的公共语言运行库环境、类型安全、继承等等。ASP.NET 可以无缝地与 WYSIWYG HTML 编辑器和其他编程工具（包括 Microsoft Visual Studio .NET）一起工作。这不仅使得 Web 开发更加方便，而且还能提供这些工具必须提供的所有优点，包括开发人员可以用来将服务器控件拖放到 Web 页的 GUI 和完全集成的调试支持。微软为 ASP.NET 设计了这样一些策略：易于写出结构清晰的代码、代码易于重用和共享、可用编译类语言编写，等等，目的是让程序员更容易开发出 Web 应用，满足计算向 Web 转移的战略需要。

3.1.4 JSP

JSP 和 Servlet 要放在一起讲，是因为它们都是 Sun 公司的 J2EE（Java 2 platform Enterprise Edition）应用体系中的一部分。

Servlet 的形式和前面讲的 CGI 差不多，它是 HTML 代码和后台程序分开的。它们的启动原理也差不多，都是服务器接到客户端的请求后，进行应答。不同的是，CGI 对每个客户请求都打开一个进程（process），而 Servlet 却在响应第一个请求的时候被载入，一旦 Servlet 被载入，便处于已执行状态。对于以后其他用户的请求，它并不打开进程，而是打开一个线程（thread），将结果发送给客户。由于线程与线程之间可以通过生成自己的父线程（parent thread）来实现资源共享，这样就减轻了服务器的负担，所以，Java Servlet 可以用来做大规模的应用服务。

虽然在形式上 JSP 和 ASP 或 PHP 看上去很相似——都可以被内嵌在 HTML 代码中，但是，它的执行方式和 ASP 或 PHP 完全不同。在 JSP 被执行的时候，JSP 文件被 JSP 解释器（JSP Parser）转换成 Servlet 代码，然后 Servlet 代码被 Java 编译器编译成 .class 字节文件，这样就由生成的 Servlet 来对客户端应答。所以，JSP 可以看作 Servlet 的脚本语言（script language）版。

由于 JSP/Servlet 都是基于 Java 的，所以它们也有 Java 语言的最大优点——平台无关性，也就是所谓“一次编写，随处运行（write once，run anywhere，WORA）”。除了这个优点，JSP/Servlet 的效率以及安全性也是相当惊人的。因此，JSP/Servlet 虽然在国内目前的应用并不广泛，但是其前途不可限量。

在调试 JSP 代码时，如果程序出错，JSP 服务器会返回出错信息，并在浏览器中显示。这时，由于 JSP 是先被转换成 Servlet 后再运行的，所以，浏览器中所显示的代码出错的行数并不是 JSP 源代码的行数，而是指转换后的 Servlet 程序代码的行数，这给调试代码带来一定困难。所以，在排除错误时，可以采取分段排除的方法（在可能出错的代码前后输出一些字符串，用字符串是否被输出来确定代码段从哪里开始出错），逐步缩小出错代码段的范围，最终确定错误代码的位置。

3.1.5　常用语言比较

下面比较一下 ASP、ASP.NET、JSP 和 PHP 的优点和缺点。

3.1.5.1　ASP

优点：

① 无需编译。

② 易于生成。

③ 独立于浏览器。

④ 面向对象。

⑤ 与任何 ActiveX scripting 语言兼容。

⑥ 源程序码不会外漏。

缺点：

① Windows 本身的所有问题都会一成不变地累加到它的身上。安全性、稳定性、跨平台性都会因为与 NT 的捆绑而显现出来。

② ASP 由于使用了 COM 组件所以会变得十分强大，但是这样的强大由于 Windows NT 系统最初的设计问题而会引发大量的安全问题。只要在这样的组件或是操作中稍不注意，那么外部攻击就可以取得相当高的权限而导致网站瘫痪或者数据丢失。

③ 由于 ASP 还是一种 Script 语言，所以除了大量使用组件外，没有办法提高其工作效率。它必须面对即时编译的时间考验，同时我们还不知其背后的组件的状况。

④ 无法实现跨操作系统的应用。

⑤ 还无法完全实现一些企业级的功能：完全的集群、负载均衡。

3.1.5.2　ASP.NET

优点：

① 简洁的设计和实施。

② 语言灵活，并支持复杂的面向对象特性。

③ 开发环境较好。

缺点：数据库的连接较复杂。

3.1.5.3　JSP

优点：

① 一处编写随处运行。

② 系统的多平台支持。

③ 强大的可伸缩性。

④ 多样化和功能强大的开发工具支持。

缺点：

① 与 ASP 一样，Java 的一些优势正是它致命的问题所在。

② 缺少系统性的资料。

③ 速度较慢。

3.1.5.4　PHP

优点：

① 一种能快速学习、跨平台、有良好数据库交互能力的开发语言。

② 简单轻便，易学易用。

③ 与 Apache 及其他扩展库结合紧密。

④ 良好的安全性。

缺点：

① 数据库支持的极大变化。

② 不适合应用于大型电子商务站点。

③ 安装复杂。

④ 缺少正规的商业支持。

⑤ 无法实现商品化应用的开发。

3.2 常用网站开发环境

Web 服务器是指驻留于因特网上某种类型的计算机程序。当 Web 浏览器（客户端）连到服务器上并请求页面文件时，服务器将处理该请求并将页面文件发送回浏览器上，附带的信息会告诉浏览器如何查看该文件（即文件类型）。服务器使用 HTTP（hypertext transfer protocol，超文本传输协议）进行信息交流，这就是人们也常把它们称为 HTTP 服务器的原因。

3.2.1 常用的 Web 服务器

目前常用的 Web 服务器包括 IIS（internet information server，因特网信息服务）、Apache、Tomcat、Sambar、Jboss、WebLogic、Websphere 以及金蝶 Apusic 等等。它们运行在不同的操作系统平台上。通用的 Web 服务器如 IIS、Tomcat、Apache 和 Jboss 等，通常以免费方式供用户使用，支持的并发用户数有限，适合做中小型网站系统的 Web 服务器，而 WebLogic、Websphere 和金蝶 Apusic 等专业 Web 服务器，在并发用户大量增加的情况下，仍可保持较高的处理性能，适合做大型网站系统的 Web 服务器。

3.2.2 常用的开发组合

如今主流的 Web 服务器软件主要由 IIS 或 Apache 组成。IIS 支持 ASP 且只能运行在 Windows 平台下，Apache 支持 PHP，CGI，JSP 且可运行于多种平台，虽然 Apache 是世界使用排名第一的 Web 服务器平台，但是众

所周知，Windows 以易用而出名，因此也占据不少服务器市场。

（1）IIS 环境下

① ASP+ACCESS。

② ASP+SQL SERVER。

③ ASP.NET+ACCESS。

④ ASP.NET+SQL SERVER。

（2）Apache 环境下

① JSP+Oracale。

② JSP+MYSQL。

③ PHP+MYSQL。

可以说，在未来 JSP 和 ASP.NET 将会有巨大的潜力，但 PHP 凭借其开源的特性也会占有一定份额。说 Java 好主要是因为 Java 的 J2EE 部分做企业级开发很强大，而且跨平台。VB.NET 和 ASP.NET 是基于微软 .NET 平台的语言，C# 是 .NET 平台上最好用的语言，现在只能运行在 Windows 系统。Web 开发方面 .NET 和 J2EE 的竞争很激烈，难说以后鹿死谁手。现在做网站大部分都是 ASP.NET 或 JSP，ASP.NET 容易上手，比较普及，但是平台单一，JSP 虽然上手难，但是跨平台，安全性高。

3.3　IIS 的安装与配置

3.3.1　在 Win7 中安装 IIS 的步骤

第一步，打开控制面板，选择并进入“程序”，双击“打开或关闭 Windows 功能”（见图 3–1），在弹出的窗口中选择“Internet 信息服务”

下面所有选项（见图 3–2），点击确定后，开始更新服务（见图 3–3）。

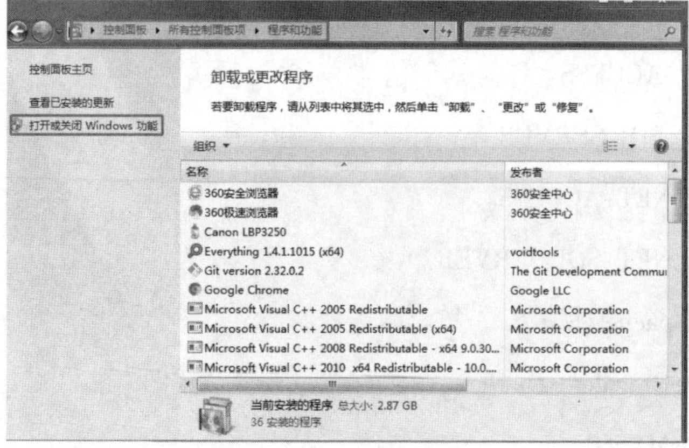

图 3–1　“程序”界面

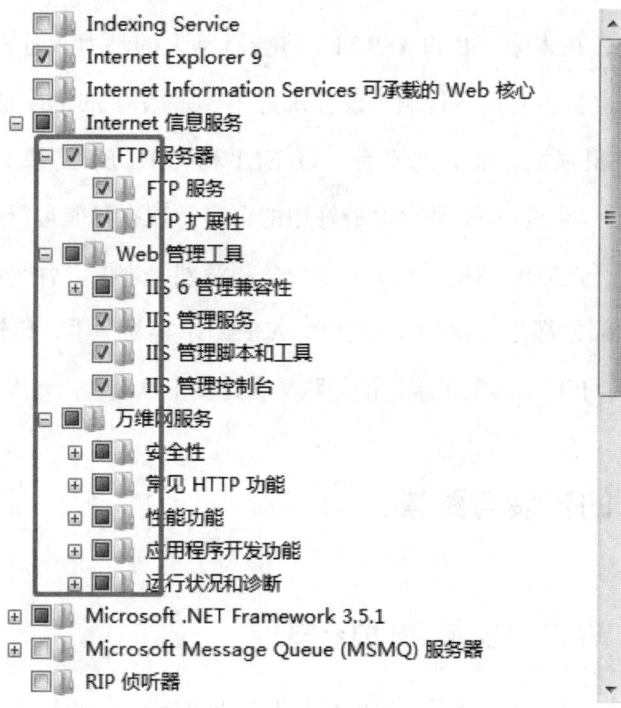

图 3–2　Windows 功能界面

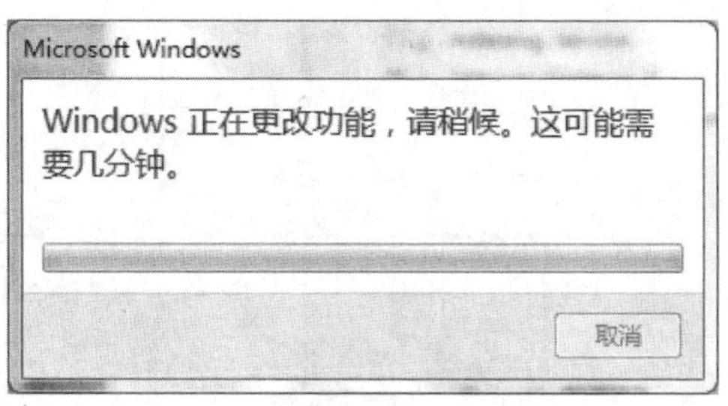

图 3–3　开始更新服务界面

第二步，更新完成后，打开浏览器，输入“http://localhost/”回车，如果此时出现 IIS7 欢迎界面（见图 3–4），说明 Web 服务器已经搭建成功。

图 3–4　IIS7 欢迎界面

第三步，当 Web 服务器搭建成功后，把开发的网站安装到 Web 服务器的目录中。一般情况下，当 Web 服务器安装完成后，会创建路径“% 系统根目录 %inetpub/wwwroot”，一般 IIS 的系统目录位于 c：\inetpub，将开发的网站复制到该路径下（见图 3–5）。即可实现本地访问该网站。

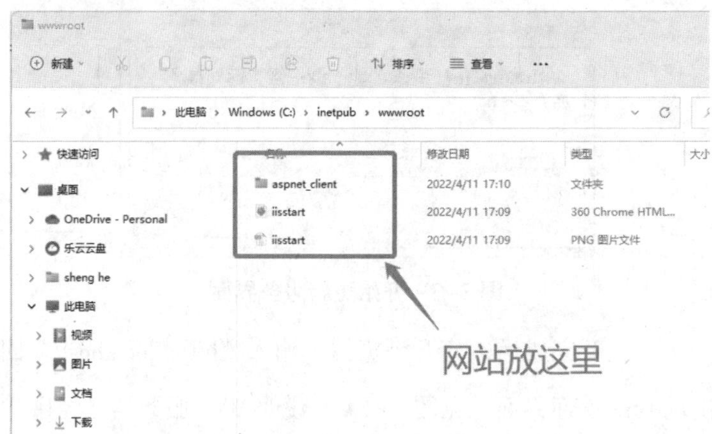

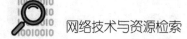

图 3–5　将开发的网站复制到系统目录

第四步，设置防火墙，让局域网其他计算机也能访问本地网站资源。具体方法：打开控制面板，选择“系统和安全”（见图 3–6），点击“允许程序通过 Windows 防火墙”，在弹出的对话框中勾选“万维网服务（HTTP）”右侧的两个复选框（见图 3–7），最后点击确定退出。

图 3–6　“系统和安全”界面

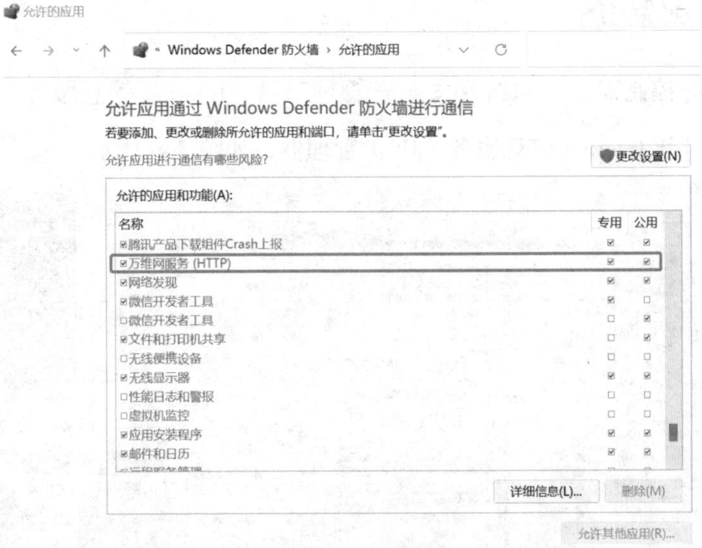

允许的应用

Windows Defender 防火墙 › 允许的应用

允许应用通过 Windows Defender 防火墙进行通信

若要添加、更改或删除所允许的应用和端口，请单击"更改设置"。

允许应用进行通信有哪些风险?

更改设置(N)

允许的应用和功能(A):

名称	专用	公用
☑腾讯产品下载组件Crash上报	☑	☑
☑万维网服务 (HTTP)	☑	☑
☑网络发现	☑	☑
☑微信开发者工具	☑	☐
☐微信开发者工具	☐	☑
☑文件和打印机共享	☐	☑
☐无线便携设备	☐	☐
☑无线显示器	☑	☑
☐性能日志和警报	☐	☐
☐虚拟机监控	☐	☐
☑应用安装程序	☑	☑
☑邮件和日历	☑	☑

详细信息(L)...　删除(M)

允许其他应用(R)...

图 3–7　勾选"万维网服务（HTTP）"

第五步，在局域网中其他计算机上，打开浏览器，输入"http://Web 服务器的 IP 地址 /"按回车键，就可以访问服务器上的资源（见图 3–8）。

经过以上步骤的设置，局域网中的其他用户就可以通过浏览器访问你所共享的 Web 资源了。

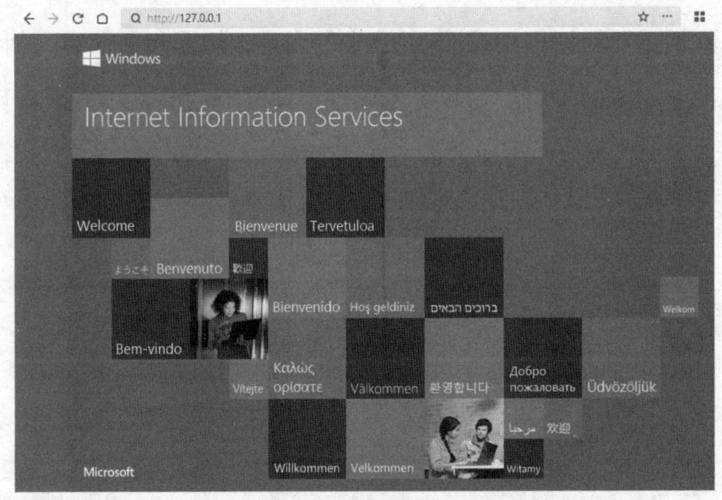

图 3–8　访问服务器上的资源

3.3.2 配置 IIS

选择控制面板—系统和安全—管理工具—Internet 信息服务（IIS）管理器，打开 Internet 信息服务（IIS）管理器，如图 3-9 所示。

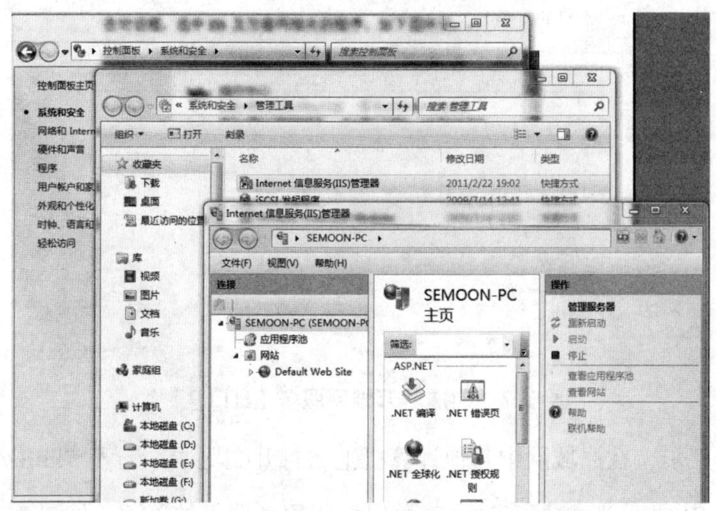

图 3-9 打开“Internet 信息服务（IIS）管理器”

（1）创建网站

将鼠标指向 IIS 管理器左侧窗格的“网站”，右击，选择“添加网站”，在“添加网站”对话框中按图 3-10 中的内容，填写相关信息，创建一个名为 www.rose.com 的网站。该网站的物理文件位于 E: \www.rose.com 目录下。单击确定，则管理器中增加了一个 Web 网站 www.rose.com。

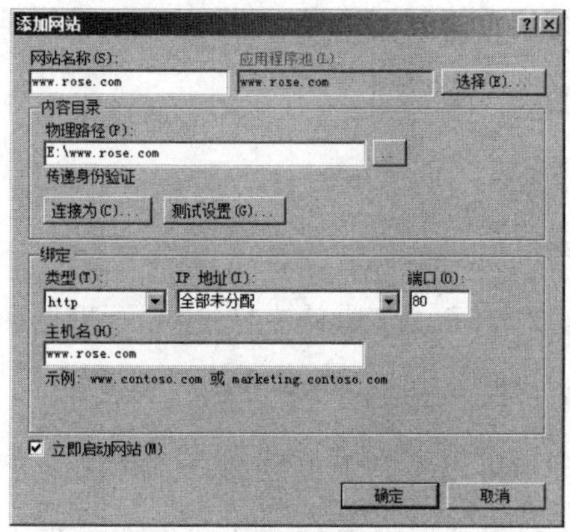

图 3–10　“添加网站”对话框

（2）管理网站

右击 Web 网站 www.rose.com，在弹出的菜单中选择相应的菜单项可对网站进行管理，如图 3–11 所示。

图 3–11　网站管理菜单

该菜单项相应的功能也可在右侧的“操作”列表中选择。常用的操作分别是：

① 管理网站（启动、关闭网站）。

② 编辑网站（绑定：修改端口号、主机名等，基本配置：物理目录）。

③ 高级设置（查看配置信息）。

④ 添加应用程序。

⑤ 添加虚拟目录。

另外，还可根据要求，配置“默认文档”（在管理器窗口的IIS列表下），以便在用户访问网站时提供缺省的文档。

虚拟目录在物理上可以不属于主目录，也即它是主目录以外的其他目录，但需要纳入到主目录下来进行Web页面发布。要从主目录以外的其他目录中发布网站，就必须创建虚拟目录。虚拟目录不包含在主目录中，它有一个别名供Web浏览器访问。虚拟目录的别名可以随意取定，一般可按实际文件夹名取定。

（3）域名解析

在开发阶段，通常没有为类似www.rose.com主机提供域名解析，因此，需要提供解析方法。编辑“系统盘\windows\System32\drivers\etc\hosts”文件（用记事本），在文件的最后，加入以下信息，通过该文件对www.rose.com主机进行IP地址解析。

127.0.0.1　　　　www.rose.com

保存该文件。

编辑名为index.html的文件，内容如下：

```
<html>
<head>
    <title>IIS Test Document</title>
</head>
<body>
```

```
It's rose.com!
</body>
</html>
```

存放在 E：\ www.rose.com 目录下。在 IE 中，输入 www.rose.com /index.html 或 www.rose.com

3.4　Dreamweaver CS3 简介

3.4.1　启动界面

图 3–12 所示为 Dreamweaver CS3 界面。

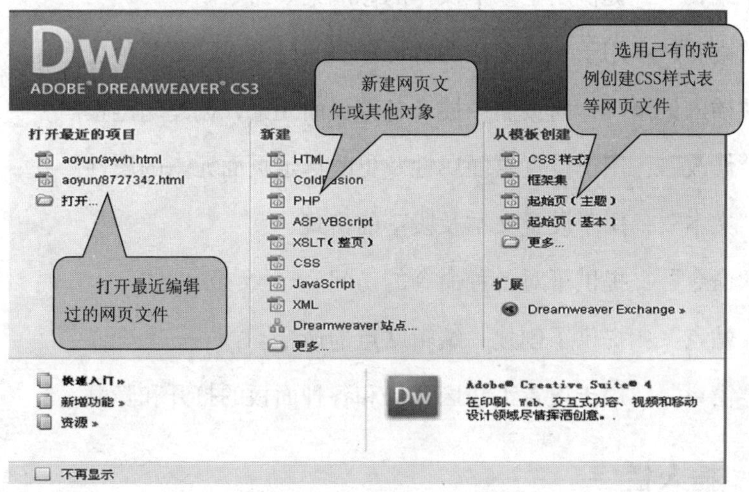

图 3–12　启动界面

3.4.2　工作界面

图 3–13 所示为 Dreamweaver CS3 工作界面。

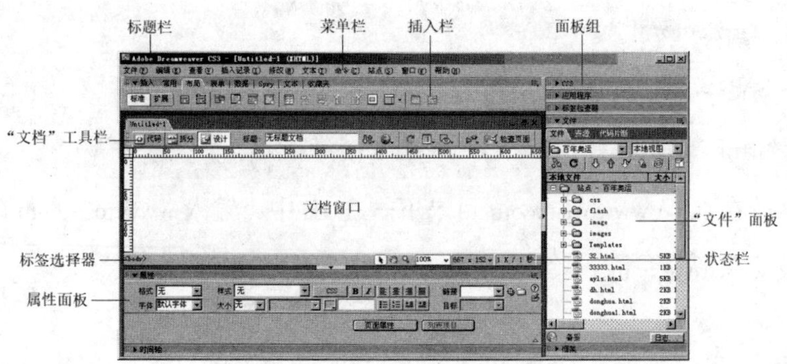

图 3–13　工作界面

3.4.3　菜单栏

“文件”：提供新建、打开、保存、预览、转换文档格式等命令。

“编辑”：提供用于基本操作的标准菜单命令。

“查看”：用于切换文档的各种视图，显示或隐藏各种页面元素。

“插入记录”：向页面中插入各种页面元素，创建超链接。

“修改”：用于设置页面属性及更改选定页面元素的属性。

“文本”：用于设置文本及段落的格式。

“命令”：提供了对各种命令的访问。

“站点”：提供了创建、编辑站点的命令。

“窗口”：用于设置工作区布局和各种面板的打开和隐藏。

3.4.4　插入栏

图 3–14 所示为插入栏。

图 3–14　插入栏

“常用”：用于创建和插入最常用的对象。

“布局”：用于插入表格、div 标签、框架和 Spry 构件。还可以选择表格的两种视图：标准（默认）视图和扩展视图。

“表单”：包含一些按钮，用于创建表单和插入表单元素。

“数据”：可以插入 Spry 数据对象和其他动态元素。

“Spry”：包含一些用于构建 Spry 页面的按钮。

“文本”：用于插入各种文本格式和列表格式的标签。

“收藏夹”：用于将最常用的按钮分组和组织到某一公共位置。

3.4.5　“文档”工具栏

图 3-15 所示为“文档”工具栏。

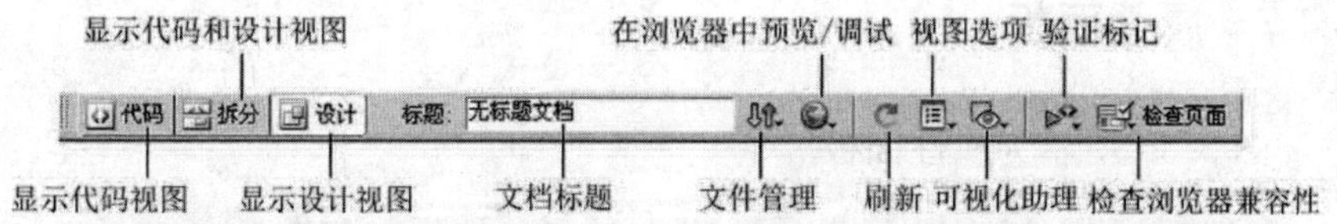

图 3-15　“文档”工具栏

“文档标题”：显示当前网页的标题。新建文档时，默认的网页标题是“无标题文档”。

“文件管理”：显示“文件管理”菜单，包括上传、下载等命令。

“在浏览器中预览 / 调试”：选择一种浏览器预览或调试文档。

“可视化助理”：用户可以使用各种可视化助理来设计页面。

“检查浏览器兼容性”：用于检查 CSS 是否对各种浏览器均兼容。

3.4.6　状态栏

图 3-16 所示为状态栏。

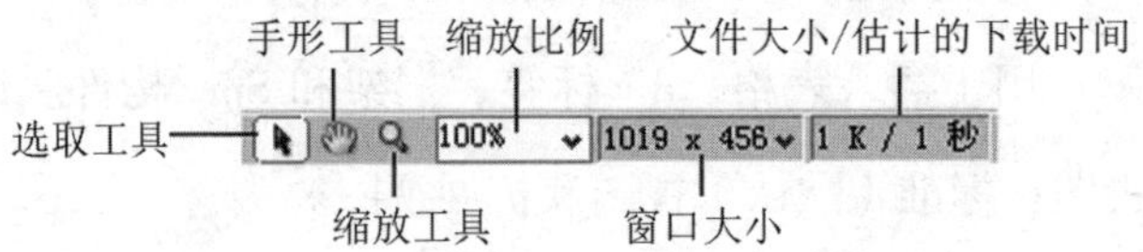

图 3–16　状态栏

“选取工具”：用于选取“文档”窗口内的对象。

“手形工具”：用来移动对象的位置。

“缩放工具”：增大或减小窗口的显示比例。

“窗口大小”：显示当前文档窗口的大小，以像素为单位。

“文件大小”/估计的下载时间：显示页面的预计文档大小和预计下载时间。

3.4.7　属性面板

图 3–17 所示为属性面板。

图 3–17　属性面板

属性面板用于查看和编辑当前选定对象(如文本、图像等)的各种属性。不同页面元素对应的属性面板也不同。

打开属性面板的方法：

① 选择“窗口→属性”命令。

② 按 Ctrl+F3 快捷键。

3.4.8　面板组

Dreamweaver CS3 的面板组中包含许多面板，每个面板都可以展开或折

叠，如图 3–18 所示，关闭或打开面板可以通过“窗口”菜单来完成。

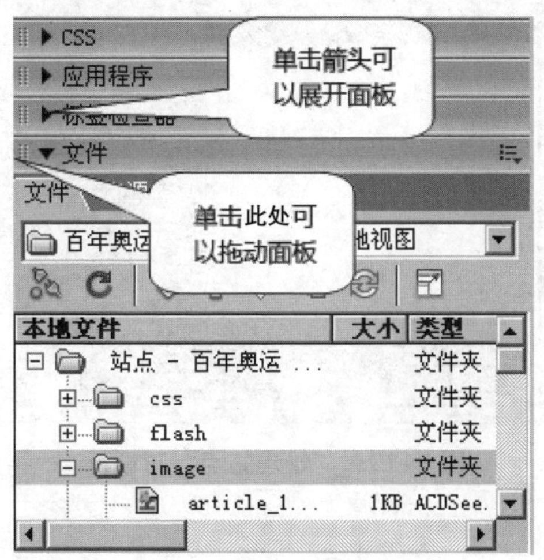

图 3–18　面板组

3.4.9　标尺和网格

在调整网页中一些对象的位置和大小时，利用 Dreamweaver CS3 提供的标尺和网格工具，可以使操作更加准确。

标尺和网格只在网页文档窗口内显示，在浏览器中不会显示。

选择“查看→标尺→显示”命令，可打开标尺。

选择“查看→网格设置→显示网格”命令可打开网格。

3.5　在 Dreamweaver 中设置站点

3.5.1　管理站点

选择“站点→管理站点”命令，或在“文件”面板的下拉列表中选择“管理站点”命令，打开“管理站点”对话框，如图 3–19 所示。

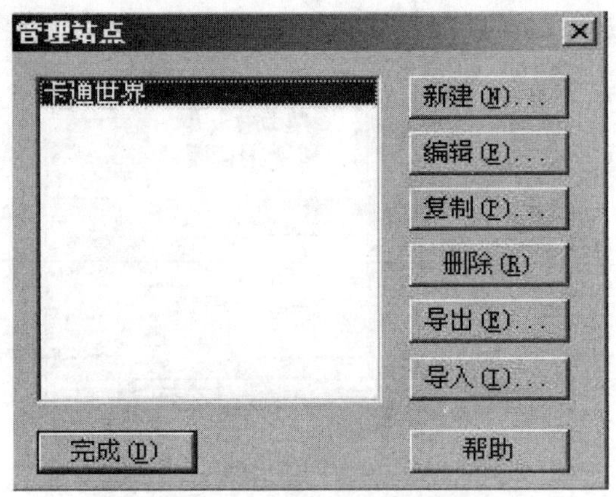

图 3-19 “管理站点”对话框

3.5.1.1 编辑站点

① 选择“站点→管理站点”命令，打开“管理站点”对话框。

② 选择需要编辑的站点，单击“编辑”按钮，弹出“站点定义”对话框。选择“基本”选项卡，可对站点基本信息进行修改，见图 3-20。选择“高级”选项卡，可对站点信息进行更为详细的修改，见图 3-21。

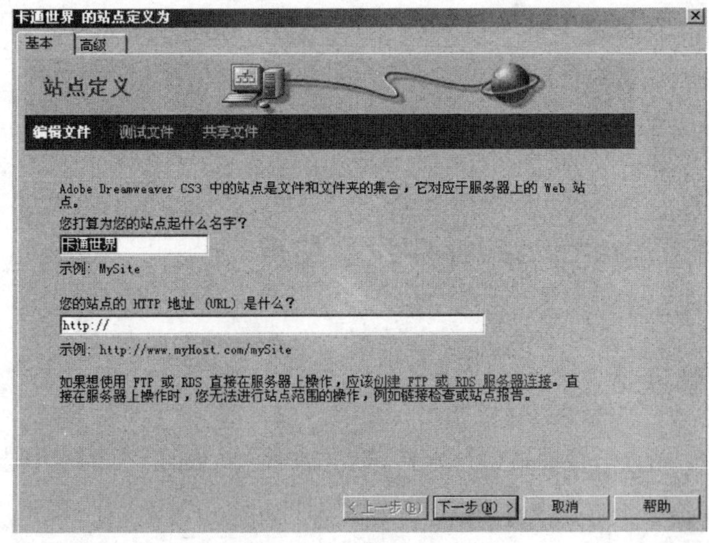

图 3-20 “基本”选项卡

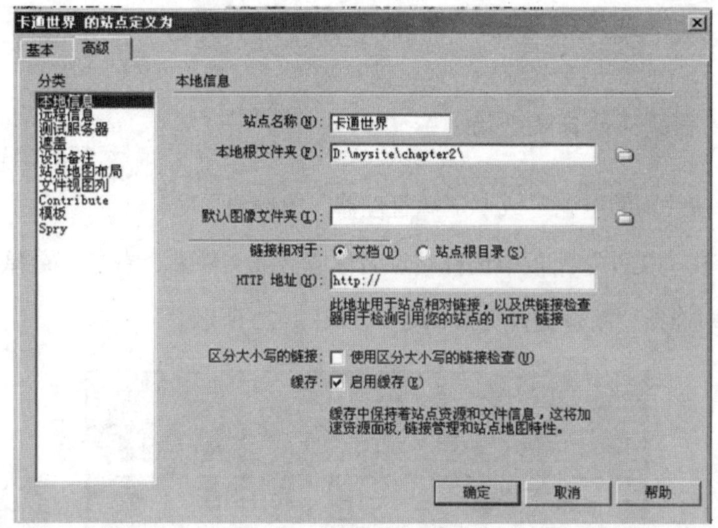

图 3–21　“高级”选项卡

3.5.1.2　站点的导入和导出

在更换一台计算机继续网站开发时，通常先将本地站点导出到站点定义文件中，然后在另一台计算机上将站点信息导入。站点定义文件的扩展名为 .ste。

3.5.1.3　删除站点

选择“站点→管理站点”命令，打开“管理站点”对话框，选择要删除的站点，单击“删除”按钮。

提示：

站点被删除后，只是删除了站点的定义信息，硬盘中相应位置的文件和文件夹并不会被删除。

3.5.2 操作站点文件

3.5.2.1 创建网站目录结构

① 在“我的电脑”或“资源管理器”中创建。

② 在“文件”面板中选择站点名称或父级文件夹，右击，在弹出的快捷菜单中选择“新建文件夹”命令，如图 3–22 所示。

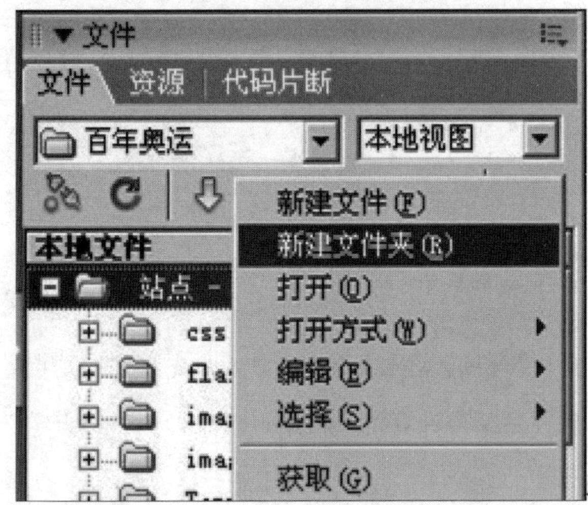

图 3–22 选择“新建文件夹”命令

建立网站目录结构时要注意以下问题：

① 不要将所有文件都存放在根目录下，以免造成文件管理混乱。

② 按栏目内容建立子目录。

③ 在每个栏目目录下都建立独立的 images 目录保存图像资源。

④ 目录的层次不要太深，建议不要超过 3 层。

⑤ 目录使用英文名称，不要使用中文名称。

⑥ 不要使用过长的目录名称。

3.5.2.2　新建网页文件

① 使用启动界面创建网页。

② 使用“文件”面板创建网页。

在“文件”面板中选择站点，右击，在弹出的快捷菜单中选择“新建文件”命令，输入文件的名称，按 Enter 键。

③ 使用菜单命令创建网页。

选择“文件→新建”命令，打开“新建文档”对话框，选择“空白页→ HTML”选项，在“布局”列表中选择“无”，单击“创建”按钮。

提示：

根据不同服务器的命名要求，网页文件名通常使用小写英文、阿拉伯数字以及符号的组合，不能使用空格、特殊字符、中文等，否则在显示时会出错，因为很多服务器不支持中文。

3.5.2.3　设置首页文件

首页，通常称为主页，是指用户在浏览器的地址栏中输入网址后网站自动打开的默认页面。

在“文件”面板中，右击要设置为首页的文件，在弹出的快捷菜单中选择“设成首页”命令。

3.5.2.4　保存文档

保存文档的方法：

① 选择“文件→保存”命令。

② 按 Ctrl+S 快捷键。

提示：

如果对打开的文档进行了修改，但尚未保存，文件名后将自动添加一个“*”，保存后“*”将消失。

3.5.2.5　预览文档

预览文档方法：

① 选择“文件→在浏览器中预览→ IExplore”命令。

② 单击“文档”工具栏上的“在浏览器中预览 / 调试”按钮，选择“预览在 IExplore”。

③ 按 F12 键。

3.5.3　“文件”面板的基本操作

“文件”面板基本操作见图 3–23。

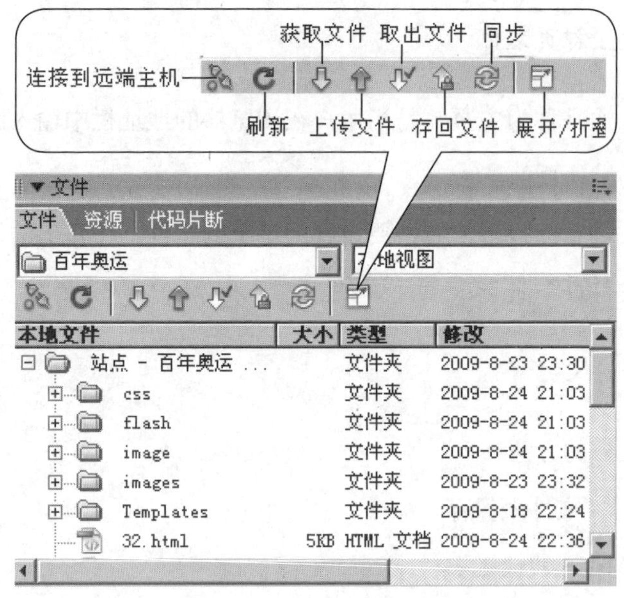

图 3–23　“文件”面板基本操作

3.5.3.1　打开文件

打开文件方法：

① 双击网页文件。

② 右击网页文件，选择“打开”命令。

3.5.3.2　创建文件或文件夹

在“文件”面板中，选择一个文件（夹）→右击选择“新建文件（夹）”→输入名称。

3.5.3.3　移动文件（夹）

移动文件（夹）方法：

① 右击，选择“编辑→剪切”，在目的位置右击选择“编辑→粘贴”。

② 直接用鼠标拖动。

3.5.3.4　删除文件（夹）

删除文件（夹）方法：

① 右击，在快捷菜单中选择“编辑→删除”命令。

② 按 Delete 键。

第 4 章　HTML 基础

4.1　HTML 概述

HTML（hypertext marked language），即超文本标记语言，是一种用来制作超文本文档的简单标记语言。HTML 语言是网页设计的基础性语言，是网页编程语言的基础。它使我们可以在因特网上展示信息。人们所看到的网页，是浏览器对 HTML 进行解释的结果。用 HTML 编写的超文本文档称为 HTML 文档，它能独立于各种操作系统平台，自 1990 年以来 HTML 就一直被用作万维网的信息表示语言。通过 HTML 可以表现出丰富多彩的设计风格、实现页面之间的跳转 、展现多媒体的效果。

HTML 只是一个纯文本文件，HTML 文件的扩展名可以是 .htm 或者 .html，现在已经没有区别了。原来在 Linux 操作系统上用 .html 作为文件的扩展名，而在 Windows 操作系统上用 .htm，因为早期的 Windows 不支持三个以上字母的文件扩展名。

所谓超文本，是因为它可以加入图片、声音、动画、影视等内容，事实上每一个 HTML 文档都是一种静态的网页文件，这个文件里面包含了 HTML 指令代码，这些指令代码并不是一种程序语言，它只是一种排版网页中资料显示位置的标记结构语言，易学易懂，非常简单。

4.2　HTML 的基本结构

下面是一个最基本的 HTML 文档的代码：

```
<HTML> --------------------------------  开始标签
<HEAD> ---------------------------------┐
<TITLE> 一个简单的 HTML 示例 </TITLE>    ├ 头部标签
</HEAD>---------------------------------┘
<BODY> ---------------------------------┐
<CENTER>                                │
<H1> 欢迎光临我的主页 </H1>              │
<BR>                                    │
<HR>                                    ├ 文件主体
<FONT SIZE= 7 COLOR= red>               │
这是我第一次做主页 |                     │
</FONT>                                 │
</CENTER>                               │
</BODY> --------------------------------┘
</HTML>--------------------------------  结尾标签
```

这个文件的第一个标签是 <HTML>，这个标签告诉你的浏览器这是

HTML 文件的头。文件的最后一个标签是 </HTML>，表示 HTML 文件到此结束。

HTML 超文本文档分文档头和文档体两部分。在 <HEAD> 和 </HEAD> 之间的内容，是 Head 信息。Head 信息是不显示出来的，你在浏览器里看不到。但是这并不表示这些信息没有用处。比如你可以在 Head 信息里加上一些关键词，有助于搜索引擎搜索到你的网页。

在 <TITLE> 和 </TITLE> 之间的内容，是这个文件的标题。你可以在浏览器最顶端的标题栏看到这个标题。

在 <BODY> 和 </BODY> 之间的信息，是正文。文档体中才是要显示的各种文档信息。

HTML 文件看上去和一般文本类似，但是它比一般文本多了一些标签，比如 <HTML>，<B> 等，通过这些标签，可以告诉浏览器如何显示这个文件里的内容。

4.3 HTML 的标签与属性

一个 HTML 文档是由一系列元素和标签组成。

4.3.1 HTML 元素

HTML 元素用来标记文本，表示文本的内容。比如 body，p，title 就是 HTML 元素。

4.3.2 HTML 标签

用“<”和“>”括起来的句子，我们称它为标签，用来分割和标记文

本的元素，以形成文本的布局、文字的格式及五彩缤纷的画面。标签通过指定某块信息为段落或标题等来标识文档某个部件。属性是标签里的参数的选项。

书写方式：

```
< 标签名 >…….</ 标签名 >
```

HTML 的标签分单标签和成对标签两种。成对标签是由首标签 < 标签名 > 和尾标签 </ 标签名 > 组成的，成对标签的作用域只作用于这对标签中的文档。单独标签的格式为 < 标签名 >，单独标签在相应的位置插入元素就可以了。

4.3.3　HTML 元素的属性

HTML 元素可以拥有属性。属性可以扩展 HTML 元素的能力。

比如你可以使用一个 bgcolor 属性，使得页面的背景色成为红色，就像这样：

```
<body bgcolor="red">
```

再比如，你可以使用 border 这个属性，将一个表格设成一个无边框的表格。如下：

```
<table border="0">
```

属性通常由属性名和值成对出现，就像这样：name="value"。上面例子中的 bgcolor，border 就是 name，red 和 0 就是 value。属性值一般用双引号标记起来。

大多数标签都有自己的一些属性，属性要写在始标签内，属性用于进一步改变显示的效果，各属性之间无先后次序，属性是可选的，属性也可以省略而采用默认值，其格式如下：

```
<标签名字  属性1  属性2  属性3 … > 内容 </标签名字 >
```

作为一般的原则，大多数属性值不用加双引号。但是包括空格、“%”，“#”等特殊字符的属性值必须加入双引号。为了形成良好的习惯，提倡对全部属性值加双引号。如：

```
<font color="#ff00ff" face=" 宋体 " size="30"> 字体设置 </font>
```

注意事项：输入始标签时，一定不要在“<”与标签名之间输入多余的空格，也不能在中文输入法状态下输入这些标签及属性，否则浏览器将不能正确识别括号中的标签命令，从而无法正确地显示信息。大多数浏览器不介意标签是大写还是小写，或者混合大小写。所以 <HTML>、<html> 或 <HtMl> 在浏览器上的显示效果都一样。但是，正确的写法是采用小写字母来书写标签。所以，要养成用小写字母书写标签的习惯。

4.4 HTML 语法

4.4.1 头元素 <head>

HTML 头部信息里包含关于所在网页的信息。在 <head> 和 </head> 之间的内容，是 Head 信息。Head 信息是不显示出来的，主要是被浏览器所用，你在浏览器里看不到。但是这并不表示这些信息没有用处。比如可以在 Head 信息里加上一些关键词，这有助于搜索引擎搜索到你的网页。为了让搜索引擎能够收录你的网页，要填写适当的 head 信息。

例如：

```
<HEAD>
<META NAME="Description"  CONTENT="The Page Of HTML">
```

```
<META NAME="Keywords"    CONTENT="Good，Better，Best">
<META HTTP-EQUIV="Content-type"  CONTENT="Text/html;charset=gb2312">
<META NAME="Author"     CONTENT="Zhou RunFa">
<META HTTP-EQUIV="Refresh"  CONTENT="3; URL=http://www.baidu.com">
<TITLE> 我的第一页面 </TITLE>
</HEAD>
```

Head 中主要有 META、TITLE 标签。

META 的属性包括：

Description，网页的描述信息。

Keywords，关键字，当搜索引擎查找时，按此关键字查找。

Content-type，用来设置该网页的编码。

Author，用来设置该网页的作者姓名。

Refresh，用来设置网页的自动更新。

CONTENT ="3; URL=http://www.baidu.com"，该网页打开 3 秒钟后，就自动转到 www.baidu.com 网站。

在 <title> 和 </title> 之间的内容，是这个文件的标题。你可以在浏览器最顶端的标题栏看到这个标题。

4.4.2　HTML 的主体标签 <body>

在 <body> 和 </body> 中放置的是页面中所有的内容，如图片、文字、表格、表单、超链接等设置。<body> 标签有自己的属性，设置 <body> 标签内的属性，可控制整个页面的显示方式。见表 4-1。

例如：

```
<body text="#000000" link="#000000" alink="#000000" vlink="#000000"
background= "gifnam.gif" bgcolor="#000000" leftmargin=3 topmargin=2
bgproperties="fixed">
```

表 4–1 <body> 标签属性

属性	描述
link	设定页面默认的链接颜色
alink	设定鼠标正在单击时的链接颜色
vlink	设定访问后链接文字的颜色
background	设定页面背景图像
bgcolor	设定页面背景颜色
leftmargin	设定页面的左边距
topmargin	设定页面的上边距
bgproperties	设定页面背景图像为固定，不随页面的滚动而滚动
text	设定页面文字的颜色

4.4.3 文字版面的编辑

4.4.3.1 换行标签

换行标签是个单标签，也叫空标签，不包含任何内容，在 HTML 文件中的任何位置只要使用了
 标签，当文件显示在浏览器中时，该标签之后的内容将显示在下一行。例如：

```
登鹳雀楼 <br> 白日依山尽，<br> 黄河入海流。<br> 欲穷千里目，
<br> 更上一层楼。
```

4.4.3.2 换段落标签 <p> 及属性

由 <p> 标签所标识的文字，代表同一个段落的文字。不同段落间的间距等于连续加了两个换行符，也就是要隔一行空白行，用以区别文字的不

同段落。它可以单独使用，也可以成对使用。单独使用时，下一个 <p> 的开始就意味着上一个 <p> 的结束。良好的习惯是成对使用。

格式：

```
<P>
<P ALIGN= 参数 >
```

其中，ALIGN 是 <p> 标签的属性，有三个参数 left，center，right，这三个参数设置段落文字的左、中、右位置的对齐方式。例如：

```
<p align="right"> 或许，这便是花儿那短暂一生最凄凉、最伤感的归宿。</p>
<p align=center> 而美丽苦短的花期 </p>
<p align="left"> 却是那最后悲伤的秋风挽歌中的瞬间插曲。</p>
```

4.4.3.3　原样显示文字标签 <pre>

要保留原始文字排版的格式，就可以通过 <pre> 标签来实现，方法是把制作好的文字排版内容前后分别加上始标签 <pre> 和尾标签 </pre>。例如：

```
<PRE>
  白日依山尽，
      黄河入海流。
             欲穷千里目，
                    更上一层楼。
</PRE>
```

4.4.3.4　居中对齐标签 <center>

文本在页面中使用 <center> 标签进行居中显示，<center> 是成对标签，在需要居中的内容部分开头处加 <center>，结尾处加 </center>。例如：

```
<CENTER>
《送孟浩然之广陵》<p>
故人西辞黄鹤楼，
烟花三月下扬州。
孤帆远影碧空尽，
惟见长江天际流。
</CENTER>
```

4.4.3.5　特殊字符

在 HTML 文档中，有些字符没办法直接显示出来，使用特殊字符可以将键盘上没有的字符表达出来，而有些 HTML 文档的特殊字符在键盘上虽然可以得到，但浏览器在解析 HTML 文档时会报错，例如“<”等，为防止代码混淆，必须用一些代码来表示它们，见表 4–2。

表 4–2　HTML 几种常见特殊字符及其代码表

特殊或专用字符	字符代码	特殊或专用字符	字符代码
>	<	©	©
<	>	×	×
&	&	®	®
"	"	空格	

4.4.3.6　注释标签

在 HTML 文档中可以加入相关的注释标签，便于查找和记忆有关的文件内容和标识，这些注释内容并不会在浏览器中显示出来。

注释标签的格式如下：

```
<!-- 注释的内容 -->
```

4.4.3.7　标题文字标签 <hn>

<hn> 标签用于设置网页中的标题文字，被设置的文字将以黑体或粗体的方式显示在网页中。

标题标签的格式：

<hn align= 参数 > 标题内容 </hn>

说明：<hn> 标签是成对出现的，<hn> 标签共分为六级，在 <h1>……</h1> 之间的文字就是第一级标题，是最大最粗的标题；<h6>……</h6> 之间的文字是最后一级，是最小最细的标题文字。align 属性用于设置标题的对齐方式，其参数为 left（左），enter（中），right（右）。<hn> 标签本身具有换行的作用，标题总是从新的一行开始。

4.4.3.8　字体属性 <font>

<font> 标签用于控制文字的字体、大小和颜色。控制方式是利用属性设置得以实现的。

格式：

<font face= 值 1 size= 值 2 color= 值 3> 文字 </font>

说明：如果用户的系统中没有 face 属性所指的字体，则将使用默认字体。size 属性的取值为 1–7。也可以用“+”或“–”来设定字号的相对值。color 属性的值为：颜色的名称（例如 red）, 或用十六进制表示（例如 #ff0000）, 或用 rgb 表示［例如 rgb（255,0,0）］。

4.4.3.9　特定文字样式标签

在有关文字的显示中，常常会使用一些特殊的字形或字体来强调、突出、区别以达到提示的效果。

（1）粗体标签 <b>

放在 <b> 与 </b> 标签之间的文字将以粗体方式显示。

（2）斜体标签 <i>

放在 <i> 与 </i> 标签之间的文字将以斜体方式显示。

（3）下画线标签 <u>

放在 <u> 与 </u> 标签之间的文字将以下画线方式显示。

4.4.4 建立超链接

HTML 文件中最重要的应用之一就是超链接，Web 上的网页是互相链接的，单击被称为超链接的文本或图形就可以链接到其他页面。超链接除了可链接文本外，也可链接各种媒体，如声音、图像、动画，使我们享受丰富多彩的多媒体世界。

建立超链接的标签为 <a> 和 </a>。

格式为：<a href=" 资源地址 "target=" 窗口属性 "title=" 指向链接显示的标题文字 "> 超链接名称 </a>

说明：

① 标签 <a> 表示一个链接的开始，</a> 表示链接的结束。

② 属性 “href” 定义了这个链接所指的目标地址；目标地址是最重要的，一旦路径上出现差错，该资源就无法访问。

③ title：该属性用于指定指向链接时所显示的标题文字。

④ “超链接名称” 是要单击到链接的元素，元素可以包含文本，也可以包含图像。文本带下画线且与其他文字颜色不同，图形链接通常带有边框显示。用图形做链接时只要把显示图像的标志 <img> 嵌套在 <a href="url"></a> 之间就能实现图像链接的效果。当鼠标指向 “超链接名称”

处时会变成手状，单击这个元素可以访问指定的目标文件。

⑤ target：该属性用于指定打开链接的目标窗口，其默认方式是原窗口，见表 4–3。

表 4–3　建立目标窗口的属性

属性值	描述
_parent	在上一级窗口中打开，一般使用分帧的框架页会经常使用
_blank	在新窗口打开
_self	在同一个帧或者窗口中打开，这项一般不用设置
_top	在浏览器的整个窗口打开，忽略任何框架

比如链接到南京师范大学站点首页，就可以这样表示：

```
<a href="http://www.njnu.edu.cn/index.html" target=_blank > 南京师范大学首页 </a>
```

4.4.5　链接路径

HTML 初学者会经常遇到这样一个问题，如何正确引用一个文件。比如，怎样在一个 HTML 网页中引用另外一个 HTML 网页作为超链接（hyperlink）？怎样在一个网页中插入一张图片？……

如果你在引用文件（如加入超链接，或者插入图片等）时，使用了错误的文件路径，就会导致引用失效（无法浏览链接文件，或无法显示插入的图片等）。

为了避免这些错误，正确地引用文件，我们需要学习一下 HTML 路径。

HTML 有 2 种路径的写法：相对路径和绝对路径。每一个文件都有自己的存放位置和路径，理解一个文件到要链接的那个文件之间的路径关系是创建链接的根本。

4.4.5.1　绝对路径

如：http://www.sina.com.cn。

绝对路径包含了标识 Internet 上的文件所需要的所有信息。文件的链接是相对原文档而定的，包括完整的协议名称、主机名称、文件夹名称和文件名称。

其格式为：通信协议：// 服务器地址：通信端口 / 文件位置……/ 文件名，见图 4–1。

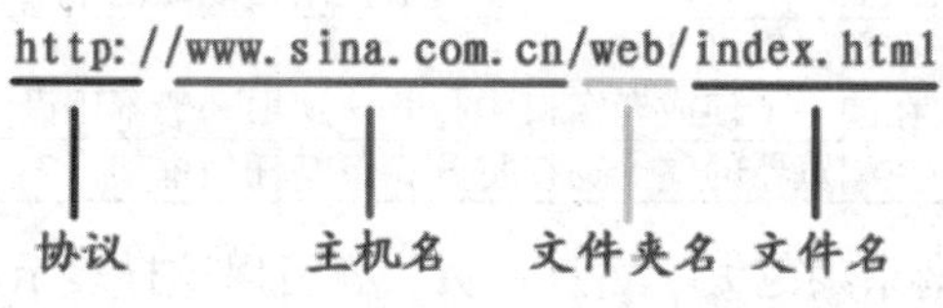

图 4–1　绝对路径格式

4.4.5.2　相对路径

如：news/index.html。

相对路径是以当前文件所在路径为起点，进行相对文件的查找。一个相对的 URL 不包括协议和主机地址信息，表示它的路径与当前文档的访问协议和主机名相同，甚至有相同的目录路径。通常只包含文件夹名和文件名，甚至只有文件名。可以用相对 URL 指向与源文档位于同一服务器或同文件夹中的文件。此时，浏览器链接的目标文档处在同一服务器或同一文件夹下；如果链接到同一目录下，则只需输入要链接文件的名称；要链接到下级目录中的文件。只需先输入目录名，然后加“/”，再输入文件名；要链接到上一级目录中文件，则先输入“../”，再输入文件名。见表 4–4。

表 4–4　相对路径的用法

相对路径名	含义
herf="news.html"	shouey.html 是本地当前路径下的文件
herf="web/news.html"	shouey.html 是本地当前路径下 "web" 子目录下的文件
herf="../news.html"	shouey.html 是本地当前目录的上一级子目录下的文件
herf="../../news.html"	shouey.html 是本地当前目录的上两级子目录下的文件

4.4.5.3 在站点内部建立链接

所谓内部链接，指的是在同一个网站内部，不同的 HTML 页面之间的链接关系，在建立网站内部链接的时候，要明确哪个是主链接文件（即当前页），哪个是被链接文件。内部链接一般采用相对路径链接比较好。图 4–2 和表 4–5 所示为相对路径的具体的链接方法。

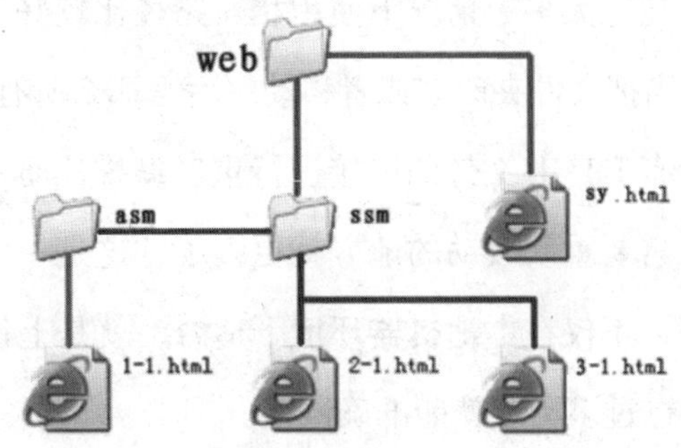

图 4–2 相对路径链接方法

表 4–5 在站点内部建立链接

当前页面	被链接页面	超链接代码
2–1.html	3–1.html	<a href="3–1.html"> 超链接元素 </a>
3–1.html	1–1.html	<a href="asm/1–1.html"> 超链接元素 </a>
Sy.html	1–1.html	<a href="asm/asm/1–1.html"> 超链接元素 </a>
2–1.html	Sy.html	<a href="../sy.html"> 超链接元素 </a>
1–1.html	Sy.html	<a href="../../sy.html"> 超链接元素 </a>
Sy.html	2–1.html	<a href="asm/2–1.html"> 超链接元素 </a>

4.4.5.4 外部链接

所谓外部链接，指的是跳转到当前网站外部，与其他网站中页面或其他元素之间的链接关系。这种链接的 URL 地址一般要用绝对路径，要有完整的 URL 地址，包括协议名、主机名、文件所在主机上的位置的路径以及文件名。

最常用的外部链接格式是：<a href="http:// 网址 ">，还有其他的格式如表 4–6 所示。

表 4–6　URL 外部链接格式

服务	URL 格式	描述
www	htpp:// 地址	进入万维网
Ftp	ftp:// 地址	进入文件传输协议
Telnet	telnet:// 地址	启动 Telnet 方式
Email	email:// 地址	启动邮箱

注意事项：在绝大多数情况下使用相对路径比较好，例如，用绝对路径定义了链接，当把文件夹改名或者移动之后，那么所有的链接都会失败，这样就必须对所有 HTML 文件的链接进行重新编排，而一旦将此文件夹移到网络服务器，需要重新改动的地方就更多了，这是一件很麻烦的事情。而使用相对路径，不仅在本地机器环境下适合，就是上传到网络或其他系统下也不需要进行过多更改就能准确链接。

4.4.6　图像的处理

4.4.6.1　背景图像的设定

在网页中除了可以用单一的颜色做背景外，还可用图像设置背景。

设置背景图像的格式：

```
<body background= "image-url">
```

其中 "image-url" 指图像的位置。

4.4.6.2　网页中插入图片标签 <img>

网页中插入图片用单标签 <img>，当浏览器读取到 <img> 标签时，就会显示此标签所设定的图像。如果要对插入的图片进行修饰，仅仅用这一个属性是不够的，还要配合其他属性来完成，见表 4–7。<img> 的格式及

一般属性设定：

```
<img src="logo.gif" width=100 height=100 hspace=5 vspace=5 border=2 align="top" alt="Logo of PenPals Garden" lowsrc="pre_logo.gif">
```

表 4–7　插入图片标签 <img> 的属性

属性	值	描述
alt	text	规定图像的替代文本
src	URL	规定显示图像的 URL
height	pixels%	定义图像的高度
width	pixels%	设置图像的宽度
border	pixels	定义图像周围的边框

4.4.6.3　图像的超链接

图像的链接和文字的链接方法是一样的，都是用 <a> 标签来完成，只要将 <img> 标签放在 <a> 和 </a> 之间就可以了。用图像链接的图片上有蓝色的边框，这个边框颜色也可以在 <body> 标签中设定。如

```
<a href="http://www.baidu.com/"><img alt=" 百 度 搜 索 " src="../../image/logo.gif"></a>
```

4.4.7　表格 <table>

HTML 表格用 <table> 表示。一个表格可以分成很多行，用 <tr> 表示；每行又可以分成很多单元格，用 <td> 表示。理论上，你可以往表格中插入任何东西，诸如文本（text）、链接（links）和图像（images）等等。但是，表格是用来显示表列数据（也就是那些以行和列显示来体现意义的数据）的，因此，不要仅仅因为你想把某些内容放在一起而使用表格。

在因特网的初期，表格经常被用作网页布局的工具。但是，如果你要控制文本和图像的显示，还有更酷的方式（提示：即 CSS），有关内容将在后面做详细介绍。

4.4.7.1 用于创建表格的 3 个基本元素

① 首标签 <table> 和尾标签 </table> 分别表示一个表格的开始与结束。

② tr 是"table row（表格行）"的缩写，用于表示一行的开始和结束。

③ td 是"table data（表格数据）"的缩写，用于表示行中各个单元格（cell）的开始和结束。

例如：

```
<table border="1">
<tr>
<td colspan="3"> 单元格 1</td>
</tr>
<tr>
<td> 单元格 2</td>
<td> 单元格 3</td>
<td> 单元格 4</td>
</tr>
</table>
```

该例在浏览器中的显示如表 4-8 所示。

表 4-8 例子在浏览器中的显示效果（一）

<table>
<tr><td colspan="3">单元格 1</td></tr>
<tr><td>单元格 2</td><td>单元格 3</td><td>单元格 4</td></tr>
</table>

4.4.7.2 表格的属性

表格的属性见表 4-9 至表 4-11。

表 4–9　<table> 标签的属性

属性	值	描述
align	left center right	规定表格相对周围元素的对齐方式
bgcolor	rgb(x,x,x) #xxxxxx colorname	规定表格的背景颜色
border	pixels	规定表格边框的宽度
cellpadding	pixels%	规定单元边沿与其内容之间的空白
cellspacing	Pixels %	规定单元格之间的空白
width	pixels	规定表格的宽度
hight	pixels	规定表格的高度

表 4–10　<tr> 标签的属性

属性	值	描述
align	right left center justify char	定义表格行的内容对齐方式
bgcolor	rgb(x,x,x) #xxxxxx colorname	规定表格行的背景颜色
valign	top middle bottom baseline	规定表格行中内容的垂直对齐方式

表 4–11　<th> 和 <td> 的属性

属性	值	描述
align	right left center justify char	定义表格行的内容对齐方式
bgcolor	rgb(x,x,x) #xxxxxx colorname	规定表格行的背景颜色

表 4–11（续）

属性	值	描述
valign	top middle bottom baseline	规定表格行中内容的垂直对齐方式
height		规定表格单元格的高度
width	pixels%	规定表格单元格的宽度
colspan	number	设置单元格可横跨的列数
rowspan	number	规定单元格可横跨的行数

（1）边框属性

border 用于指定表格四周边框的厚度。

例如：

```
<table border="1">
</table>
```

（2）表格的对齐属性

align：指定整个表格、某行或某个单元格里内容的水平对齐方式，比如左对齐、居中或右对齐。

valign：指定某个单元格里内容的垂直对齐方式，比如靠上、置中或靠下。

例如：

```
<td align="right" valign="top"> 单元格 1</td>
```

4.4.7.3 设定跨多行多列单元

要创建跨多行、多列的单元格，只需在 <th> 或 <td> 中加入 rowspan 或 colspan 属性的属性值，默认值为 1。表明了表格中要跨越的行或列的个数。

（1）跨多列

格式：

```
<th colspan=#>　<td colspan=#>
```

colspan 表示跨越的列数，例如 colspan=2 表示这一格的宽度为两个列的宽度。

（2）跨多行

格式：

```
<th rowspan=#>　<td rowspan=#>
```

rowspan 表示的是跨越的行数，例如 rowspan=2 表示这一格跨越表格两个行的高度。

例如：

```
<table border="1">
<tr>
<td rowspan="3"> 单元格 1</td>
<td> 单元格 2</td>
</tr>
<tr>
<td> 单元格 3</td>
</tr>
<tr>
<td> 单元格 4</td>
</tr>
</table>
```

该例在浏览器中的显示如表 4-12 所示。

表 4-12 例子在浏览器中的显示效果（二）

<table>
<tr><td rowspan="3">单元格 1</td><td>单元格 2</td></tr>
<tr><td>单元格 3</td></tr>
<tr><td>单元格 4</td></tr>
</table>

上例中的单元格 1，其 rowspan 被设为“3”，这表示该单元格必须跨越三行（本身一行，加上另外两行）。因此，单元格 1 和单元格 2 在同一行，而单元格 3 和单元格 4 形成独立的两行。

第 5 章　CSS 基础

5.1　CSS 简介

当初技术人员设计 HTML，主要侧重于定义内容，比如 <p > 表示一个段落，<h1> 表示标题，而并没有过多设计 HTML 的排版和界面效果。随着 Internet 的迅猛发展，HTML 被广泛应用，上网的人们当然希望网页做得漂亮些，因此 HTML 排版和界面效果的局限性日益暴露出来。为了解决这个问题，人们走了不少弯路，用了一些不好的方法，比如给 HTML 增加很多属性，结果将代码变得很臃肿，将文本变成图片，过多利用 Table 来排版，用空白的图片表示白色的空间等。直到 CSS 出现。

CSS 是为了简化 Web 页面的更新工作于 1996 年诞生的，它的功能非常强大，将网页变得更加美观，维护更加方便。CSS 是网页设计的一个突破，它解决了网页界面排版的难题，使网页设计者能够以更有效的方式设计出更具表现力的网页效果。可以说，HTML 的标签主要是定义网页的内容（content），而 CSS 决定这些网页内容如何显示（layout）。CSS（cascading style sheets）中文可以翻译成层叠样式表单。CSS 跟 HTML 一样，也是一种标记语言，甚至很多属性都来源于 HTML，它是 HTML 功能的扩展，也需要通过浏览器解释执行。任何懂得 HTML 的人都可以掌握 CSS。

什么是样式呢？样式其实就是格式，像文字的大小、颜色以及图片位置等，都是网页显示信息的样式。层叠又是什么意思？意思是当我们在 HTML 文件中引用数个定义样式文件（CSS 文件）时，若数个样式文件间所定义的样式发生冲突，将依据层次处理。

样式表是 HTML 的表兄弟。样式表的产生是由于最初的 HTML 标准还不尽如人意，用 HTML 制作网页就像是用画笔绘制一幅图画，只有那些对网页制作痴迷而执着的人才可能精确地实现预定的结果。正是在这种情况下，样式表技术诞生了，样式表的目的是为了“对布局、字体、背景和其他图文效果实现更加精确的控制”。样式表将定义结构和定义格式的两部分相互分离，从而使网页设计人员能够对网页的布局施加更多的控制。HTML 仍可以保持简单明了的初衷，而样式表代码独立出来后则从另一角度控制网页外观。

利用样式表，可以将站点上所有的网页都指向某个 CSS 文件，用户只需要修改 CSS 文件中的某一行，那么整个站点都会随之发生改变。这样，通过样式表就可以将许多网页的风格格式同时更新，不用再一页一页地更新了。HTML 4.0 版本已经包括了样式表的内容。样式表正在逐渐改变设计、制作网页的方法，为网页创新奠定了基础。

5.2　样式表的基本结构

样式表的基本结构是怎样的？下面通过一个简单的样式表实例，让你

获得对样式表整体性的感性认识。首先建立一个简单的 HTML 文件。

```
<html>
<head>
<title> 简单的样式表 </title>
</head>
<body bgcolor=lightblue>
<center>
<h1> 样式表 </h1>
<p> 这是一个简单的样式表 </p>
</center>
</body>
</html>
```

现在，给这个 HTML 文件加一些样式表。只需在 <body> 标签之前插入以下代码：

```
<style type="text/css">
<!--
h1{color：red;font-size：35px;font-family：黑体 }
p{background：yellow;color：blue;font-size：25px;font-family：隶书 }
-->
</style>
```

这样就已经制作出了使用样式表的网页。从浏览器中打开网页，网页显示效果如图 5-1 所示。

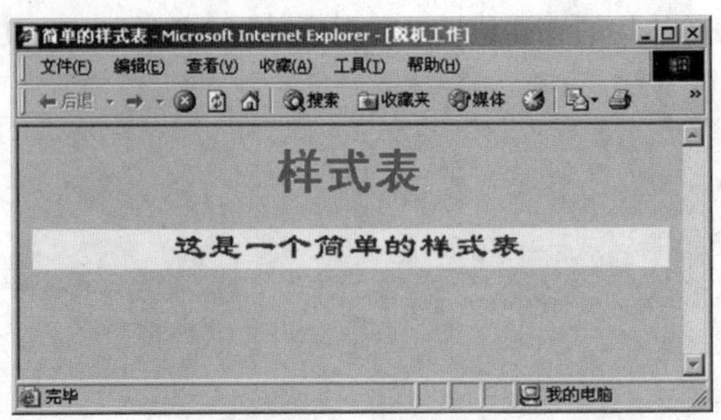

图 5–1　网页显示效果

由这个简单的样式表实例，可以看出：一个样式表是由许多样式规则组成的，用以告诉浏览器怎样去显示一个网页文档。样式表的核心是规则，样式表的规则如下：

选择符 { 属性 1：值 1; 属性 2：值 2}

如

```
h1{color：green}
```

这个规则就是告诉浏览器所有标签 <h1> 和 </h1> 之间的文字以绿色显示。

其中 h1 就是选择符，它是一个附带样式功能的 HTML 标签。花括号中所包含的就是属性，它用于定义实际的样式，每个属性包括两部分：属性名（如 color）和属性值（如 green）。

5.3　在网页中加入 CSS 的方法

我们可以使用 4 种方法将样式表加入到网页中，每种方法都有其不同的优点。

① 将样式表加入到 HTML 文件行中（行内方式）。

② 将样式表嵌入到 HTML 文件的文档头中（内嵌方式）。

③ 将一个外部样式表链接到 HTML 文件上（链接方式）。

④ 将一个外部样式表导入到 HTML 文件中（导入方式）。

以上 4 种方法，可分成内部样式表（前两者）及外部样式表（后两者）两类。

5.3.1　行内方式

可以直接在 HTML 代码行中加入样式规则，这种方法适用于指定网页内的某一小段文字的显示风格。不过，利用这种方法定义样式时，效果只可以控制该标签，其语法如下：

```
< 标签名称 style=" 样式属性：属性值；样式属性：属性值……">
```

行内方式是 4 种样式中最直接最简单的一种，直接对 HTML 标签适用 style=" "，只对所在的 tag 有效。例如：<P style="font-size：20pt; color：red "> 这个 style 定义 <p></p> 里面的文字是 20pt 字体，字体颜色是红色。

这种方法比较直接，一次只能控制一个标签的样式，在制作页面的时候需要为很多标签设置 style 属性，所以会导致 HTML 页面不够纯净，文件体积过大，不利于搜索蜘蛛爬行，从而导致后期维护成本高。

5.3.2　内嵌方式

这种方法就是将所有的样式表信息都写在 HTML 文档的头部 <head></head> 之间。在文档头嵌入的样式表规则，浏览器在整个 HTML 网页中都可执行。内嵌方式只对所在的网页有效。如果想对网页一次性加入样式表，就可采用该方法。

内嵌方式就是将 CSS 代码写在 <head></head> 之间，并且用 <style>

</style> 进行声明，语法如下：

```
<style type="text/css">
<!--
选择符 1{ 样式属性：属性值；样式属性：属性值；……}
选择符 2{ 样式属性：属性值；样式属性：属性值；……}
…………
选择符 n{ 样式属性：属性值；样式属性：属性值；……}
-->
</style>
```

说明：

① <style> 标签用来说明所要定义的样式。type 属性是指定 <style> 标签以 CSS 的语法定义。

② 样式表基本格式中的 type="text/css" 用于说明这是一段 CSS 规则代码。

③ 为了防止不支持 CSS 的浏览器将 <style>……</style> 标签间的 CSS 规则被当成普通字符串，显示在网页上，应将 CSS 的规则代码插入 <!-- 和 --> 标签之间。

④ 选择符 1，……，选择符 n：选择符就是样式的名称，在这里选择符可以使用 HTML 标签的名称，所有 HTML 标签都可以作为 CSS 选择符。

⑤ 样式属性：定义样式的属性名称。

例如：

```
<HTML>
<HEAD >
<STYLE type ="text/css">
```

```
H1.mylayout {border-width: 1; border: solid; text-align: center;
color: red}
</STYLE>
</HEAD>
<BODY>
<H1 class="mylayout"> 这个标题使用了 Style。</H1>
<H1> 这个标题没有使用 Style。</H1>
</BODY>
</HTML>
```

即使有公共 CSS 代码，内嵌方式也是每个页面都要定义的，如果一个网站有很多页面，每个文件都会变大，后期维护难度也大。如果文件很少，CSS 代码也不多，这种方式还是很不错的。

5.3.3　链接方式

前面介绍了在文档头嵌入样式表规则的方法。这种方式定义出的样式，将只限于在该 HTML 文件中，效益并不大。如果想要达到集中管理网站网页样式的目标，就必须将样式定义在独立的外部 CSS 文件中，并将该文件链接或导入到要运用样式的 HTML 文件。

链接方式就是将多个 HTML 文件都链接到一个样式表文件。这个外部的样式表将设定所有网页的规则。如果改变样式表文件中的某一个细节，所有网页都会随之改变。如果维护的站点很大，这种方式就非常适合了。

链接方式是使用频率最高、最实用的方式，只需要在 <head> </head> 之间加上 <link href= *.css" type="text/css" rel="stylesheet" />，就可以了，这种方式将 HTML 文件和 CSS 文件彻底分成两个或者多个文件，实现了页面框架 HTML 代码与美工 CSS 代码的完全分离，使得前期制作和后期维护都十分方便，并且如果要保持页面风格统一，只需要把这些公共的 CSS 文件单独保存成一个文件，其他的页面就可以分别调用自身的 CSS 文件，如果需要改变网站风格，只需要修改公共 CSS 文件就可以了，相当方便。

说明：

① *.css 为预先编写好的样式表文件。

② 外部样式表文件中不能含有任何像 <head> 或 <style> 这样的 HTML 标签。样式表仅仅由样式表规则或声明组成。

③ 在 href 属性中可以使用绝对 URL 或者相对 URL。

④ 外部样式表文件中，无须使用注释标签。

⑤ 如同发布 HTML 文件那样，将这个 CSS 文件发布到服务器中。在网页被打开时，浏览器将依照链接标签将含有链接外部样式表文件的 HTML 网页按照样式表规则显示。

比如可以用文本编辑器（NotePad）建立一个叫 home 的文件，文件后缀不要用 .txt，改成 .css。文件内容如下：

```
H1.mylayout {border-width： 1; border： solid; text-align : center;color：red}
```

然后建立一个网页，代码如下：

```
<HTML>
<HEAD>
<link href="home.css" rel="stylesheet" type="text/css">
</HEAD>
<BODY>
<H1 class="mylayout"> 这个标题使用了 Style。</H1>
```

```
<H1> 这个标题没有使用 Style。</H1>
</BODY>
</HTML>
```

单一的样式可以通过多个样式表给出，例如：

```
<link rel=stylesheet href="*basics.css" title="contemporary">
<link rel=stylesheet href="*tables.css" title="contemporary">
<link rel=stylesheet href="*forms.css"  title="contemporary">
```

在这个例子中，3 个样式表组合成一个 "contemporary" 样式，要将多个样式表组合成一个单一样式，必须在每个样式表中使用相同的 title。

当样式被应用到很多的网页时，采用链接到外部样式表的方式是理想的。网页制作者使用外部样式表可以仅仅通过改变一个文件而改变整个网站的外观；同样，大多数浏览器会保存外部样式表文件到缓冲区，从而提高了显示网页时的速度。

使用外部（链接）样式表，相对于内嵌方式和行内方式的 CSS，有以下优点：

① 样式代码可以复用。一个外部 CSS 文件，可以被很多网页共用。

② 便于修改。如果要修改样式，只需要修改 CSS 文件，而不需要修改每个网页。

③ 提高网页显示的速度。如果样式写在网页里，会降低网页显示的速度，如果网页引用一个 CSS 文件，这个 CSS 文件多半已经在缓存区（其他网页早已经引用过它），网页显示的速度就比较快。

5.3.4　导入方式

导入样式表的方法同链接到外部样式表文件类似。它采用 import 方式导入 CSS 样式表，在 HTML 初始化时，外部样式表会被导入到 HTML 文件中，成为文件的一部分，类似第二种内嵌方式。

其语法如下：

```
<style type="text/css">
<!—
@import url（外部样式表的文件名称）;
-->
</style>
```

说明：

① import 语句后的“；”号是必需的。

② 要输入的样式表文件的扩展名为 .css。

5.3.5　四种样式的优先级

上面介绍了四种样式表的使用方法，这四种方法在使用上各有其特色，但当这四种方法同时出现时，浏览器会以哪种方法为优先使用呢？答案是在行内直接加入样式顺序为最高。至于其他三种的顺序则是一样的，如果其他三种方法同时出现，且各方法定义的样式又都不同时，浏览会选择较后定义的样式来显示。

5.4　CSS 选择器

什么是 CSS 选择器呢？

每一条 CSS 样式定义由两部分组成，形式如下：选择器 { 样式 } 。在 { } 之前的部分就是“选择器”。“选择器”指明了 { } 中的“样式”

的作用对象，也就是“样式”作用于网页中的那些元素。

HTML 页面中的元素是通过 CSS 选择器进行控制的。CSS 选择器常用的有 3 种：标签选择器、类选择器、ID 选择器。

5.4.1　标签选择器

一个完整的 HTML 页面由很多不同的标签组成，而标签选择器，则是决定哪些标签采用相应的 CSS 样式，比如，在 style.css 文件中对 p 标签样式的声明如下：

```
p{
font-size：12px;
background：#900;
color：090;
}
```

则页面中所有 p 标签的背景都是 #900（红色），文字大小均是 12px，颜色为 #090（绿色），在后期维护中，如果想改变整个网站中 p 标签背景的颜色，只需要修改 background 属性就可以了，非常容易。

5.4.2　类选择器

class 类选择符用于指定标签属于何种样式类，就是使页面中的某些标签（可以是不同的标签）具有相同的样式。如果想让一类标签都有共同的样式，该怎么做呢？类选择器的语法如下：

```
*.a1{ 样式属性：属性值 ; 样式属性：属性值；……}
*.a2{ 样式属性：属性值 ; 样式属性：属性值；……}
…………
*.an{ 样式属性：属性值 ; 样式属性：属性值；……}
```

或者：

```
标签 1.a1{ 样式属性：属性值 ; 样式属性：属性值；……}
标签 2.a2{ 样式属性：属性值 ; 样式属性：属性值；……}
…………
标签 n.an{ 样式属性：属性值 ; 样式属性：属性值；……}
```

说明：

① *.a1，……，*.an：为定义的类选择符名称，通常在定义样式时指定给样式的名称。其适用范围是整个 HTML 文件中所有由 class 类选择符所引用的设置。* 符号也可以用 HTML 内的标签替代（即标签 1，……，标签 n），此外 * 符号在设置时可以省略。

② 标签 1.a1，……，标签 n.an：为 HTML 的标签名称，即前面提过的 * 符号，也可以用 HTML 内的标签替代。不同点在于，若在定义 class 类选择符前加上 HTML 的标签，其适用范围将只限于该标签所包含的内容。

例如，在样式表中可以定义这样的类，代码如下：

```
.pp{color：lime; font-family：黑体 }
p.pt{color：blue; font-family：仿宋 }
```

这些类可以使用 class 属性在 HTML 中引用：

```
<h1 class=pp> 这是我们定义的 PP 类 </h1>
<p class=pt>  这是我们定义的 PT 类 </p>
```

在这个例子中，pp 类可以用于任何 HTML 标签，因为它在样式表中没有与特定的 HTML 标签关联。而这个例子中 pt 类只能用于 <p> 标签。

对于 HTML 文档中在结构上相同的部分，类是应用样式的有效办法。

5.4.3　ID 选择器

ID 选择器与类选择器两者最大的差别在于定义样式名称前的符号，用类选择器时为“*. 样式名称”；若用 ID 选择器定义时为“# 样式名称”。

ID 选择器与类选择器虽然定义写法不太一样，但基本上其显示在网页上的效果是一样的。

ID 选择器的使用语法如下：

```
#a1{ 样式属性：属性值；样式属性：属性值；……}
#a2{ 样式属性：属性值；样式属性：属性值；……}
…………
#an{ 样式属性：属性值；样式属性：属性值；……}
```

或者

```
标签 1#a1{ 样式属性：属性值；样式属性：属性值；……}
标签 2#a2{ 样式属性：属性值；样式属性：属性值；……}
…………
标签 n#an{ 样式属性：属性值；样式属性：属性值；……}
```

说明：

① #a1，……，#an：为定义的类选择符名称，通常在定义样式时指定给样式的名称。其适用范围是整个 HTML 文件中所有由 class 类选择符所引用的设置。

② 标签 1.a1，……，标签 n.an：为 HTML 的标签名称，不同点在于，若在 ID 选择符前加上 HTML 的标签，其适用范围将只限于该标签所包含的内容。

如：在 CSS 中定义 ID 为 one 的属性，就需要用到 #，代码如下：

```
#one{
```

```
font-size：12px;
background：#900;
color：090;
}
```

在 HTML 页面中为某个 p 标签起个 ID，代码如下：

```
<p   id="one"> 此处为 p 标签内的文字 </p>
```

这样页面中的某个 p 就会有 CSS 中定义的 #one 样式。

5.4.4 通用选择器

CSS 选择器中功能最强大但是用得最少的一种选择器即通用选择器。强大是因为它可对父级中的所有 HTML 标签进行样式定义，可对具有共同样式的标签样式进行定义，这样可以大大精简代码。既然有这么强大的功能为什么用得最少呢？同样还是因为它的强大，它是对父级元素内的所有标签进行定义，所以只要你定义了，那么父级里面的所有标签，不管有没有必要，也都相当于加上了通用选择器里面的代码了。

```
*{ 此处为 CSS 代码 }
<head>
<style type="text/css">
<!--
#div1 *{
background：#eee; /* 设置 DIV1 里面所有的元素背景均为灰色 */
color：#333; /* 设置 DIV1 里面所有的元素的字体颜色均为黑色 */
}
```

```
-->
</style>
</head>
<body>
<div id="div1">
<p> 这里是 p 标签区域 </p>
<div> 这里是 a 标签区域 </div>
</div>
<div id="div2">
<p> 这里是 p 标签区域 </p>
<div> 这里是 a 标签区域 </div>
</div>
</body>
</html>
```

大家运行一下上面的例子，div1 里面的两个标签是不是样式一样，这就是通用选择器的强大之处，不管里面有多少个标签都会将样式加到所有标签内，如果 div1 里面所有的标签都有一部分相同的 CSS 代码，那么可以把这部分代码提取出来，用通用选择器来定义，这样可以大大缩减代码。但是 div1 里面只要有一个和其他元素没有相同的代码，就不能用通用选择器来定义，这也就是 CSS 通用选择器不灵活的一点。

对于通用选择器还有一个不得不提的用法，就是为了保证做出的页面能够兼容多种浏览器，所以要对 HTML 内的所有的标签进行重置，会将下面的代码加到 CSS 文件的最顶端：

```
*{margin：0; padding：0;}
```

为什么要这么用呢？因为每种浏览器都自带有 CSS 文件，如果一个页面在浏览器加载页面后，发现没有 CSS 文件，那么浏览器就会自动调用它本身自带的 CSS 文件，但是不同的浏览器自带的 CSS 文件又都不一样，对不同标签定义的样式不一样，如果想让做出的页面能够在不同的浏览器显示出来的效果都是一样的，那么我们就需要对 HTML 标签重置，就是上面的代码了。但是这样也有不好的地方，因为 HTML 4.01 中有 89 个标签，所以相当于在页面加载 CSS 的时候，先对这 89 个标签都加上了 {margin：0; padding：0;}，但不建议大家这么做，因为 89 个标签中需要重置的标签是很少数，没有必要将所有的标签都重置，需要哪些标签重置就让哪些标签重置就可以了，代码如下：

```
body，div，p，a，ul，li{margin：0; padding：0;}
```

如果还需要 dl、dt、dd 标签重置，那就在上面加上就可以了，代码如下：

```
body，div，p，a，ul，li，dl，dt，dd{margin：0; padding：0;}
```

5.4.5 选择器的集体声明

在我们使用选择器的时候，有些标签样式是一样的，或者某些标签都有共同的样式属性，我们可以将这些标签集体声明，不同的标签用“，”分开，比如：

```
h1，h2，h3，h4，h5，h6{color：#900;}
#one，#three，.yellow{font-size：14px;}
#one{background：#ccc;}
#three{background：#ccc;}
.yellow{background：#ccc;}
```

和提取公因式差不多，把共同的部分提取出来，这么做的好处是，使相同的部分共同定义，不同的部分单独定义，保证风格统一，样式修改灵活，这也是优化CSS代码的一种方法。

5.4.6　选择器的嵌套

选择器也是可以嵌套的，如：

```
#div1 p a{color：#900;}  /* 意思是在 ID 为 div1 内的 p 标签内的链接 a 标签的文字颜色为红色 */
```

这样的好处就是不需要再单独为ID为div1的标签内的p标签内的a标签单独定义class选择器或者ID选择器，CSS代码就少了。同样也是CSS代码优化的一种方法。

5.5　div 标签和 span 标签

5.5.1　div 标签

<div> 标签可以把文档分割为独立的、不同的部分。它可以用作严格的组织工具，并且不使用任何格式与其关联。如果用 id 或 class 来标记 <div>，那么该标签的作用会变得更加有效。

<div> 是一个块级元素。这意味着它的内容自动地开始一个新行。实际上，换行是 <div> 固有的唯一格式表现。可以通过 <div> 的 class 或 id 应用额外的样式。可以对同一个 <div> 元素应用 class 或 id 属性，但是更常见的情况是只应用其中一种。这两者的主要差异是，class 用于元素组（类似的元素，或者可以理解为某一类元素），而 id 用于标识单独的唯一的元素。

<div> 标签可用来定义网页上的一个特定区域，在该区域范围内可包含文字、图形、表格、窗体，甚至其他 div 等。在 <div> 标签内的所有内容，都将调用此标签所定义出的样式，且区域与区域彼此是独立的。当编写 HTML 文件，要定义区域间使用不同样式时，就可以使用 <div> 标签达到这个效果。

<div> 标签应用于 HTML 文件，其语法如下：

```
<div id= 指定样式名称 >……</div>
```

或者

```
<div class= 指定样式名称 >……</div>
```

在使用 <div> 标记时，可以使用 width 与 height 属性设置区域的大小。

5.5.2 span 标签

<div> 标签主要用来定义网页上的区域，通常用于比较大范围的设置，而 <span> 标签也可以用在区段的定义，不过一般都是用在网页中某一小段文件段落。其语法如下：

```
<span id= 指定样式名称 >……</span>
```

或者

```
<span class= 指定样式名称 >……</span>
```

span 标签被加入到 HTML 中的主要目的是用于样式表，所以当样式表失效时它就没有任何作用。span 标签可以使用 clsss 和 id 类选择符。

<div> 与 <span> 的差异：

① 在 <div> 区域内的对象与区域外的上下文会自动换行；而 <span> 区域内的对象与区域外的上下文不会自动换行。

② <div> 与 <span> 标签可同时使用，但建议 <div> 标签可包含

<span>，但 <span> 最好不要包含 <div> 标签，否则会造成 <span> 标签的区域不完整，而形成断行的现象。

5.6　CSS 的几个特性

（1）可以归类 CSS 的规则

可以多个 HTML 标签采用同一样式，例：

```
h1，p{font-family：黑体 }
```

这项规则设定所有被 <h1> 和 <p> 标签包含的网页内容将用黑体显示。

（2）样式表的规则具有继承性

样式表的规则可从母体延续到子体，例：

```
b{color：blue}
```

这项规则告诉浏览器将所有 <b> 之内的文字用蓝色显示。但是在下列情况下，浏览器该如何处理呢？

```
< b > 这是一个 < i > 样式表 < /i > 实例 < /b >
```

由于 <i> 标签并没有设定样式，但因为 <i> 位于 <b> 之中，所以它将继承母体 <b> 设定的样式，也以蓝色显示。

（3）情景选择

如果想让所有斜体显示的文字（即被 <i> 和 </i> 标识的文字）都以红色显示，但条件是只有当这些斜体显示的文字出现在通常的段落文字（即被 <p> 标识的文字）内时，这就需要使用“情景选择”来实现。通过“情景选择”可设定一个可以执行选择说明的情景。

带情景选择的样式表的格式如下：

```
情景标签 标识符 { 属性：属性值 }
```

其中的 HTML 代码：

```
<h1> 这是一个 < i > 样式表 < /i > 实例 < /h1 >
<p> 这是一个 < i > 样式表 < /i> 实例 < /p >
```

表示只将所有 < p > 之内斜体显示的文字以红色且大字体显示。所以，< p > 之外斜体显示的文字不会以红色显示，而 < p > 之内的文字则以指定字体显示。

5.7 CSS 的属性

5.7.1 设置字体样式

5.7.1.1 字体属性 font-family

在网页编写的过程中，若没有对字体做任何设置，浏览器将以默认值的方式显示。除了可利用 HTML 的标签设置字体外，还可以利用 CSS 的 font-family 属性，设置要使用的字体。

语法：

```
font-family：< 字体 1>，< 字体 2>，……，< 字体 n>
```

说明：

① 浏览器将在字体列表中寻找字体 1，如果访问者的计算机中安装了这种字体，就使用它；如果没有安装，则移向字体 2，如果这种字体也没有安装，则移向字体 3，以此类推。若浏览器完全找不到指定的字体，使用默认字体。因此，应该将一种常见的字体列在字体列表的最后。

② 在对英文字体进行设置时，如果两个英文单词之间有空格必须使用单引号（'）或双引号（"）。

5.7.1.2　字体风格 font-style

在 HTML 里，可以使用 <i> 标签，将网页文字设置为斜体。而在 CSS 里，则可利用 font-style 属性，达到字体风格的变化。

语法：

```
font-style：normal|italic|oblique
```

font-style 参数值说明见表 5-1。

表 5-1　font-style 参数值说明

参数值	说明
normal	正常显示，初始值为 normal
italic	斜体显示
oblique	倾斜显示

5.7.1.3　字号的控制 font-size

利用 HTML 的标签 <font size=x> 只能设定 7 种字号，而在 CSS 中可以使用 font-size 属性对文字的字号进行随心所欲的设置。

语法：

```
font-size：<绝对尺寸>|<关键字>|<相对尺寸>|<比例尺寸>
```

说明：

① 绝对尺寸可以使用的单位有：

ex（x-height）、in（英寸）、cm（厘米）、mm（毫米）、pt（点）和 px（像素）。

② 如果不喜欢使用绝对尺寸，还可以用关键字来说明文字大小，共有 7 种关键字，相对应于 HTML 标签 <font size> 中所用的数字参数。这 7 种关键字如下：xx-small，x-small，small，medium，large，x-large，xx-large。

利用这些参数，浏览器可以自由决定每一种关键字所适合的尺寸（在不同浏览器中它的大小是有区别的）。

③ 相对尺寸。相对尺寸只有两种 larger 和 smaller。

smaller 参数告诉浏览器将当前文字在关键字规格基础上“缩小一级”。而 larger 参数的作用与 smaller 类似。

④ 比例尺寸。还可以使用比例参数来设定文字大小，例如：

```
p{font-size：15pt}
b{font-size：300%}
```

这些规则的含义为：使所有包含在 <p> 中的被 <b> 标识的文字的尺寸为 <p> 尺寸设定值的 3 倍，即 45pt。比例参数常用于从母体对象继承参数值。

5.7.1.4　字体属性 font

font 属性，可以同时设置许多跟文字有关的属性。例如：字体、字体效果、字号、字体粗细等。

语法：

```
font：font-family||font-style||font-variant||font-weight||font-size
```

说明：

① 字体属性主要用作不同字体属性的略写。

② 可以同时设置多种属性。

③ 属性与属性之间必须利用（;）分号隔开。

实例：

```
p{font：italic bold 12pt/14pt 隶书，宋体 }
```

指定该段为 bold（粗体）和 italic（斜体）隶书或宋体，12 点大小，行高为 14 点。

5.7.2　控制图文布局

样式表中对图文布局的控制是指字符、单词和行与行之间是如何定位的，包括如何设定字与字之间、字母之间的距离，以及行距（垂直间距）、文字的对齐方式、边距、边框及浮动对象等。

5.7.2.1　设置字间距及字母间距

语法：

```
word-spacing：normal| 长度单位
letter-spacing：normal| 长度单位
```

说明：

① word-spacing 用于设置英文单词之间的距离；letter-spacing 用于设置英文字母之间的距离。

② 两者可以使用前面讲到的任何一种长度单位。

③ 如果使用 normal 参数，将按照浏览器默认设置显示。

5.7.2.2　设置行距 line-height

语法：

```
line-height：normal| 数字 | 长度单位 | 比例
```

说明：

① 所用的参数是相邻两行的基准线（基准线就是英文小写字母如 x，a 的下阶线，但不包括诸如 y，g 等字母超过下阶线的部分）之间的垂直距离。

② 所设定的参数取值将完全代替浏览器的默认值。

实例：

① 用数字设定行距。

```
b{font-size=12pt;line-height：2}
```

表示将利用字号来确定行距，将字号乘以设定的参数值，即12×2=24，所以在本例中行高将是24点。

② 用长度单位设定行距。

```
b{line-height：11pt}
```

③ 用比例设定行距。

```
b{font-size：10pt;line-height：140%}
```

表示行距是文字的基准大小10pt的140%，即14pt。

5.7.2.3 文字对齐

语法：

```
text-align：left|right|center|justify
vertical-align：top|bottom|text-top|text-bottom|baseline|middle|sub|super
```

说明：

① text-align属性用于文字的水平对齐，但这项属性只用于整块的内容，如<p>、<h1>到<h6>和<u1>等。

② vertical-align属性用于控制文字或其他网页对象相对于母体对象的垂直位置。

5.7.3 颜色及背景

5.7.3.1 颜色属性color

语法：

```
color：<颜色>
```

实例：

```
h1{color：blue}
h2{color：#000080}
```

5.7.3.2　背景颜色属性

在 CSS 里，可利用 background-color 属性，达到背景颜色的变化。

语法：

```
background-color：< 颜色 >|transparent（透明）
```

说明：初始值为 transparent（透明）。

实例：

```
body{background-color：white}
h1{background-color：#000080}
```

5.7.3.3　背景图像属性

在 CSS 里，可利用 background-image 属性，将网页背景以图片的方式显示。

语法：

```
background-image：<url>|none（无）
```

背景图片重复属性决定一个指定的背景图片如何被重复。

语法：

```
background-repeat：repeat|repeat-x|repeat-y|no-repeat
```

参数值说明见表 5-2。

表 5-2 参数值说明

参数值	说明
repeat	背景图片水平与垂直方向同时平铺（默认值）
repeat-x	背景图片横向重复
repeat-y	背景图片纵向重复
no-repeat	不重复

5.7.3.4 背景

语法：background：< 值 >

允许值：< 背景颜色 >||< 背景图像 >||< 背景重复 >||< 背景附件 >||< 背景位置 >

初始值：未定义

说明：背景属性是一个更明确的背景——关系属性的略写。以下是一些背景的声明：

```
body{background：white url（tree.jpg）}
h1{background：#7fffd4}
p{background：url（tree.jpg）#f0f8ff fixed}
table{background：#0c0 url（tree.jpg）no-repeat  bottom right}
```

5.7.4 边框的设置

在 CSS 中，可以通过 margin 属性、border 属性和 padding 属性控制段落、图片和表格等对象的样式。如：边框的宽度、颜色、样式以及对象与边框之间的空白距离。

上述三种属性通常用于文件段落、图片、表格与网页边界的空白距离，或者设置表格内的边框及空白样式等，如图 5-2 所示。

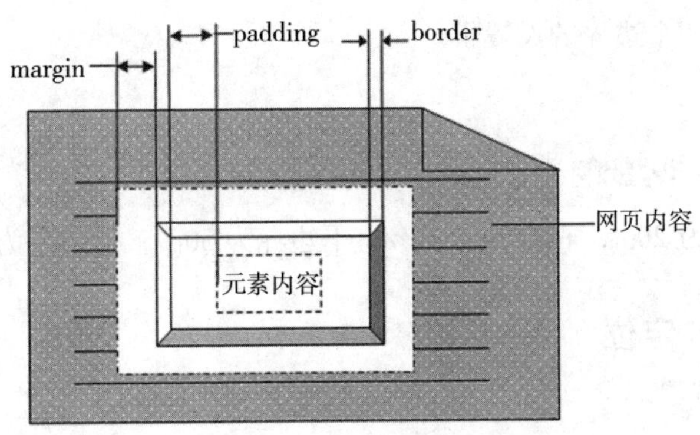

图 5-2　边框属性说明

其中：

margin 属性：控制对象边界与文件其他内容的空白距离。

border 属性：控制表格四边边框的宽度、颜色及样式。

padding 属性：控制表格中的内容或图片与对象边界的空白距离。

利用 margin 属性设置边界值的方法有：

① 设置一个边界值：若 margin 属性只设置一个边界值，则上、右、下和左四个边界都将调用此值。

实例：

```
margin：2cm
```

② 设置对应边值：在 margin 属性中设置对应边值，是指上边界与下边界、左边界与右边界为相对应的边界，所以若设置对应边其中一边的值，另一边将调用此值。

实例：

```
margin：2cm 4cm
```

上边界与下边界的值为 2cm，左边界与右边界的值为 4cm。

③ 设置四个边界值：利用 margin 属性，顺序输入上、右、下、左边界的值，

就可以完成四个边界的设置了。

实例：

```
margin：20pt 30% 30px 2cm
```

上边界为 20pt，右边界为 30%，下边界为 30px，左边界为 2cm。

5.7.5 CSS 定位

5.7.5.1 CSS 定位属性

在网页上，利用 HTML 基本标签进行文字和图像的定位是一件很困难的事情。即使使用表格标签，也不能保证定位的精确，因为浏览器和操作平台的不同会使显示的结果发生变化。

而利用样式表的 position 属性，就可以精确地设定对象的位置，还能将各对象进行叠放处理。

语法：

```
position：<absolute|relative>;left：< 值 >;top：< 值 >;[width：< 值 >];[height：< 值 >];[visibility：< 值 >];[z-index：< 值 >]
```

说明：

① position 属性用于对象的定位，它的参数值有 absolute 和 relative 两种。

其中 absolute 表示绝对定位。绝对定位能精确设定对象在网页中的独立位置，而不考虑网页中其他对象的定位设置，在绝对定位中对象的位置是相对于浏览器窗口而言的。

而 relative 表示相对定位。它所定位的对象的位置是相对于不使用定位设置时该对象在文档中所分配的位置。即相对定位的关键在于被定位的对象的位置是相对于它通常应在的位置而言的。如果停止使用相对定位，

则文字的显示位置将恢复正常。

② left 属性用于设定对象距浏览器窗口左边的距离；top 属性用于设定对象距离浏览器窗口顶部的距离。

③ width 属性用于设定对象的宽度。因为定位后的对象在网页上显示时仍然会从左到右一直显示，利用宽度属性就可以设定对字符向右显示的限制。宽度属性只在绝对定位时使用。

④ height 属性用于设定对象的高度。高度和宽度的设置类似，只不过是在垂直方向上进行的。

⑤ visibility 属性用于设定对象是否显示。这条属性对于被定位和未定位的对象都适用。

该属性的参数有三种：

- isible：使对象可以被看见。
- hidden：使对象被隐藏。
- inherit：对象被继承母体对象的可视性设置。

⑥ z-index 属性用于在网页上重叠文字和图像。当定位多个对象并将其重叠时，可以使用 z-index 来设定哪一个对象应出现在最上层。z-index 参数值使用整数，用于绝对定位或相对定位了的对象，也可以给图像设定属性。

例如：

```
div{position：absolute;left：200px;top：40px;width：150px}
```

浏览器执行到这项规则时，它将文字块按照规则规定的效果显示，将段落的最大水平尺寸限制在 150 像素。

实例：

```
h4{visibility：hidden}
```

控制用 H4 标识的对象不可见。

当一个对象被隐藏后，它仍然要占据浏览器窗口中的原有空间。所以，如果将文字包围在一幅被隐藏的图像周围，那么，其显示效果将是文字包围着一块空白区域。

这条属性在编写脚本和增加网页的动态性方面很有用，比如可以使某段落或图像只在鼠标滑过时才显示。

5.7.5.2 CSS 定位方法

通过 CSS 的定位属性，可用来控制任何东西在网页上或是说在窗口中的位置。

当我们使用 CSS 定位属性的时候，主要把它用于 div 标签。当把文字、图像或其他的对象放在 div 中，它可称作“div block”，或“div element”或“css-layer”，或干脆叫“layer”。而它的中文为“层次”。所以以后看到这些名词的时候，就知道它们是指一段在 div 中的 HTML。

使用 div 的方法跟使用其他标签的方法一样：

```
<div>
this is a div tag
</div>
```

如果单独使用 div 而不加任何 CSS 定位属性，它在网页中的效果和使用 <p></p> 是一样的。但当把 CSS 定位属性用到 div 中去后，就可以严格设定它的位置。首先需要给这个可以被 css 定位属性控制的 div 一个 id 或说是它的名字。比如给下面这个 div 的名字是 truck。给名字的目的是以后可以用 JavaScript 来控制它，比如说移动它或改变它的一些性质等。

```
<div id="truck">
```

```
this is a truck
</div>
```

给层次取什么名字是随意的，名字可以是任何英文字母和数字，但第一个必须是字母。

有如下两种把 CSS 定位属性应用到 div 的方法。

5.7.5.3　行间 CSS

行间 CSS 是最常用的方法，它的基本语法为：

```
<div id ="truck" style="……">
this is a truck
</div>
```

实例：

```
<div id="name"style="position：absolute;left：50px;
top：100px;width：200px;height：100px;
visiblity：visible;z-index：1>
</div>
```

5.7.5.4　外部样式标记

这种方法与行间 CSS 的最终结果是一样的，它的基本语法为：

```
<style  type="text/css">
<!--
#truck{……}
-->
</style>
<div id ="truck">
```

```
this is a truck
</div>
```

实例：

```
<style type="text/css">
<! --
#divname {position: absolute;left: 50px;top: 100px;width: 200px;height: 100px;
visiblity: visible;z-index: 1}
-->
</style>
<div id="divname">
⋮
</div>
```

5.8 CSS 布局页面的优势

（1）内容和形式分离

网页前台只需要显示内容就行，形式上的美工交给 CSS 来处理。生成的 HTML 文件代码精简，更小，打开更快。这个是 div+CSS 技术最显著的特点，也是 CSS 存在的根源。完全地颠覆现在传统（table）网页设计的技术。所有现在用 table 制作的内容，都可以用 CSS 来解决，而且解决得更完美、更强大。table 时代，一个页面表格达到 10 个以上是非常普遍的事情，但是现在用 div+CSS，一个 table 都可以不用，就完全达到之前的效果，这就直接导致网页文件大小比使用 table 时减少 50% ~ 80%，更节约网站

空间，访问者打开网页时更快，而且用div+CSS时，不像以往使用table时，必须把全部table读取完了才显示页面内容，现在是可以读一个div就显示一个效果，大家打开网页不用等。好处真是明显而强大。

（2）改版网站更简单容易了

不用重新设计排版网页，甚至于不用动原网站的任何HTML和程序页面，只需要改动CSS文件就完成了所有改版。div+CSS对于门户网站来说改版就像换件衣服一样简单容易，改版时，不用改动全站HTML页面，只需要重新写CSS，再用新CSS覆盖以前的CSS就可以了。

（3）搜索引擎更友好，排名更容易靠前

通过div+CSS对网页的布局，对一些重要的链接、文字信息，可以优先让搜索引擎蜘蛛爬取，确实能够对SEO起到一定的帮助。SEO（search engine optimization）为搜索引擎优化，是这样一种方式：利用搜索引擎的规则提高网站在有关搜索引擎内的自然排名。目的是让其在行业内占据领先地位，获得品牌收益。很大程度上是网站经营者的一种商业行为，将自己或自己公司的排名前移。

5.9 CSS选择器规范化命名

规范的命名也是Web标准中的重要一项，标准的命名可以使人们更容易地看懂代码。大家应该都有这种经历，某日翻出自己过去写的代码居然看不懂了，为了避免这种情况我们就要规范化命名；另外，现在一个项目不是一个人就可以完成的，需要大家互相合作，如果没有规范化命名，别人就无法看懂你的代码，大大降低了工作效率。关于CSS命名法，一般有三种：骆驼命名法、帕斯卡命名法、匈牙利命名法。

5.9.1 骆驼命名法

说到骆驼大家肯定会想到它那明显的特征——背部的隆起，一高一低的。我们的命名也要这样一高一低，怎么才能实现？就用大小写字母。大写的英文就相当于骆驼背部的凸起，小写的就是凹下去的地方了，但是这个也是有规则的，就是第一个字母要小写，后面的词的第一个字母就要用大写，如下：

```
#headerBlock
.navMenuRedButton
```

5.9.2 帕斯卡命名法

这种命名法同样也是大小写字母混编而成，和骆驼命名法很像，只有一点区别，就是首字母要大写，如下：

```
#HeaderBlock
.NavMenuRedButton
```

5.9.3 匈牙利命名法

匈牙利命名法，是需要在名称前面加上一个或多个小写字母作为前缀，让名称更加好认，更容易理解，比如：

```
#head_navigation
.red_navMenuButton
```

以上三种，前两种（骆驼命名法、帕斯卡命名法）在命名 CSS 选择器的时候比较常用，当然这三种命名法可以混合使用，只需要遵守一个原则就可以，就是“容易理解，容易认，方便协同工作”，没有必要强调是哪种命名法。

以下为一些页面模块的常用命名：

头：header

内容：content/container

尾：footer

导航：nav

侧栏：sidebar

栏目：column

页面外围控制整体布局宽度：wrapper

左右中：left right center

登录条：loginbar

标志：logo

广告：banner

页面主体：main

热点：hot

新闻：news

下载：download

子导航：subnav

菜单：menu

子菜单：submenu

搜索：search

友情链接：friendlink

页脚：footer

版权：copyright

滚动：scroll

内容：content

第 6 章　网页布局

网页的布局是给浏览者的第一印象，往往决定着网站的可看性。网页就好比一张图纸，通过排版布局之间的对比才能凸显它的美。网页布局的效果直接影响到网页设计的质量。目前常见的网页布局技术有表格技术和 div+CSS 技术。在网页中应用不同的布局技术所呈现的效果也不尽相同，它们各有自己的优点，使用表格进行布局是传统的网页布局显示技术，而 div+CSS 布局是一种新的排版布局理念，可以使页面载入得更快、修改设计时更有效率且代价更低。

6.1　表格基础

6.1.1　基本概念

表格是由行和列组成的，并且由行和列的个数决定形状。行和列交叉形成的矩形区域，即表格中的一个矩形单元称为单元格。在表格中可以合并或拆分多个单元格。图 6–1 是一个 3 行 3 列的表格。

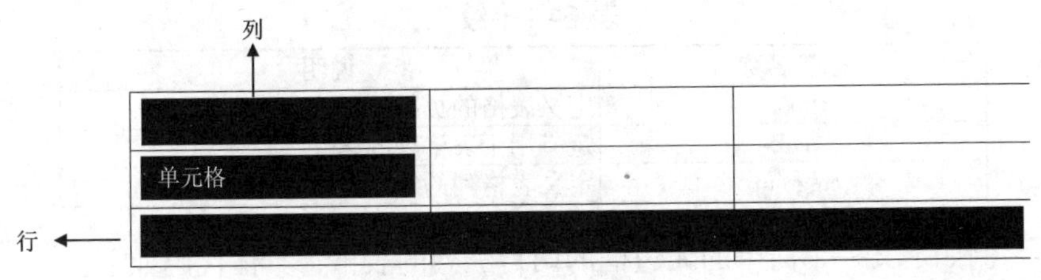

图 6–1　表格的基本概念

行从左到右横过表格，而列则是上下走向；单元格是行和列的交界部分，它是用户输入信息的地方，单元格会自动扩展到与输入的信息相适应的大小。

6.1.2　常用的表格元素

定义一个表格，在 <table> 标签和 </table> 结束标签之间包含所有元素。表格元素包括数据项、行和列的表头、标题，每一项都有自己的修饰标签。按照从上到下，从左到右的顺序，可以为表格中的每列定义表头和数据。

可以将任意元素放在 HTML 的表格单元格，包括图像、表单、分隔线、表头，甚至是另一个表格。浏览器将每个单元格作为一个窗口处理，让单元格的内容填满空间，当然在这个过程中会有一些特殊的格式规定和范围。如表 6–1 所示。

表 6–1　表格基本标签

标签名称	说明
<table>	定义一个表格
<caption>	定义一个表格的标题
<th>	定义表格的表头
<tr>	在表格的行
<td>	定义表格的单元
<thead>	定义表格的页眉
<tbody>	定义表格的主体

表 6-1（续）

标签名称	说明
<tfoot>	定义表格的页脚
<col>	定义用于表格列的属性
<colgroup>	定义表格列的组

例如定义一个简单的无边框的两行三列的表格，具体代码如下：

```
<table>
 <tr>
  <td> 第 1 行中的第 1 列 </td>
  <td> 第 1 行中的第 2 列 </td>
  <td> 第 1 行中的第 3 列 </td>
 </tr>
 <tr>
  <td> 第 2 行中的第 1 列 </td>
  <td> 第 2 行中的第 2 列 </td>
  <td> 第 2 行中的第 3 列 </td>
 </tr>
 <tr>
  <td> 第 3 行中的第 1 列 </td>
  <td> 第 3 行中的第 2 列 </td>
  <td> 第 3 行中的第 3 列 </td>
 </tr>
</table>
```

运行效果如图 6-2 所示。

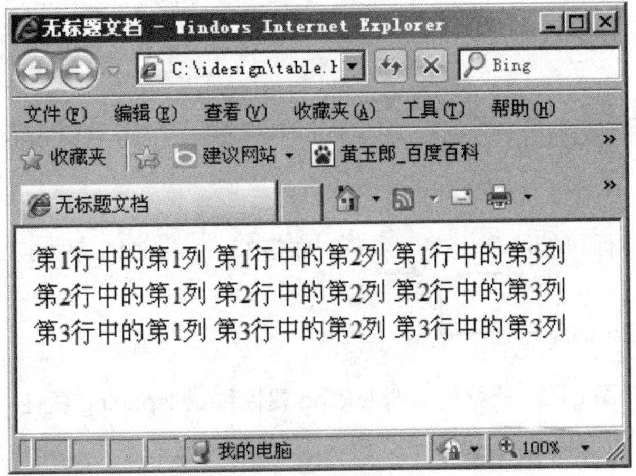

图 6-2　无边框的两行三列的表格

6.1.3　常用的表格属性

为了使表格的外观更加符合要求，还可以对表格的属性进行设置，比较常用的表格属性包括背景、宽高、对齐方式、单元格间距、文本与边框间距等。

（1）table 元素常用属性

table 元素常用属性见表 6-2。

表 6-2　table 元素的常用属性

表格属性	说明
width	表格的宽度，单位用像素或百分比
height	表格的高度，单位用像素或百分比
border	设置表格边框
cellspacing	设置单元格之间的距离
cellpadding	设置单元格内的内容与边框的距离

说明：其中 cellspacing 属性和 cellpadding 属性区别如图 6-2 所示。

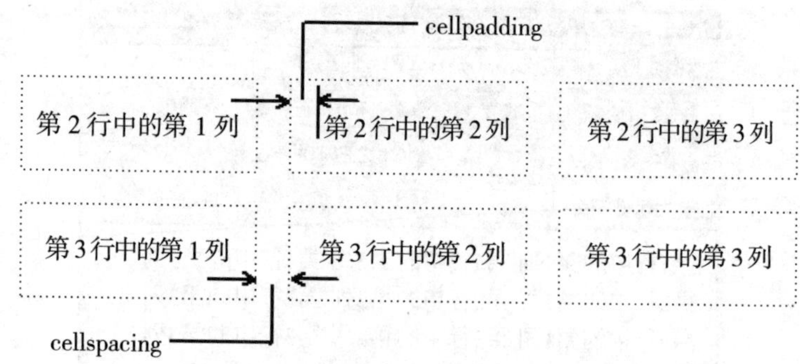

图 6-3　表格的 cellpadding 属性和 cellspacing 属性

（2）tr 元素常用属性

tr 元素常用属性见表 6-3。

表 6-3　tr 元素的常用属性

表格属性	说明
align	水平对齐方式，有 left(左对齐)、right(右对齐)和 center(居中对齐)
valign	垂直对齐方式，有 top(上对齐)、middle(中对齐)和 bottom(底对齐)

（3）th 元素和 td 元素常用属性

th 元素和 td 元素常用属性见表 6-4。

表 6-4　th 元素和 td 元素的常用属性

表格属性	说明
align	水平对齐方式，有 left(左对齐)、right(右对齐)和 center(居中对齐)
valign	垂直对齐方式，有 top(上对齐)、middle(中对齐)和 bottom(底对齐)
colspan	单元格水平合并，值为合并的单元格的数目
rowspan	单元格垂直合并，值为合并的单元格的数目

（4）其他常用属性

其他常用属性见表 6-5。

表 6–5 其他的常用属性

表格属性	说明
border	设置表格边框
bgcolor	设置表格背景颜色
background	设置表格背景图片
rowspan	单元格垂直合并，值为合并的单元格的数目

6.1.4 与表格相关的 CSS 属性

与表格相关的 CSS 属性见表 6–6。

表 6–6 与表格相关的 CSS 属性

CSS 属性	取值	说明
border–collapse	separate（边分开）| collapse（边合并）	定义表格的行和单元格的边是合并一起还是按照标准的 HTML 样式分开
border–spacing	length	定义当表格边框独立（如当 border–collapse 属性等于 separate）时，行和单元格的边在横向和纵向上的边距，该值不可以取负值
caption–side	top | right | bottom | left	定义表格的 caption 对象位于表格的哪一边。应与 caption 对象一起使用
empty–cells	show | hide	定义当单元格无内容时，是否应显示该单元格的边框
table–layout	auto | fixed	定义表格的布局算法，可以通过该属性改善表格呈递性能，如果设置 fixed 属性值，会使 IE 以一次一行的方式呈递表格内容从而提供给信息用户更快的速度；如果设置为 auto 属性值，则表格在每一单元格内所有内容读取计算之后才会显示出来
speak–header	once | always	定义当表格通过语音发生器说话时，数据单元格与表格之间的关联。如果设置 once 属性值，则表示表格标题在一系列单元格之前发声一次。如果设置 always，则标题在每一个与之关联的单元格前发声

6.2 表格的排版布局

6.2.1 表格中重要的排版属性

要合并表格的行或者列，只需在表格的 <th> 标签或者 <td> 标签中设置 rowspan 或 colspan 属性的属性值就可以了，它们的默认值为 1。其中，colspan 属性表示要合并的列数，如 colspan= “2” 表示这一单元格需要将两列合并为一列显示；rowspan 属性表示要合并的行数，如 rowspan= “2” 则表示这一单元需要将两行合并为一行显示。例如：

```
<html >
<head>
<meta http-equiv="Content-Type" content="text/html; charset=utf-8" />
<title> 无标题文档 </title>
<style type="text/css">
 table {
   border-collapse: collapse;
   border:  solid #006699;
  border-width:  1px;
}
th, td { border:  1px solid #006699; padding:  2px; }
</style>
</head>
<body>
<table >
 <tr>
```

```
  <th colspan="3"> 学生 基本 信息 </td>
  <th colspan="2"> 成绩 </td>
</tr>
<tr>
  <td> 姓名 </td>
  <td> 性别 </td>
  <td> 专业 </td>
  <td> 课程 </td>
  <td> 分数 </td>
</tr>
<tr>
  <td> 张三 </td>
  <td> 男 </td>
  <td rowspan="2"> 计算机应用 </td>
  <td rowspan="2">C 语言 </td>
  <td>68</td>
</tr>
<tr>
  <td> 王晓 </td>
  <td> 女 </td>
  <td>89</td>
</tr>
</table>
</body>
</html>
```

运行效果如图 6-4 所示。

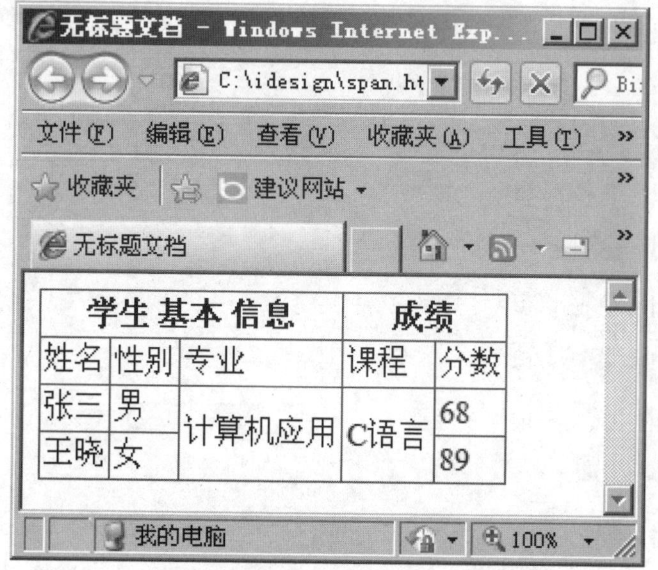

学生基本信息			成绩	
姓名	性别	专业	课程	分数
张三	男	计算机应用	C语言	68
王晓	女			89

图 6-4　合并表格行列的示例

6.2.2　CSS 控制表格边框

默认情况下，表格将不显示边框。但大多数情况下，为了网页布局的美观性都需要为表格设置边框。

6.2.2.1　<table> 标签边框设置

在 <table> 标签里面，可以通过 CSS 的 border 与 border-width 属性来为它设置边框。其中，border 属性用来设置 <table> 标签边框的属性，border-width 属性用来设置 <table> 标签边框的粗细。例如上例中：

```
table {
border-collapse: collapse;
    border: solid #006699;
```

```
    border-width: 1px;
}
```

6.2.2.2　<th> 或者 <td> 标签边框设置

为表格 <th> 或者 <td> 标签设置边框，其设置方法与 <table> 标签的设置一样。例如上例中：

```
th, td {
    padding: 2px;
    border: solid #006699;
    border-width: 1px;
}
```

6.2.2.3　合并表格内外边框 border-collapse

可以使用 border-collapse 属性来合并表格内外边框，使其合并为一条边框。

上例中如果将 <table> 标签样式代码修改为：

```
table {
    border-collapse: separate;
    border: solid #006699;
    border-width: 1px;
}
```

则运行效果如图 6-5 所示。

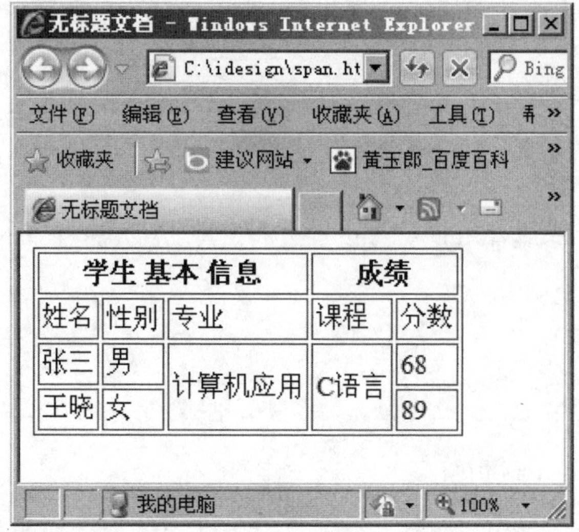

图 6–5 分开表格内外边框

这是因为 <table> 标签和 <th> 或者 <td> 标签都设置一条宽度为 1px 边框，即这时候的表格边框有 2px：外面 1px，里面还有 1px。所以看到的是双边结果。

6.2.2.4 设置分隔线的显示状态 rules

除了使用上面的样式属性来控制表格边框的显示之外，还可以使用表格的 rules 属性来控制表格分隔线的显示，如可以任意要求表格只显示行与行或者列与列的分隔线等。rules 属性的取值如表 6–7 所示。

表 6–7 分隔线的显示状态 rules 的值的设定

值	说明
al	显示所有分隔线
goups	只显示组与组的分隔线
rows	显示行与行的分隔线
cols	显示列与列的分隔线
none	有分隔线都不显示

例如：

```
<html >
<head>
<meta http-equiv="Content-Type" content="text/html; charset=utf-8" />
<title> 无标题文档 </title>
<style type="text/css">
table {       border： 1px solid #006699;       }
th，td { border-color： #006699; }
</style>
</head>
<body>
<table  rules="rows">
 <tr>
  <td> 第 1 行中的第 1 列 </td>
  <td> 第 1 行中的第 2 列 </td>
 </tr>
 <tr>
  <td> 第 2 行中的第 1 列 </td>
  <td> 第 2 行中的第 2 列 </td>
 </tr>
 <tr>
  <td> 第 3 行中的第 1 列 </td>
  <td> 第 3 行中的第 2 列 </td>
 </tr>
```

```
</table>
</body>
</html>
```

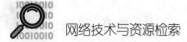

运行效果如图 6–6 所示。

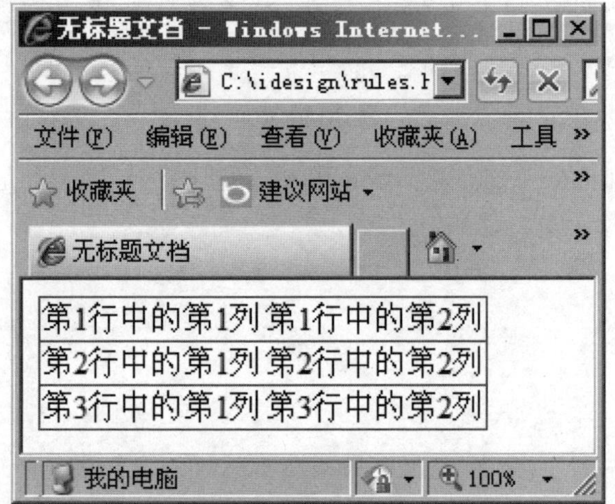

图 6–6　使用 rules 属性来显示行与行的分隔线

6.2.2.5　常用各类边框设置

（1）细线框表格

设计 1px 粗细表格边框，样式代码如下：

```
<style type="text/css">
.table1 { border-collapse ：  collapse; }
.table1 td{ border：  1px solid #cc0000;}
</style>
```

运行效果如图 6–7 所示。

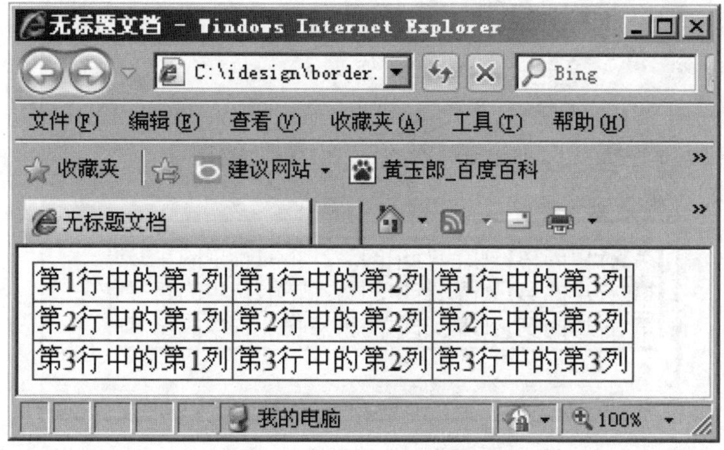

图 6–7　1px 粗细表格边框

（2）粗边框的细线表格

通过为 table 和 td 元素分别定义边框，可以设计出粗边框的细线表格。样式代码如下：

```
<style type="text/css">
.table2 {
    border-collapse ： collapse;
    border： 3px solid #cc0000;
}
.table2 td{ border： 1px solid #cc0000;}
</style>
```

运行效果如图 6–8 所示。

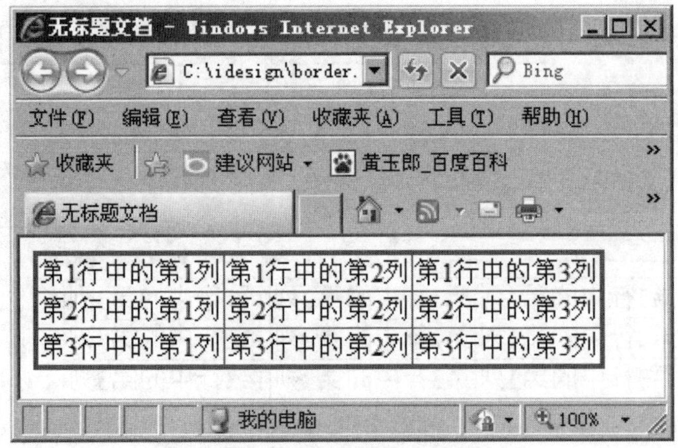

图 6-8　粗边框的细线表格

（3）虚线表格

样式代码如下：

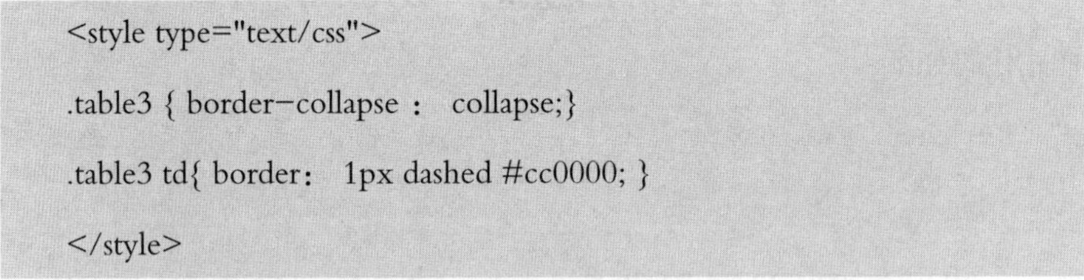

```
<style type="text/css">
.table3 { border-collapse : collapse;}
.table3 td{ border: 1px dashed #cc0000; }
</style>
```

运行效果如图 6-9 所示。

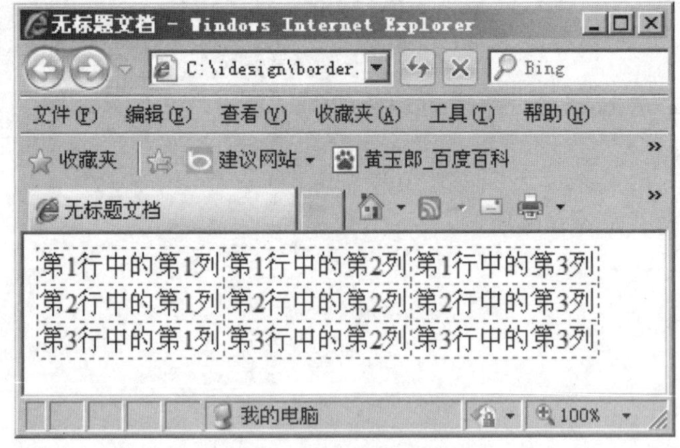

图 6-9　虚线表格

（4）双线表格

样式代码如下：

```
<style type="text/css">
.table4 { border-collapse ： collapse; border： 5px double #cc0000;}
.table4 td{ border： 1px dotted #cc0000;}
</style>
```

运行效果如图 6-10 所示。

图 6-10　双线表格

（5）宫字表格

样式代码如下：

```
<style type="text/css">
.table5 { border-spacing： 10px;}
.table5 td{ border： 1px solid #cc0000;}
</style>
```

运行效果如图 6-11 所示。

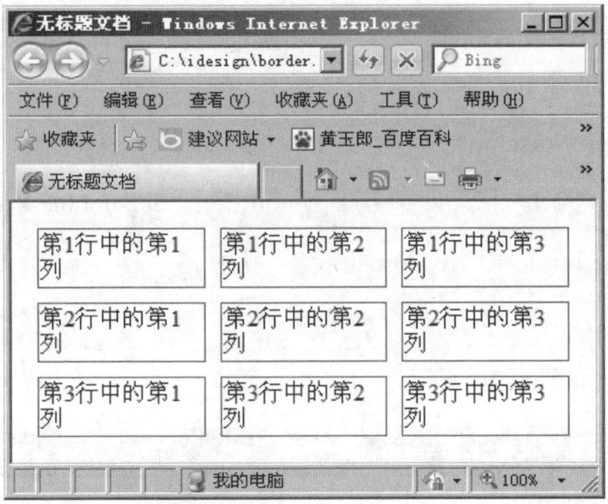

图 6–11　宫字表格

（6）单线表格

样式代码如下：

```
<style type="text/css">
.table6 { border-collapse： collapse; border-bottom： 1px solid #cc0000; }
.table6 td{ border-bottom：  1px solid #cc0000;}
 </style>
```

运行效果如图 6–12 所示。

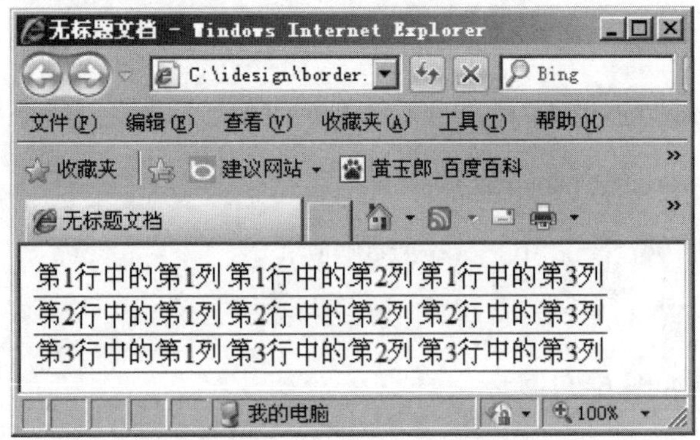

图 6–12　单线表格

6.2.3　表格布局技术的特点

表格是网页的一个非常重要的元素，表格主要由行、列和单元格组成。表格的诞生是为存储数据用的，功能和 Excel 差不多，不是用来布局的，只不过后来大家发现用 table 可以把想放的页面元素，比如图片，放到任何自己想放的地方，且做出来的页面可以兼容多种浏览器，于是 table 就承担起了布局页面的重担。这一做就是好多年，直到 div 的出现，table 才从布局页面的工作中逐渐解脱，专心地去存储数据。

在使用表格布局时，设计者一般会先根据页面版式的设计需要将整个网页以水平切割的方式分解成多张独立的表格，而表格的行、列数则由该表格中所包含的版块数目来决定。对于复杂的版块，还必须在里面插入嵌套表格来完成。

6.2.3.1　表格布局技术的优势

对于初学者来说，表格可能是最好的布局方式，容易上手。表格布局能对不同对象加以处理，而又不用担心不同对象之间的影响；而且表格在定位图片和文本上比起用 CSS 更加方便。以前的网页大都是使用表格来美化的，因为表格有很好的兼容性，可被绝大部分的浏览器所支持，而且使用表格会使页面结构清晰、布局整齐。

6.2.3.2　表格布局技术的缺陷

使用 table 布局会生产很多冗余代码，影响浏览速度以及占用过多服务器空间。而且，表格结构单一，难以体现出层次感，无法将设计的美感流畅地通过网页表现出来。

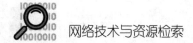

6.3 制作页面数据表格

启动 Dreamweaver 软件，完成以下操作。

6.3.1 插入表格

执行菜单“插入”“表格”命令，弹出“表格”对话框。在该对话框的“行数”文本框输入“10”，“列”文本框输入“7”。在“表格宽度”文本输入“660”，单位“像素”。“标题”组中设置表格表头为“顶部”，如图 6-13 所示。然后单击“确定”按钮关闭该对话框。

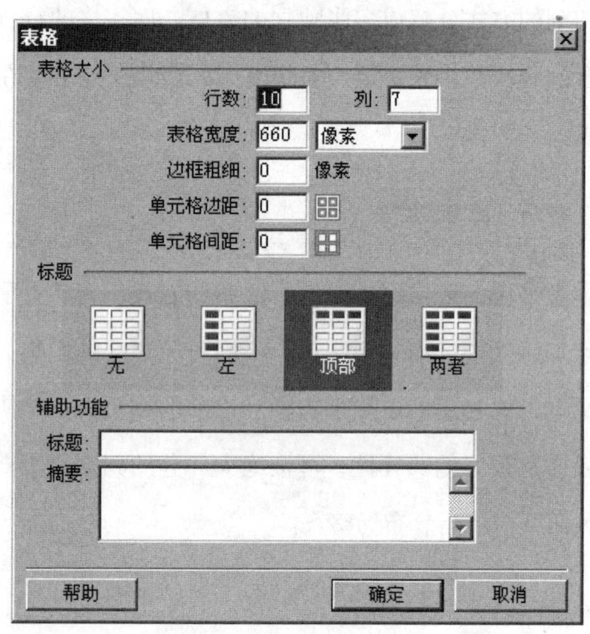

图 6-13 在“表格”对话框中设置所插入表格的参数

鼠标光标定位到表格单元格标签内，输入表格文字内容。如图 6-14 所示。

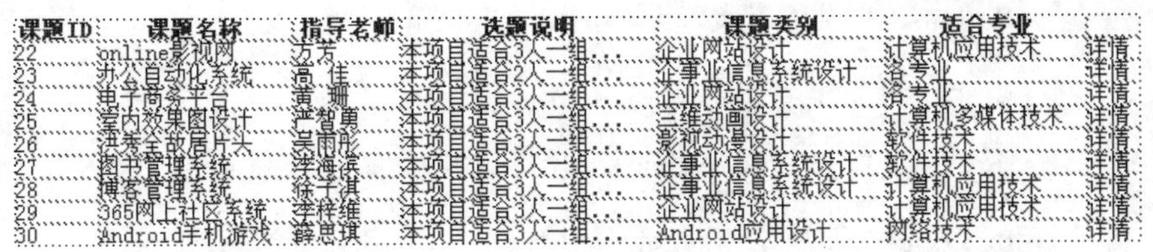

课题ID	课题名称	指导老师	选题说明	课题类别	适合专业	
22	online影视网	方方	本项目适合3人一组...	企业网站设计	计算机应用技术	详情
23	办公自动化系统	高 佳	本项目适合2人一组...	企事业信息系统设计	各专业	详情
24	电子商务平台	黄 珊	本项目适合3人一组...	企业网站设计	各专业	详情
25	室内效果图设计	严智勇	本项目适合3人一组...	三维动画设计	计算机多媒体技术	详情
26	洪秀全故居片头	吴雨彤	本项目适合3人一组...	影视动漫设计	软件技术	详情
27	图书管理系统	李海滨	本项目适合3人一组...	企事业信息系统设计	软件技术	详情
28	博客管理系统	徐子淇	本项目适合3人一组...	企事业信息系统设计	计算机应用技术	详情
29	365网上社区系统	李梓维	本项目适合3人一组...	企业网站设计	计算机应用技术	详情
30	Android手机游戏	薛思琪	本项目适合3人一组...	Android应用设计	网络技术	详情

图 6-14　输入表格文字内容

6.3.2　改善数据表格的视觉效果

标准布局下表格主要功能用来组织和显示数据，但当数据很多时，密密麻麻排在一起会影响视觉浏览效果，因此可以应用 CSS 来改善数据表格的版式，以方便浏览者快速、准确地浏览。

一般情况下，网页设计师可以通过添加边框、背景色，设置字体属性，调整单元格间距，定义表格宽度和高度等措施使数据更具可读性。也可以综合使用各种属性来排版数据表格，使其既有可读性，又具有观赏性。

6.3.2.1　改善表格框架结构

传统表格是传统布局中所惯用的结构，不符合标准网页所提倡的代码简练性和准确性原则，数据表格的标题、表头信息与主体数据信息混合在一起，不利于浏览器的解析与检索。需要对表格框架进行改善，尽可能体现语义化，以便适宜机器阅读。代码如下：

```
<table class="table1" >
  <thead> <!-- 定义第 1 行为表头区域 -->
    <tr>
    <th scope="col"> 课题 ID</th>  <!-- 定义列标题 -->
    <th scope="col"> 课题名称 </th> <!-- 定义列标题 -->
```

```
    <th scope="col"> 指导老师 </th> <!-- 定义列标题 -->
    <th scope="col"> 选题说明 </th> <!-- 定义列标题 -->
    <th scope="col"> 课题类别 </th> <!-- 定义列标题 -->
    <th scope="col"> 适合专业 </th> <!-- 定义列标题 -->
    <th scope="col"> </th>  <!-- 定义列标题 -->
  </tr>
  </thead>
  <tbody> <!-- 定义第 2 行到结尾为主体区域 -->
  <tr>
   <td>22</td>
   <td>online 影视网 </td>
   <td> 方芳 </td>
   <td> 本项目适合 3 人一组 ...</td>
   <td> 企业网站设计 </td>
   <td> 计算机应用技术 </td>
   <td> 详情 </td>
  </tr>
  <tr class="bg1"> <!-- 增加隔行变色行类 -->
   <td>23</td>
   <td> 办公自动化系统 </td>
   <td> 高佳 </td>
   <td> 本项目适合 2 人一组 ...</td>
   <td> 企事业信息系统设计 </td>
   <td> 各专业 </td>
```

```
  <td> 详情 </td>
</tr>
<tr>
  <td>24</td>
  <td> 电子商务平台 </td>
  <td> 黄珊 </td>
  <td> 本项目适合 3 人一组 ...</td>
  <td> 企业网站设计 </td>
  <td> 各专业 </td>
  <td> 详情 </td>
</tr>
<tr class="bg1"> <!-- 增加隔行变色行类 -->
  <td>25</td>
  <td> 室内效果图设计 </td>
  <td> 严智勇 </td>
  <td> 本项目适合 3 人一组 ...</td>
  <td> 三维动画设计 </td>
  <td> 计算机多媒体技术 </td>
  <td> 详情 </td>
</tr>
<tr>
  <td>26</td>
  <td> 洪秀全故居片头 </td>
  <td> 吴雨彤 </td>
```

```
  <td> 本项目适合 3 人一组 ...</td>
  <td> 影视动漫设计 </td>
  <td> 软件技术 </td>
  <td> 详情 </td>
</tr>
<tr class="bg1">  <!-- 增加隔行变色行类 -->
  <td>27</td>
  <td> 图书管理系统 </td>
  <td> 李海滨 </td>
  <td> 本项目适合 3 人一组 ...</td>
  <td> 企事业信息系统设计 </td>
  <td> 软件技术 </td>
  <td> 详情 </td>
</tr>
<tr>
  <td>28</td>
  <td> 博客管理系统 </td>
  <td> 徐子淇 </td>
  <td> 本项目适合 3 人一组 ...</td>
  <td> 企事业信息系统设计 </td>
  <td> 计算机应用技术 </td>
  <td> 详情 </td>
</tr>
<tr class="bg1"> <!-- 增加隔行变色行类 -->
```

```
    <td>29</td>
    <td>365 网上社区系统 </td>
    <td> 李梓维 </td>
    <td> 本项目适合 3 人一组 ...</td>
    <td> 企业网站设计 </td>
    <td> 计算机应用技术 </td>
    <td> 详情 </td>
  </tr>
  <tr>
    <td>30</td>
    <td>Android 手机游戏 </td>
    <td> 薛思琪 </td>
    <td> 本项目适合 3 人一组 ...</td>
    <td>Android 应用设计 </td>
    <td> 网络技术 </td>
    <td> 详情 </td>
  </tr>
  </tbody>
</table>
```

6.3.2.2　*改善表格样式布局*

用 CSS 来改善数据表格的显示样式，使其更适宜阅读。建议遵循以下设计原则：

① 标题行与数据行要有区分，让浏览者能够快速地分出标题行和数据

行，对此可以通过分别为主标题行、次标题行和数据行定义不同的背景色来实现。

② 标题与正文的文本显示效果要有区别，对此可以通过定义标题与正文不同的字体、大小、颜色、粗细等文本属性来实现。

③ 为了避免阅读中出现的读错行现象，可以适当增加行高，或添加行线，或交替定义不同背景色等方法来实现。

④ 为了在多列数据中快速找到某列数据，可以适当增加列宽，或增加分列线，或定义列背景色等方法来实现。

根据上面的设计原则，下面显示详细 CSS 代码：

```
.table1 { /* 定义表格样式 */
    border-collapse: collapse; /* 合并相邻边框 */
    width: 665px; /* 定义表格宽度 */
    font-size: 12px; /* 定义表格字体大小 */
    border:  solid 1px #b7e1f0; /* 定义表格边框 */
}
.table1 thead th{ /* 定义列标题样式 */
background: #dff4fc; /* 定义列标题背景色 */
line-height: 30px;
}
.table1 td{ line-height: 25px;        }
.table1 .bg1 td{ /* 定义隔行背景色，改善视觉效果 */
background: #FEF0F5;
}
.table1 tbody{ /* 定义表格主体区域文本首行缩进 */
```

```
text-indent：1em;
}
```

网页效果如图 6-15 所示。

课题ID	课题名称	指导老师	选题说明	课题类别	适合专业	
22	online影视网	方芳	本项目适合3人一组...	企业网站设计	计算机应用技术	详情
23	办公自动化系统	高 佳	本项目适合2人一組...	企事业信息系统设计	各专业	详情
24	电子商务平台	黄 珊	本项目适合3人一组...	企业网站设计	各专业	详情
25	室内效果图设计	严智勇	本项目适合3人一组...	三维动画设计	计算机多媒体技术	详情
26	洪秀全故居片头	吴雨彤	本项目适合3人一組...	影视动漫设计	软件技术	详情
27	图书管理系统	李海滨	本项目适合3人一組...	企事业信息系统设计	软件技术	详情
28	博客管理系统	徐子淇	本项目适合3人一組...	企事业信息系统设计	计算机应用技术	详情
29	365网上社区系统	李梓維	本项目适合3人一組...	企业网站设计	计算机应用技术	详情
30	Android手机游戏	薛思琪	本项目适合3人一組...	Android应用设计	网络技术	详情

图 6-15　改善表格样式布局

6.4　div+CSS 布局技术

6.4.1　div+CSS 布局技术介绍

div 就是为布局页面而诞生的，只不过刚开始不被人们所认同，原因就是 div 布局页面需要 CSS 的配合，不如 table 拖拽页面就可以布局了，感觉不如 table 方便。

div+CSS 的布局技术其实涉及了网页的两个重要组成部分：结构和表现。比如，在一个网页中，其内容可以包含很多，如各种级别的标题、正文段落、图片等，通过 div，可以将网页中的这些内容元素放置到各个 div 中，构成网页的“结构”；然后，再根据页面的设计需要运用 CSS 样式表文件设置其中的文字、图片和列表等元素的“表现”效果。在 div+CSS 的布局技术中，设计者运用 HTML 来确定网页的结构和内容，而用 CSS 来控制网页中内容的表现形式，很好地实现了内容与形式的分离。

6.4.1.1　div+CSS 的布局的优点

div+CSS 布局技术的应用相对于表格而言，具有强大的优势：

（1）内容与形式分离，改版方便

在 div+CSS 的布局技术中，网页的内容通过 HTML 来表示，而网页中各版块的位置、大小、修饰以及各版块内文字、图片、列表的显示效果则交由 CSS 样式表来完成。设计者如果想要使同样的网页内容在不同的媒体上以不同的方式显示，根本不需要去更改网页的源代码，只需要设计不同的 CSS 样式表文件即可。div+CSS 的布局技术中“内容与形式”分离的特点，既可以使我们设计的网页适应不同平台的显示需要，又可以很方便进行网站的改版，大量地节省了设计者的设计时间，提高设计效率。

（2）页面显示速度更快

相对于表格布局技术，div+CSS 的布局技术设计的网页显示速度更快。在使用表格布局的网页中，浏览者在浏览网页时，必须等整张表格都下载完成后才能看到网页的内容，尤其是在网速较慢时，浏览者可能要等上好几分钟才能看到网页的内容；而用 div+CSS 布局的网页，由于它将内容与形式分离，网页中的代码较少，内容简洁，在同等网速下，这样的页面显示速度会更快，对于网络带宽的要求也就降低了。

（3）有利于网站的搜索排名

在使用 div+CSS 进行布局时，网页的代码中只包含页面的内容，相对表格布局的页面，代码得到了精简。这样，搜索程序在进行页面内容搜索时，所需要的时间就会大大地缩短，搜索效率自然就会提高，网站的搜索排名也就会更靠前。

（4）维护方便

由于 div+CSS 布局技术中，在页面上使用了更少的代码和组件，这样就使得整个网站更加容易维护。

6.4.1.2　div+CSS 布局技术的缺陷

当然，div+CSS 的布局技术虽然有着强大的优势，但也存在着一些缺陷。其中最重要的一项就是浏览器的兼容问题。在 w3c 标准推出后，虽然各厂商纷纷表示会遵从这些新的标准，但实际上却还是存在着一些问题。由于不同的浏览器厂商对于 Web 标准有着不同的认识，有的也并没有完全严格执行新的 Web 标准，造成了网站在不同的浏览器下有着不同的显示效果，这也是现在 CSS 布局上存在的最大弊端。但是，浏览器在下一代的研发中会逐渐解决这一问题，共同实现对 Web 新标准的统一支持。

6.4.2　div 布局

其实网页就是由一个盒子叠一个盒子组合而成。这里我们要引进一个名词——CSS 盒模型。CSS 盒模型是 div+CSS 的重点，意思就是用 div+CSS 来代替表格布局，盒模型是和 table 布局的一个不同点。传统的表格排版通过大小不一的表格和表格嵌套来定位排版网页内容，改用 CSS 排版后，就是通过由 CSS 定义的大小不一的盒子和盒子嵌套来编排网页。这种排版方式的网页代码简洁，能兼容更多的浏览器，比如 PDA 设备也能正常浏览。学习 Web 标准，首先要弄懂的就是这个盒模型，这就是 div 排版的核心所在。我们在网页设计中常听的属性名：内容（content）、填充（padding）、边框（border）、边界（margin），CSS 盒子模式都具备。图 6-16 所示为这些属性的关系。

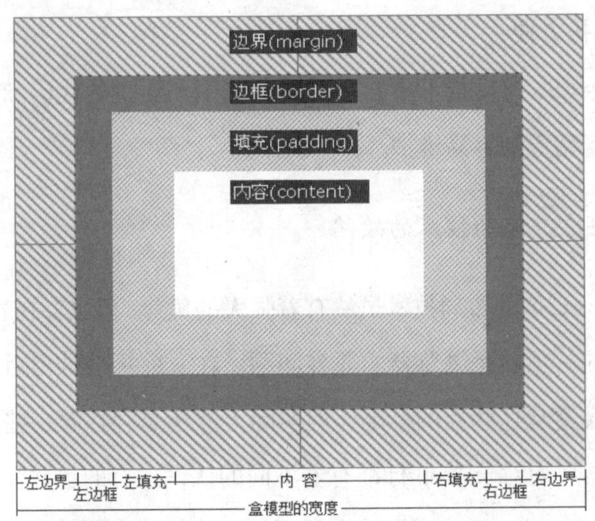

图 6-16　内容、填充、边框、边界属性关系

margin，也称为：外边距、外补丁；padding 也可以称为：内边距、内补丁。这些名称是制作人员必须要完全理解的。

仔细分析一下图 6-17，来规划一下页面的布局。

图 6-17　页面布局实例

图片大致分为以下几个模块：

① 顶部，其中又包括了 logo、menu 和一幅 banner 图片。

② 内容部分又可分为侧边栏、主体内容。

③ 底部，包括一些版权信息。

有了以上的分析，我们就可以很容易地布局了，设计层如图 6–18 所示。

图 6–18　设计层

根据图 6–18 设计了一个实际的页面布局图见图 6–19，说明一下层的嵌套关系，这样理解起来就会更简单了。

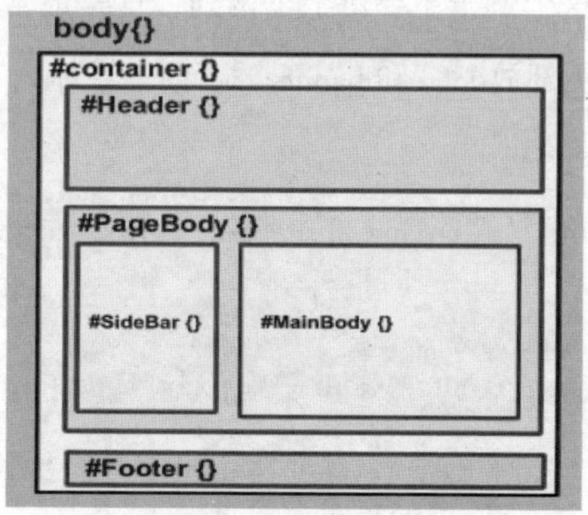

图 6–19　页面布局图

div 结构如下：

```
│ body {}   /* 这是一个 HTML 元素 */
└ #Container {}   /* 页面层容器 */
        ├ #Header {}   /* 页面头部 */
        ├ #PageBody {}   /* 页面主体 */
        │    ├ #Sidebar {}   /* 侧边栏 */
        │    └ #MainBody {}   /* 主体内容 */
        └ #Footer {}   /* 页面底部 */
```

好了，大家明白最基本的页面布局与规划了吗？下面介绍各种页面布局图的嵌套关系的处理，都是一些最常见的网页结构。

6.5 div+CSS 布局案例

6.5.1 div 固定宽度上下二列居中显示

这个代码一般用来做背景图，外围是灰色的，当中页面的正文底是白色的，非常大气。这个例子主要讲上下两列，这是最常见的，也是最简单的页面表现形式，头部放 logo 和 banner，下面是主体内容。

CSS 代码如下：

```
body { font-family: Verdana; font-size: 14px; margin: 0;background: #E9E9E9;}
#container {margin: 0 auto; width: 900px;background: #FFFFFF;padding: 15px;}
#header { height: 100px; background: #6cf; margin-bottom: 5px;}
```

```
#mainContent { height: 300px; background: #cff;}
```

页面代码如下：

```
<body>
<div id="container">
  <div id="header"> 这是头部 </div>
  <div id="mainContent">
    <p> 这是身体 </p>
  </div>
</div>
</body>
```

效果如图 6–20 所示。

图 6–20　效果（一）

其中居中的关键是将“margin：0 auto;”写在最大的背景盒套中，宽度由 #container 决定。

6.5.2　div 1 列固定宽度居中 + 头部 + 尾部居中显示

第一个例子是告诉大家如何让页面居中，如何加上头部。这个例子加上了尾部，这也是一种常见的页面表现形式，头部放 logo 和 banner，中间是主体内容，尾部放 copyright 等内容。

CSS 代码如下：

```
body { font-family: Verdana; font-size: 14px; margin: 0;background: #E9E9E9;}
#container {margin: 0 auto; width: 900px;background: #FFFFFF;padding: 15px;}
#header { height: 100px; background: #6cf; margin-bottom: 5px;}
#mainContent { height: 300px; background: #cff; margin-bottom: 5px;}
#footer { height: 60px; background: #6cf;}
```

页面代码如下：

```
<body>
<div id="container">
  <div id="header"> 这是头部 </div>
  <div id="mainContent">
    <p> 这是主体 </p>
  </div>
  <div id="footer"> 这是尾部 </div>
</div>
</body>
```

效果如图 6-21 所示。

图 6-21　效果（二）

其中居中的关键是将“margin：0 auto;”写在最大的背景盒套中，宽度由 #container 决定。

6.5.3　div 1 列固定宽度居中 + 头部 + 导航 + 尾部

第二个例子在页面布局中加上了尾部。一个标准的网站都有导航，这个例子加上了导航，这是最常用的页面表现形式，本例中还涉及了另三个要点，是很多朋友在 CSS 定义时经常遇到的问题。

CSS 代码如下：

```
body { font-family：Verdana; font-size：14px; margin：0;background：#E9E9E9;}
p{margin：0;}
#container {margin：0 auto; width：900px;background：#FFFFFF;padding：15px;}
#header { height：100px; background：#6cf; margin-bottom：5px;}
#menu { height：30px; background：#09c; margin-bottom：5px;line-height：30px}
```

```
#mainContent { height：300px; background：#cff; margin−bottom：5px;}
#footer { height：60px; background：#6cf;}
```

页面代码如下：

```
<body>
<div id="container">
  <div id="header"> 这是头部 </div>
  <div id="menu"> 这是导航 </div>
  <div id="mainContent">
    <p>1 列固定宽度居中 + 头部 + 导航 + 尾部 </p>
  </div>
  <div id="footer"> 这是尾部 </div>
</div>
</body>
```

效果如图 6–22 所示。

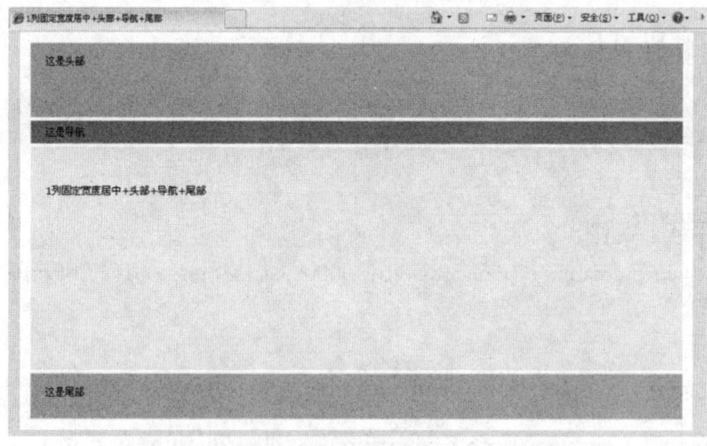

图 6–22　效果（三）

本例有三个关键要点。

（1）p 标签有默认值

一样都是“margin-bottom：5px;”，如果仔细比较以前的示例，会发现，mainContent 的上边界比较宽，超出了 5px，原因是 mainContent 里嵌套了一个 <p>。“p{margin：0;}”是将 <p> 的默认值清空。

一样的代码有：

```
body，div，dl，dt，dd，ul，ol，li，h1，h2，h3，h4，h5，h6，pre，p，td
{margin：0; padding：0;}
```

p 标签有默认值为：

```
p{margin：1em 0;} /* p 标签上下外间距为 16px; */
```

ul 标签有默认值为：

```
ul{padding-left：40px;margin：1em 0;}   /* ul 标签上下外间距为 16px;
左内间距为 40px; */
```

（2）px 和 em 的换算

16px = 1em

12px = 0.75em

10px = 0.625em

（3）文字垂直对齐

说到文字垂直对齐，很多人第一反应是 vertical-align：middle，其实如想设置文字垂直居中，那么一定要设置 ling-height 的属性值和 height 值一样，这样才会使文字垂直居中，单独设置 vertical-align：middil 是不会使文字垂直居中的。所以在“menu”的样式定义中没有使用“vertical-align：middil”而是使用了“ line-height：30px”。

6.5.4　div 2 列固定宽度左窄右宽型 + 头部

从这个例子，开始讲左右的布局的 CSS，div 左右布局是 CSS 中最复杂的。

CSS 代码如下：

```
body { font-family：Verdana; font-size：14px; margin：0;}
#container {margin：0 auto; width：900px;}
#header { height：100px; background：#6cf; margin-bottom：5px;}
#mainContent { margin-bottom：5px;}
#sidebar { float：left; width：200px; height：500px; background：#9ff;}
#content { float：right; width：695px; height：500px; background：
#cff;}
```

页面代码如下：

```
<body>
<div id="container">
  <div id="header"> 这是头部 </div>
  <div id="mainContent">
    <div id="sidebar"> 这是工具栏 </div>
    <div id="content">2 列固定宽度左窄右宽型 + 头部 </div>
  </div>
</div>
</body>
```

效果如图 6-23 所示。

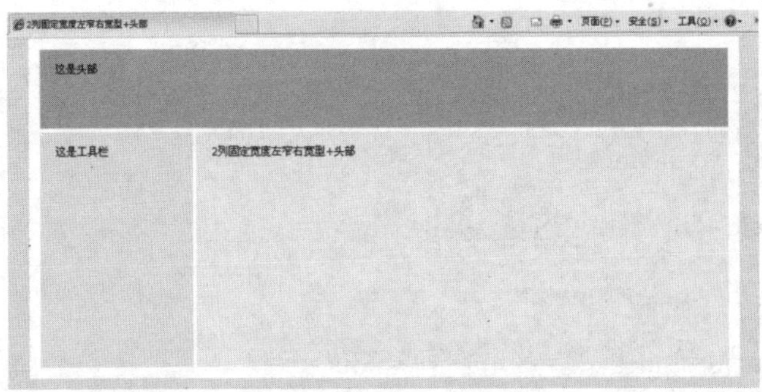

图 6-23　效果（四）

本例居中的关键是一左一右“float：left; float：right;”。

6.5.5　div 3 列固定宽度居中 + 头部

本例子讲的是 div 中最复杂的 div 3 列并排居中，这是 div 左右布局最复杂的，也是最难做的地方，很多新手都不能将三列并排显示，其实 div 3 列并排是非常简单的。

CSS 代码如下：

```
body { font-family：Verdana; font-size：14px; margin：0;background：#E9E9E9;}
#container {margin：0 auto；width：900px;background：#FFFFFF;padding：15px;}
#header { height：100px; background：#6cf; margin-bottom：5px;}
#mainContent { height：300px; margin-bottom：5px;}
#sidebar { float：left; width：200px; height：300px; background：#9ff;}
#sidebar2 { float：right; width：200px; height：300px; background：#9ff;}
#content { margin：0 205px; height：300px; background：#cff;}
```

页面代码如下：

```
<body>
<div id="container">
  <div id="header"> 这是头部 </div>
  <div id="mainContent">
    <div id="sidebar"> 这是左列 </div>
    <div id="sidebar2"> 这是右列 </div>
    <div id="content">3 列固定宽度居中 + 头部 </div>
  </div>
</div>
</body>
```

效果如图 6–24 所示。

图 6–24　效果（五）

本例中的关键是先写左右，再写中间。

6.5.6　div 3 列固定宽度居中 + 头部 + 导航 + 尾部

本例子将 div 3 列并排居中配上头部和尾部，这是国外 BLOG 经常使用的格式。

CSS 代码如下：

```
body { font-family: Verdana; font-size: 14px; margin: 0;background: #E9E9E9;}
#container {margin: 0 auto; width: 900px;background: #FFFFFF; padding: 15px;}
#header { height: 100px; background: #6cf; margin-bottom: 5px;}
#menu { height: 30px; background: #09c; margin-bottom: 5px;line-height: 30px}
#mainContent { height: 300px; margin-bottom: 5px;}
#sidebar { float: left; width: 200px; height: 300px; background: #9ff;}
#sidebar2 { float: right; width: 200px; height: 300px; background: #9ff;}
#content { margin: 0 205px; height: 300px; background: #cff;}
#footer { height: 60px; background: #6cf;}
```

页面代码如下：

```
<body>
<div id="container">
 <div id="header"> 这是头部 </div>
 <div id="menu"> 这是导航 </div>
 <div id="mainContent">
  <div id="sidebar"> 这是左列 </div>
  <div id="sidebar2"> 这是右列 </div>
  <div id="content">3 列固定宽度居中 + 头部 + 尾部 </div>
 </div>
```

```
<div id="footer"> 这是尾部 </div>
</div>
</body>
```

效果如图 6–25 所示。

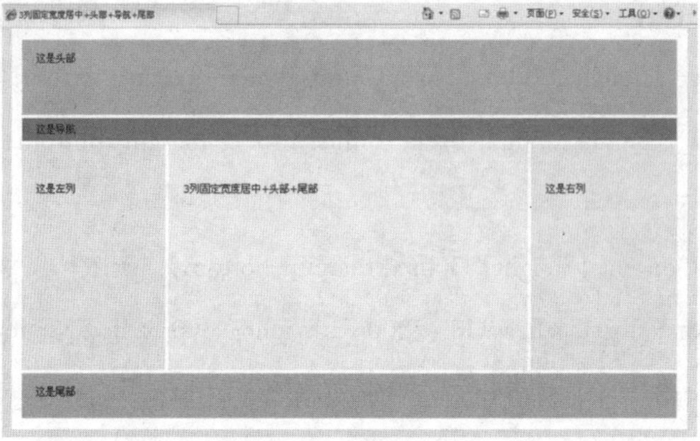

图 6–25　效果（六）

本例中的关键是先写左右，再写中间。

6.5.7　div 2 列右窄左宽、高度自适应 + 头部 + 导航 + 尾部

此例子与前面的例子的区别在于当正文的高度不统一时怎么办，这也是页面 div 布局时经常碰到的格式问题。

CSS 代码如下：

```
body { font-family: Verdana; font-size: 14px; margin: 0;background: #E9E9E9;}
.clearfloat { clear: both; height: 0; font-size: 1px; line-height: 0px;}
#container {margin: 0 auto; width: 900px;background: #FFFFFF; padding: 15px;}
#header { height: 100px; background: #6cf; margin-bottom: 5px;}
```

```
#menu { height：30px; background：#09c; margin-bottom：5px; line-height：30px}
#mainContent { }
#sidebar { float：right; width：200px; background：#9ff; margin-bottom：5px;}
#content { float：left; width：695px; background：#cff; margin-bottom：5px;}
#footer { height：60px; background：#6cf;}
```

页面代码如下：

```
<div id="container">
  <div id="header"> 这是头部 </div>
  <div class="clearfloat"></div>
  <div id="menu"> 这是导航 </div>
  <div class="clearfloat"></div>
  <div id="mainContent">
    <div id="sidebar"> 这是侧边栏 </div>
    <div id="content">2 列右窄左宽、高度自适应 + 头部 + 导航 + 尾部 </div>
  </div>
  <div class="clearfloat"></div>
  <div id="footer"> 这是尾部 </div>
</div>
```

效果如图 6-26 所示。

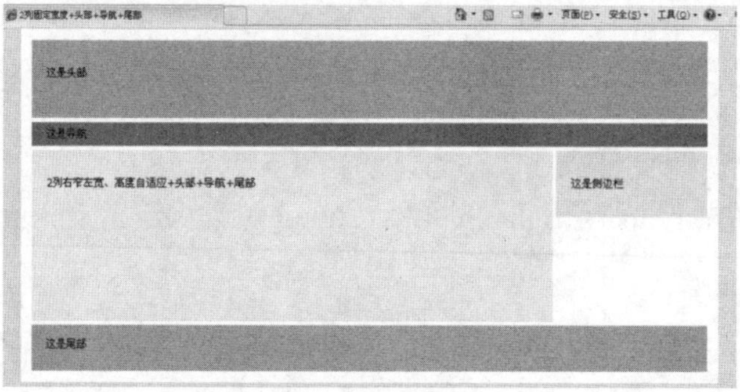

图 6–26　效果（七）

本例中的关键是 <div class="clearfloat"></div>。这句话是清除浮动用的，因为我们在 header 和 menu 内设计时都可能涉及浮动，还有 sidebar 栏和 content，本身已经浮动了，如果 content 的高度没有 sidebar 高时，footer 会浮动到 sidebar 右侧，造成整个页面错乱，采用这种方式可以有效避免错乱。

另外，sidebar 和 content 分别采用左浮动和右浮动的方式，当然也可以采用自适应宽度，将“sidebar”和“content”按显示的次序摆放：

```
<div id="content">2 列右窄左宽、高度自适应 + 头部 + 导航 + 尾部
</div> <div id="sidebar"> 这是侧边栏 </div>
```

将 sidebar 的 CSS 修改为

```
#sidebar {float: left; width: 200px; background: #9ff; margin-bottom:
5px;margin-left: 5px;}
```

6.5.8　div 2 列左窄右宽高度自适应且未知高度底部平齐 + 头部 + 导航 + 尾部

此例子与前面的例子的区别在于当正文的高度不统一时怎么办，这也是页面 div 布局时经常碰到的格式问题。

CSS 代码如下：

```
body { font-family: Verdana; font-size: 14px; margin: 0;background: #E9E9E9;}
.clearfloat { clear: both; height: 0; font-size:  1px; line-height:  0px;}
#container {margin: 0 auto; width: 900px;background: #FFFFFF; padding: 15px;}
#header { height: 100px; background: #6cf; margin-bottom: 5px;}
#menu { height: 30px; background: #09c; margin-bottom: 5px; line-height: 30px}
#mainContent { }
#sidebar { float: right; width: 200px; background: #9ff; margin-bottom: 5px;}
#content { float: left; width: 695px; background: #cff; margin-bottom: 5px;}
#footer { height: 60px; background: #6cf;}
```

页面代码如下：

```
<body>
<div id="container">
  <div id="header"> 这是头部 </div>
  <div class="clearfloat"></div>
  <div id="menu"> 这是导航 </div>
  <div class="clearfloat"></div>
  <div id="mainContent">
    <div id="sidebar"> 这是侧边栏 </div>
```

```
        <div id="content">2 列左窄右宽高度自适应且未知高度底部平齐 +
头部 + 导航 + 尾部 </div>
      </div>
      <div class="clearfloat"></div>
      <div id="footer"> 这是尾部 </div>
    </div>
    <script language="javascript">
    document.getElementById（"sidebar"）.style.height=document.
getElementById（"content"）.offsetHeight+"px";
    </script>
    </body>
```

效果如图 6–27 所示。

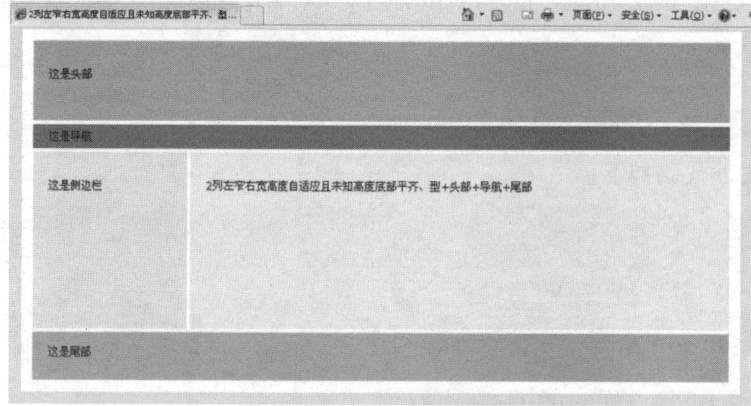

图 6–27　效果（八）

这个例子使用到了 JS 和 CSS 的配合，关键是

```
    <script language="javascript">
    document.getElementById（"sidebar"）.style.height=document.
getElementById（"content"）.offsetHeight+"px";</script>
```

这句话是用来将左边的 div 的高度与右边的自动齐平，但需要注意，此方法只限于左边的“sidebar”的高度一定小于右边的“content”的情况下，反之则不能实现。

另外，需要注意的是，因为是使用 JS，所以 sidebar 和 content 必须是使用 ID 而不能使用 class 来定义 CSS，id="sidebar"。由于 HTML 是逐渐显示编译的，所以要将 JS 写在 </body> 的前面。

6.5.9　布局的抽象

在布局中，实际的网页上面一般会有很多元素影响你的判断，所以一个优秀的网页布局架构师都要经历“看山是山，看山不是山，然后再看山是山”的过程。如图 6–28 所示是将整个网页的效果图中华丽的部分抽去就是整个网站的布局。

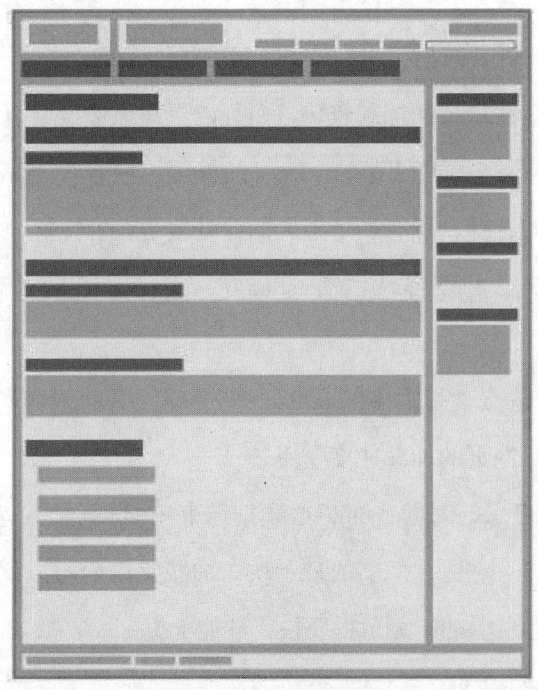

图 6–28　网页布局

而页面中的一个栏目的布局也是同样的道理，如图 6–29 所示。

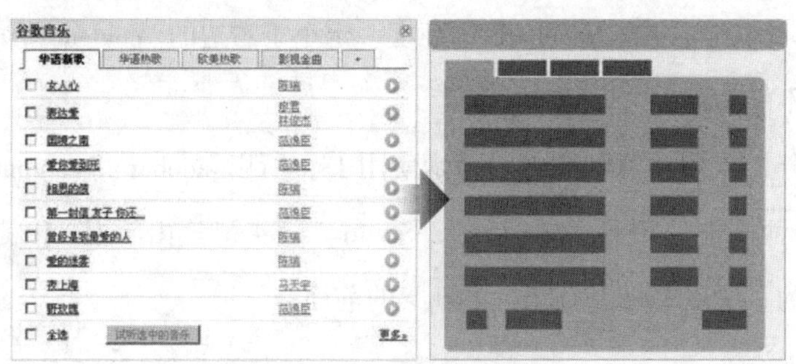

图 6–29　栏目布局

6.6　表格和 div+CSS 布局的比较

6.6.1　div 和 table 布局的优缺点

① div+CSS 进行布局，可以实现 table 的页面布局效果，还能减少页面中元素的个数，使得页面加载较快，而且能更好地被搜索引擎相匹配。

② table 进行布局可以有一个统一的外观，便于控制格式，对于初学者来说是很好的选择。还有一个最大的好处就是兼容性好。

③ div 的缺点是兼容性没有 table 好，而且对于新手来说，div 没有 table 好控制。

④ table 的缺点就是太多的 table 嵌套会使网页的内容量减少，而且看起来非常臃肿，网页的加载速度变慢。

⑤ 在网页显示的时候，table 必须把结束 </table> 加载完以后才能显示整合网页，而 div 则是一个小的显示块，加载完以后可以逐个显示。这样 div 在一定程度上比 table 显示得要快，性能上更好。

6.6.2　两种布局技术的综合运用

由以上分析可以看出，table 和 div+CSS 这两种网页布局技术来说，都有各自的优势和缺陷，那么在实际的应用中又该如何选择呢？对于 div+CSS 来说，它作为制作网页、美化网页的一个重要辅助是很强大方便的，可以弥补 table 制作框架和表格时的很多不足和美工上的缺点，但是完全只用它来做，太费时费力，选择 table+div+CSS 是最好的组合，也是最省时省力的办法。

一般，可以按以下原则来进行选择：

① 页面中各版块的布局及定位通过 div 来完成。

② 网页中用来显示数据的区域则通过表格来完成。

网页的布局实际是一个信息合理化整合的过程，网页设计人员在制作网页时，该如何选择并正确地使用表格和 div+CSS 这两种布局技术，既要考虑网页的实际设计需要、个人设计习惯，又要综合考虑 Web 标准，只有将选择 table+div+CSS 有机地结合起来，才能进一步做好网页的布局。

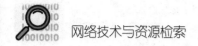

第 7 章　静态网站制作实例

7.1　实战演练 1

实战课题：制作网页“我的第一页”。

（1）实战效果图示

实战效果图见图 7–1。

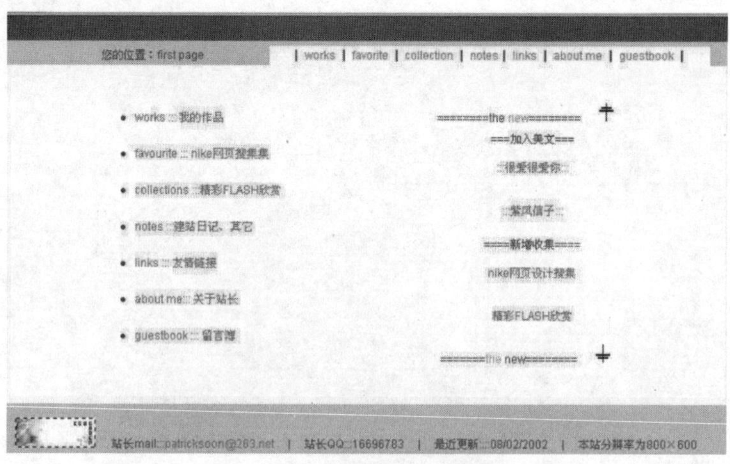

图 7–1　实战演练 1 效果

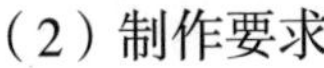

（2）制作要求

用表格布局。

插入网页元素。

初识 CSS 样式。

（3）制作提示

创建站点 ch1，将 D：\test\ch1 设置为本地站点根目录。

① 页面标题：应用表格布局。

② 页面属性。

左、上边距设置为 0，背景设置为 #CCCCCC，文字色设置为 #336666，链接色设置为 #0099999，已访问链接色设置为 #66CCCCCC，活动链接靶设置为 #00FFFF。

③ 对齐：水平居中。

④ 表格布局。

插入 4 × 1 表格，宽为 778，边框粗细、单元格边距、单元格间距均为 0。

第一行 t–1，背景 #666666，高 25。

第二行 t–2（导航栏），高 25，左右设置为水平居中，垂直设置为底部对齐。在 t–2 插入 1 × 3，宽 740，边框粗细、单元格边距、单元格间距均为 0，高度为 20 的表格。

第一列 t–21，宽 18，起间隔作用。

第二列 t–22，宽 249，对齐方式设置为水平居中。

第三列 t–23，背景设置为 #FFFFFF。输入导航栏文字内容，并设置超链接，此处各链接暂设置为“#”。

第三行 t–3，背景设为白色 #FFFFFF，高为 342，水平居中。在 t–3 插入 1 × 5 的表格，宽 760，高 100%，各列宽度从左至右依次为 100，300，

40，300，10。

第一列 t-31，只起间隔作用。

第二列 t-32，插入 7×1 表格，宽为 250，输入相应文字内容，并设置超链接，此处各链接暂设置为“#”，调整各单元格高度。

第三列 t-33，只起间隔作用。

第四列 t-34，插入 8×1 表格，各列高度分别为 30，20，40，50，20，40，50，输入相应的文字内容，并设置超链接，此处各链接暂设置为“#”。

第五列 t-35，只起间隔作用。

第四行 t-4，高为 50，垂直设置为底部对齐，插入图片及版权信息。

用 CSS 样式美化网页。

切换到代码模式，在 <head></head> 之间加入如下代码。

```
<style type=text/css>
.9font{
    font-family：Arial，Helvetica，sans-serif;font-size：12px;font-style：normal}
a：hover{
    color：#6699cc; text-decoration：underline}
a{ text-decoration：none}
</style>
```

上述代码，定义了一个普通文本的样式，名为 9font。还重新定义了链接的两个状态。可看到网页中文本及超链接文字的变化。

7.2　实战演练 2

实战课题：制作层布局页面——环游世界（hysj.htm）。

（1）实战效果图示

实战效果如图 7–2 所示。

图 7–2　实战演练 2 效果

（2）操作步骤

① 创建站点 ch2，将 D: \test\ch2 设置为本地站点根目录，新建页面，标题为“环游世界”。

②“插入”面板组“布局”类别，单击“绘制 AP DIV”，在文档窗口中绘制一个层 layer1。

③ 将光标置于层内，插入 1.jpg，如果图片很大，在“属性”将其宽度设置为 250，高度设置为 150。

④ 选中层，在“属性”中设置其精确位置，分别为左：70，上：40，宽：250，高：150，以精确定位。

⑤ 插入层 layer2，插入 2.jpg，在“属性”将其宽度设置为 250，高度

设置为 150，精确位置，分别为左：180，上：150，宽：250，高：150。

⑥ 插入层 layer3，插入 3.jpg，在“属性”将其宽度设置为 250，高度设置为 150，精确位置，分别为左：330，上：260，宽：250，高：150。

⑦ 改变层的叠放顺序，单击层 layer2，将其 Z 值变为 1，将 layer1 编号变为 2，layer3 编号不变。

⑧ 再插入层 layer4，宽度与高度为 67px，内输入“环”，大小 60px。

⑨ 继续插入其他层，并分别输入“游”“世”“界”。

7.3 实战演练 3

实战课题：创建“我的足球网”。

（1）实战效果图示

实战效果见图 7–3。

图 7–3 实战演练 3 效果

（2）操作步骤

① 规划站点。

● 网站名“我的足球网”，包括 3 个栏目“我与足球”“足球新闻”“足球明星相片”，分别存放在根目录下的 aboutme、news、photo 文件夹中。

● 图像素材放在 image 中。

② 新建站点。

● 站点 / 新建站点。

● 站点定义：ch3。

● 选择默认选项“否，我不想使用服务器技术”。

● 站点路径：D：\test\ch3。

● 在“你如何连接到远程服务器”选择“无”选项。

③ 编辑首页文件。

● 新建一个 index.htm 文件，修改 / 页面属性 / 背景颜色 / 绿色。

● 输入“我的足球网”。

● 在下方插入一个 1 行 2 列的表格，插入 / 表格，表格宽度：550，其他全为 0。

● 光标在第 1 列中，插入 image 中的 MAN.jpg。

● 在表格第 2 列中，分 3 行，依次输入“我与足球”“足球新闻”“足球明星相片”，并在下一行处插入另一张图像素材 FOLDER.jpg。

● 将光标移至表格的下一行，输入“本网站最后更新时间”/ 插入 / 日期，选中“储存时自动更新”，将其居中。

● 选择“我的足球网”/“属性”面板中格式“标题 1”，色彩：#FF9900，将网页标题居中。

● 制作栏目链接，分别链接 me.htm，photo.htm，news.htm，注意：3 个

页面中要设置返回的超链接。

● 用 CSS 样式美化网页。

切换到代码模式，在页面头文件部分，即 <head></head> 之间加入如下代码。

```
<style type=text/css>
a：hover {
    font-family： "华文新魏";
    font-size： 36px;
    font-style： italic;
    font-weight： bolder;
    color： #FF0000;
    text-decoration： underline;
}
</style>
```

超链接字体特效。

7.4 实战演练 4

实战课题：制作 “我的家园” 框架集网页。

（1）实战效果图示

实战效果见图 7–4。

网站导航
我的作品
我的收藏
关于我们
联系我们
我的家园
进入相册
进入留言板
查看偶的信息
给俺联系
进入留言板
我的作品
树叶
我在秋游时捡了一片银杏树叶。做了一把玩具扇子。虽然没有风，但这也是我亲手做成的。扇啊扇。扇走了夏天的炎热，带来秋天的凉爽。
这可是一把精美的扇子，我要将他送给老师。
图画
秋游时我画了一张图画，有高高的山，有壮美的河。这可是一幅美丽的画我要将它保留下来。
贺卡
我写了一张贺卡，用彩色笔端端正正的写了“祝老师节日快乐。”
我做了一条金黄色的小鱼。我用金黄色的树叶做嘴巴，红色的树叶做尾巴，刚发芽的树叶做泡泡。我要把这张精美的贺卡送给我亲爱的老师。

图 7–4　实战演练 4 效果

（2）制作要求

创建“我的家园”框架集网页。这个页面包含 3 个文件：框架集文件、左侧框架文件和右侧框架文件。

当用户浏览页面的正文时，左侧导航栏部分可以始终位于浏览器窗口的左侧。

（3）制作提示

① 创建站点 ch4，将 D: \test\ch4 设置为本地站点根目录，新建空白页面。

② 点击“新建”→“示例中的页”→“框架集”→“左侧固定”。

③ 保存框架页文件。单击所插入框架的边缘，选中所有框架，选择文件 | 保存框架页，命名为 index.html。

④ 左侧框架中页面的插入，选中左侧框架，点击“文件”→“在框架中打开”，在“选择 HTML 文件”对话框中选择素材库中 images/left.htm 文件。

⑤ 右侧框架中页面的插入，选中右侧框架，点击“文件”→“在框架中打开”，在“选择 HTML 文件”对话框中选择素材库中 images/right.htm 文件。

⑥ 制作链接分页面，创建到各分页的超链接。注意在“属性”面板中关于“目标”项的设置，以保证左侧框架中的内容不变。

7.5 实战演练 5

实战课题：应用框架制作电子书。

（1）实战效果图示

实战效果如图 7-5 所示。

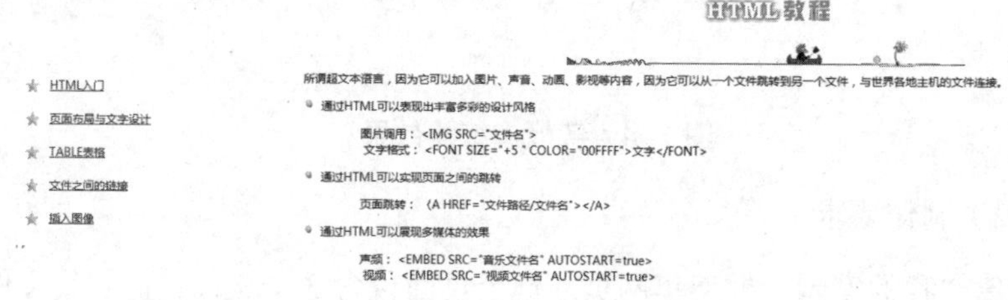

图 7-5　实战演练 5 效果

（2）创建框架集

方法：

① 创建站点 ch5，将 D：\test\ch5 设置为本地站点根目录，图像文件夹 images，新建 HTML 页面。

② 点击“新建”→“示例中的页”→“框架集”→“上方固定，左侧嵌套”。

③ 文件 / 保存框架页，命名为“index.htm”。

④ 在顶部框架内点击“文件”→“保存框架”，命名为“top.html”。

⑤ 用同样的方法，将左侧框架保存为“left.html”，右侧框架保存为

“main.html”。

⑥ 按 Alt 的同时单击框架，在“属性”面板上设置框架名称。

（3）制作框架页

① 在顶部框架内创建标题栏，设置为“HTML 在线教程”。

② 光标定位在 top.html，插入图片 html.gif、bar.gif，设计对齐方式为居中对齐。

③ 光标定位在 main.html，插入 1×1 的表格，居中对齐，表格宽度 80%，其他都为 0。

④ 在表格内复制 main.txt 文本中的内容，字体大小 14px。

⑤ 新建一个目录 pages，再在其中新建 5 个页面，分别为 1.htm、2.htm、3.htm、4.htm 和 5.htm。

⑥ 编辑页面 1.htm，设置对齐为水平居中，插入 1×1 的表格，宽度为 80%，插入文本，字体大小为 14px。

⑦ 同样编辑 2.htm、3.htm、4.htm 和 5.htm。注意：文字素材分别在 1.txt，2.txt，3.txt，4.txt 和 5.txt 中。

⑧ 编辑 left.htm，插入一个 5×2 的表格，宽度为 200 像素。

放图像的单元格居中对齐，把表格适当的调整一下高度。

（4）编辑导航栏超链接

① 选中文本“HTML 入门”，链接“pages/1.htm”，目标：mainFrame。

② 为其他文本添加链接并设定链接目标，也是 mainFrame。

③ 按住 Alt 键，同时单击左框架（leftFrame），属性面板中设置“滚动”为否，并选中“不能调整大小”。

（5）保存框架集

“文件”→“保存全部”。

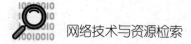

7.6 实战演练 6

实战课题：使用 CSS 样式格式化页面——青岛教育在线网。

（1）实战效果图示

实战效果见图 7–6。

图 7–6　实战演练 6 效果

（2）案例综述

为了使网页具有统一的风格，通常在网页中使用 CSS 样式，并且一般都将 CSS 样式的设置放在网页制作的第一步，当然也可以边制作网页边进行设置，然后将 CSS 样式应用到网页中即可。本节将在已完成页面布局的网页上添加 CSS 样式，进一步美化、格式页面，从而达到统一风格，快速格式化网页的目的。

（3）操作步骤

① 打开 HTML 网页。

● 将 D：\test\ch6 设置为本地站点根目录，D：\test\ch6\images\ 为默认图像文件夹。

● 打开站点文件夹下的网页文件 index.htm。

② 设置页面属性——添加嵌入头部的 CSS 样式。

● 打开“页面属性”。

● 选择“分类”列表框中“外观”选项，字体大小：12px，文本颜色：#000000，背景图像：选择 images/bg.gif。左、右、上、下边距设置为 0。

● 选择“分类”列表框中“标题 / 编码”选项，“标题”文本框中输入“青岛教育在线网”，编码为“简体中文（GB2312）”。

● 切换到代码视图，查看头部信息中的样式代码。

③ 用“CSS 样式”面板创建 CSS 样式。

● 创建表格文字样式 td。

选择窗口 /CSS 样式。

新建 CSS 规则按钮，选择“选择器类型”中的“标签”单选按钮，在下方“标签”下拉列表中选择 td，在“定义在”中选择“新建样式表文件”选项。

确定，保存 style.css。在“CSS 样式”面板中可以看到新添加了 style.css 文件。

在出现的“CSS 规则定义”对话框中，设置字体大小为 12px，颜色为 #000000。

● 创建表格边框样式 .redline。

点击新建 CSS 规则按钮，选择“选择器类型”中的“类”，名称为 .redline（注意：类名称前的“.”不能省略）。但要注意的是，在“定义在”选项中要选择 style.css 文件，将所定义的 CSS 样式写入一个样式表文件中。

在“CSS 规则定义”中，选择“分类”中的“边框”，设置样式、宽度和颜色。

● 创建用于版权信息文字的样式 .white。

制作中想使版权信息部分的文字有别于正文，在此定义一个类样式，类样式是唯一可以应用于文档中任何文本的 CSS 样式类型。

点击新建 CSS 规则按钮，选择“选择器类型”中的“类”，名称为 .white，在“定义”中选择“仅对该文档”文件，在当前文档中嵌入样式。

在“CSS 规则定义”对话框中，选择分类中的“类型”，设置颜色为白色 #FFFFFF。

● 创建用于超链接的高级样式：a：link，a：vistited，a：hover。

将页面中的超链接设置为默认的链接是黑色、宋体、12px，没有下画线，而访问过后的链接又恢复为黑色、宋体、12px，没有下画线。

新建 CSS 规则，在“定义在”中选择 style.css 文件，“选择器类型”为“高级”，在“选择器”下拉列表中选择 a：link（超链接的正常显示状态，没有任何动作）。

“分类”中选择“类型”，设置“修饰”为“无”，颜色为

#000000。

再新建CSS规则，在“定义在”中选择style.css文件，“选择器类型”为“高级”，在“选择器”下拉列表中选择a：visited（超链接已访问的状态）。

“分类”中选择“类型”，设置“修饰”为“无”，颜色为#000000。

再新建CSS规则，在“定义在”中选择style.css文件，“选择器类型”为“高级”，在“选择器”下拉列表中选择a：hover（鼠标停留在超链接上时的状态）。

“分类”中选择“类型”，设置“修饰”为“下画线”，颜色为#0033CC（蓝色）。

设置完成后，页面中超链接文字自动应用此样式。

● 创建用于表单元素美化的样式.input。

这里采用自定义样式美化表单的文本框。

点击新建CSS规则按钮，选择“选择器类型”中的“类”，名称为.input，在“定义在”中选择“仅对该文档”。

在弹出的“CSS规则定义”对话框中，设置字体为宋体、12px，颜色为#003366，完成了对文本框中用户输入文字的样式设置。

在“背景”中设置此样式的背景色与其周围表格背景色相同（#F1F1F1）。

在分类中选择“边框”，设置边框的宽度、边框的样式和边框的颜色。下：实线，1px，其他为0，颜色：#000000。

● 创建扩展样式。

为页面中的光标变换样式，在默认情况下，鼠标光标为十字星形，在指向链接上方的时候，光标变为help的光标。

在CSS样式面板，选择body样式，双击，“分类”中选择“扩展”，更改光标的样式为 crosshair。

修改鼠标在链接时的光标样式，选择“CSS样式”面板中的a: hover样式，双击，在“扩展”的光标中选择 help。

（4）在页面中应用 CSS 样式

重定义的 HTML 标签样式和高级样式，由于它们与 HTML 标签相关联，因此它们的样式属性自动应用于文档中受定义样式影响的任何标签，只有类样式需在“属性”面板的“样式”或“类”选项中选择应用。

① 选中版权信息中的文字，在“属性”面板“样式”中选择 .white。

② 应用了 CSS 样式后，其标签栏中相对应的标签变为 <div.white>。

③ 选择最外层的表格，在“属性”面板“类”下拉列表中选择 .redline，给表格添加外框线。再选中页面下半部的表格，再次应用此样式。

④ 选中页面中的表单元素“用户名”和“密码”后面的文本框，在“属性”面板“类”下拉列表中选择 .input，将此样式应用到页面中。

（5）链接样式表，统一网站风格

① 在 ch9 下打下网页 unstyle.htm，在“CSS 样式”面板中，单击附加样式表按钮，打开“链接外部样式表”对话框，在“文件 /URL”中输入前面创建的样式表文件，或单击“浏览”按钮，选择 style.css 即可。

② 再按前面的方法，分别应用相关的“类”样式。

③ 添加新的 .bt 样式到 style.css 样式表文件，设置字体大小为 24，颜色为 #0066FF。选中页面中的标题，应用该样式。

④ 添加新的 .bk 样式到 style.css 样式表文件，设置方框类别的填充值均为 8。

⑤ 选中页面中的插图，在其“属性”面板中的“类”下拉列表框中选择 .bk，使该样式应用于此图片。

第 8 章　动态网页技术

互联网发展到今天，传统的静态页面技术已经不再能满足高级用户的需求。用户希望能根据其自身行业特点，生成更为灵活的动态页面。而动态网页技术借助数据库对于信息检索的极大优越性，来实现这部分交互性操作。

8.1　ASP 介绍

8.1.1　动态网页和静态网页简介

静态网页就是通常所说的 HTML 格式的网页。网页的 URL 后缀包括 .htm、.html、.xml 等形式。其优点是占用服务器资源较少，易被检索。缺点是制作和维护工作量较大，交互性差。

动态网页是采用动态网站技术生成的网页。网页的 URL 后缀包括 .asp、.jsp、.php 等形式。其优点是可以按需求定制交互功能，数据库查询功能强大。缺点是耗费服务器资源，以降低一定的检索概率作为代价。

注意：这里所说的动态网页，并不是动态视觉特效。在一些网页上经常看到的滚动字幕、Flash动画特效等，只是网页具体内容的各种表现形式。

在很多时候，网页设计师都会来用静动结合的模式，在同一个站点内，根据功能模块进行划分，发挥两者各自的优势，取长补短。

8.1.2 ASP简介

ASP（active server pages）（动态服务页面），是一种服务器脚本技术，运行在Web服务器上，它可以接受浏览器提交的数据，也可以读写服务器上的文件，并能即时把运行结果像普通HTML网页一样返回访问者的浏览器上。与普通HTML网页相比，HTML在Web服务器上是原原本本地返回到访问者的浏览器上的，服务器没有进行运算；而ASP文件在由服务器读取之后，服务器要先对其中的ASP代码进行运算处理，然后再把处理结果和不需要运算的部分数据一起返回给访问者的浏览器。类似的服务器脚本（编程）技术还有早期的CGI和其后的JSP、PHP、ASP.NET等。因为在访问时可以接受浏览器提交的数据，也可以读写服务器上的文件，所以可以做许多普通HTML网页不能做的事情，如在服务器上存放、读取数据。如果要做计数器、留言板等，没有这些服务器脚本（编程）技术是不可能实现的。

ASP作为微软推出的服务器脚本（编程）技术，已经集成到所有IIS服务器中，所以使用起来非常方便。ASP使用的ActiveX技术基于开放设计环境，把对象进行封装，通过程序来调用。其本身封装了一些基本组件，程序员也可以自己开发更多的实用组件。这就使得动态网页有了无限的扩展潜力，这是传统的CGI等程序远不能及的。

如果从软件技术层面上对ASP的特点进行归类，可以分为如下几点。

① 集成于 HTML 中，无需编译即可执行。

② 使用常规文本编辑器，如 Windows 的记事本，即可设计。

③ 与浏览器无关，用户端只要使用常规的可执行 HTML 码的浏览器，即可浏览 ASP 所设计的主页内容，脚本语言（VBscript，Jscript）是在站点服务器（Server 端）执行，用户端不需要执行这些脚本语言。

④ 面向对象（Object_Orient）。

⑤ 可通过 ActiveX Server Components(ActiveX 服务器组件)来扩充功能。ActiveX 组件可使用 Visual Basic、Java、Visual C++、COBOL 等语言来实现。

⑥ ASP 与任何 ActiveX Scripting 语言兼容。除了可使用 VBscript 或 Jscript 语言来设计外，还可通过 Plug-in 的方式，使用由第三方所提供的其他譬如 Perl，Tcl 等 Scripting 语言。

⑦ ASP 的源程序代码，不会传到用户的浏览器，因此可以保护辛辛苦苦写出来的源程序。传到用户浏览器的是 ASP 执行结果的常规 HTML 码。

⑧ 使用服务端 Script 产生客户端 Script。可以使用 ASP 程序码，在站点服务器执行 Script 语言（VBscript 或 Jscript），来产生或更改在客户端执行的 Script 语言。

8.1.3　ASP 用途

ASP 可以实现以往 CGI 程序的所有功能，能够很轻松地实现对页面内容的动态控制，网页设计师可以根据不同的网页浏览者定制不同的内容。

使用 ASP 一个最大的优势就在于可以借助 ADO（active data object）这种新型的数据访问模型，能够极为方便地访问数据库，从而也成就了基于交互性的网站系统开发。网页浏览者可以通过浏览器来输入、更新和删除站点数据库服务器中的数据。通过使用 ASP 内置的 File Access 组件，可以读写站点服务器上的文件，来实现访客计数器、在线提醒等功能，甚至可以实现多个主页间共享信息，来开发复杂的商务站点应用程序。

ASP 还提供了广告翻转组件（AD rotator）、浏览器能力组件（browser capabilities component）等内置功能。使用这些组件能在自己主页上制作广告条，或是对浏览器进行检测。

8.1.4 ASP 的工作原理

ASP 的工作原理很简单。当浏览器打开 ASP 网页时，Web 服务器就会根据请求生成相应的 HTML 代码，再返还给客户端浏览器。如此网页浏览者所看到的就是动态生成的网页，如图 8-1 所示。

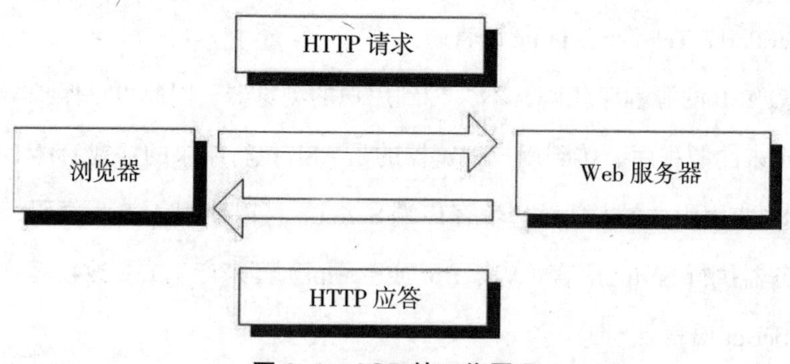

图 8-1 ASP 的工作原理

借助 ASP 可接收网页浏览者提交的信息并做出即时的反应。网页设计师不必再去花费过多的精力对网页文件进行更新。当填写好表单数据提交 HTTP 请求时，可以要求站点服务器去执行一个特定为表单所设定的应用程序。该程序会分析表单的输入数据，根据不同的数据内容，将相应的执行结果以 HTML 的格式传送给浏览器。

在处理数据库数据时，Web 服务器接收浏览器的请求。使用 ODBC 把对数据库的任何命令请求通过网络传送到数据库服务器，再从数据库服务

器接收数据，并把产生的反馈数据送回浏览器，如图 8-2 所示。

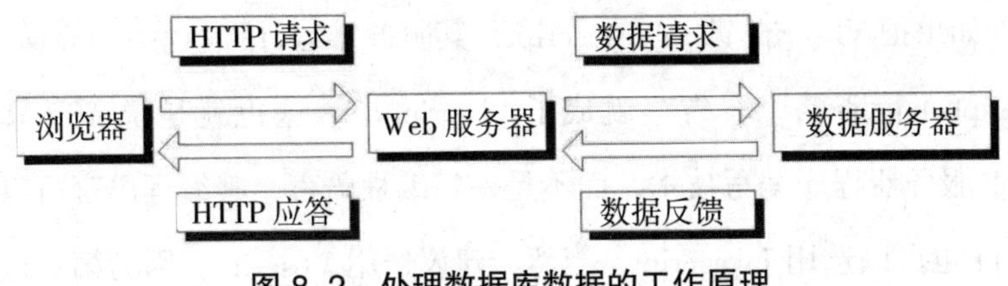

图 8-2　处理数据库数据的工作原理

8.1.5　ASP 文件形式

ASP 文件的扩展名是 .asp，它是一个文本文件。ASP 文件可包含文本、HTML 标签和脚本。ASP 文件中的脚本可在服务器上执行。HTML 标记使用“<…>”将 HTML 程序码包含起来，以与常规的文本区分开来；而 ASP 使用“<%…%>”将 ASP 的 Script 程序码包含起来。

通常情况下，ASP 文件包含 HTML 标签，类似 HTML 文件。不过，ASP 文件也能够包含服务器端脚本，这些脚本被分隔符 <% 和 %> 包围起来。服务器脚本在服务器上执行，可包含合法的表达式、语句或者运算符。

下面先来看一个简单的 ASP 代码：

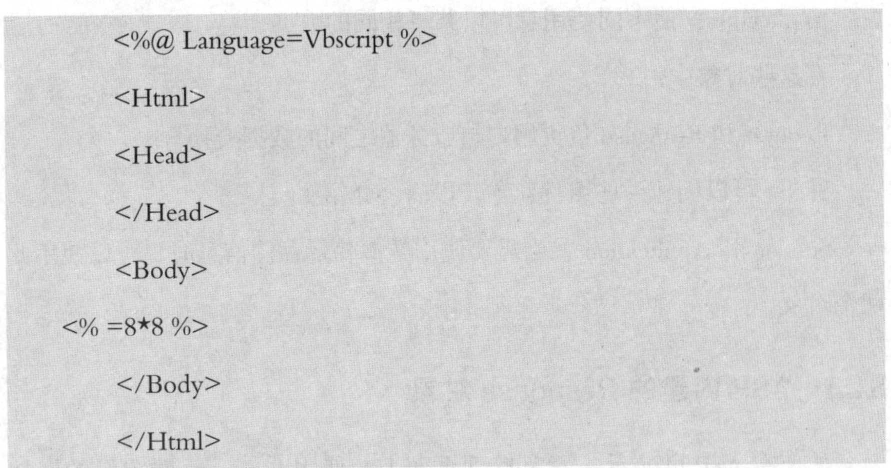

```
<%@ Language=Vbscript %>
<Html>
<Head>
</Head>
<Body>
<% =8*8 %>
</Body>
</Html>
```

<% %> 的标识符中就是 ASP 脚本程序。最上面的语句 <%@

Language=Vbscript %>，含义是设置其服务器脚本为 Vbscript，这句话可以省略。如果把 Vbscript 改为 Javascript，其服务器运行脚本就为 Javascript。Javascript 不能省略，一省略就成了 Vbscript 了。这也就是说 ASP 只是一种 Web 服务器程序编写技术，而不是一门编程语言，其编程语言可以选用 Vbscript 也可以选用 Javascript，当然，建议选用 Vbscript，因为第一这是默认语言，第二 Vbscript 有更为丰富的内置数据处理函数，用起来方便。

8.2 ASP 简明教程

要学习 ASP，必须学习 5 个基本的内置的服务器对象，这些内置的“对象”可以直接使用：

Request（请求）：从使用者处取得数据。

Response（回应）：将数据发送到使用者 。

Server：通过此对象可以得到一些服务器端的数据。

Session：服务器创建的，使用它，可以分别存储不同使用者的数据。

Application：使不同使用者可以共享相同的数据 。

在这些对象中：

Request 和 Response 负责用户与服务器之间的数据交换。

Server 可以创建一些组件对象（以后会介绍）。

Session 和 Application ，当需要使用类似变量存储信息时，可以使用此两个对象。

8.2.1 ASP 内建的 Response 对象

如何在 ASP 里显示一段字符到页面上？使用 Response 对象里的属性

就行了。<%Response.Write“南京师范大学信息网”%>屏幕上就输出了“南京师范大学信息网”的字样。“南京师范大学信息网”是字符型数据，所以要用一个引号包围起来，如果是变量名、数字和表达式，就不要用引号了。

Response.Write 单独应用时可以用“=”来替代，如前面例子中的 <%= 8*8 %> 就是 <% Response.Write 8*8 %> 的简写，这样看起来更简单明了。不过如果 <% %> 之间有多行 ASP 代码的话，就不能使用简写了。

Response 对象除了 Write 方法外，还有几个常用的方法：Cookies 方法、Redirect 方法和 End 方法。

Response.Cookies 不是把返回的内容写在浏览器窗口上，而是放到 Cookie 中。如 <%Response.Cookies（"Admin"）=" 张三 " %> 就是返回一个名为“Admin”的 Cookie 到浏览者的电脑中，其值为“张三”。

Response.Redirect 方法是把网页重定向到另一个网页，如 <%Response.Redirect “Login.Asp”%> 就是把网页重定向也就是跳转到“Login.Asp”，这一般用在管理员没有登录时，要求登录的情况。

Response.End 方法是停止返回一切数据，包括非 ASP 的 HTML 语句。Response.End 后面的一切语句相当于没有。

8.2.2　ASP 内建的 Request 对象

我们的网页经常要接收一些数据（参数），接收到数据后就可以用 ASP 程序进行处理了，要接收数据就要用到 Request 对象。

Request 对象有三个常用属性：Querystring 属性、Form 属性、Cookies 属性。为什么学习 Response 时用的是“方法”，而这里用的是“属性”？因为“方法”是一种行为，而“属性”是一种值。

Request.Querystring 接受的是浏览器地址栏中“?”后面的参数，也就

是“Get”方式提交的数据。

Request.Form 接受的是浏览器表单采用默认的“Post”方式提交的数据。

Request.Cookies 接受的是从 Cookie 读取的数据。

一般情况下，省略以上属性也可以取得数据，比如 Request（“Admin”）可以取得 Request.Querystring（“Admin”）的数据也可以取得 Request.Form（“Admin”）的数据，但不提倡这么做，这样不仅效率低，而且容易造成混乱。请看以下代码：

```
<Html>
<Head>
</Head>
<Body>
```

使用 Request.Querystring“Admin”取得的数据：

```
<%Response.Write Request.Querystring（"Admin"）%>
```

使用 Request.Form “Admin”取得的数据：

```
<%Response.Write Request.Form（"Admin"）%>
```

使用 Request.Cookies “Admin”取得的数据：

```
<%Response.Write Request.Cookies（"Admin"）%>
    <Form Method=Post Id=Form1 Name=Form1>
    <P> 管理员姓名：
    <Input Id=Txtname Name=Admin></P>
    <Input Type="Submit" Value=" 发送 " Id=Submit1 Name=Submit1>
    </Form>
    </Body>
    </Html>
```

8.2.3　ASP 内建的 Session 对象

前面已经提到过，可以使不同的用户存储自己的信息，基本的形式为：Scssion("Name")= 变量，每个访问者访问一次，就创建了一个 Session 对象，两个不同访问者的进程不能共享同一个 Session 变量（Application 就可以），从这一点来说与 Session 和 Cookie 有点相似，但 Cookie 存放在访问者机器上，通过技术可以仿造，而 Session 对象是存放在服务器上的，安全多了。Session 对开发 Web 应用起到了非常重要的作用，可以用来保存用户名和密码等重要的登录信息。

8.2.4　ASP 内建的 Application 对象

其实，Application 的用法与 Session 差不多，主要的区别是不同的用户可以共享同一个 Application 变量。可以这么理解，Application 是针对服务器的，所以对于同一个服务器，不管哪一个访问者得到的结果都是一样的，而 Session 是针对访问者的，所以即使是同一个服务器（不是同一个服务器当然更不用说了）上，不同的访问者得到的结果也是不同的。Application 这种可以用来制作聊天室或记录在线人数等数据。

8.2.5　ASP 内建的 Server 对象

Server 对象常用的方法有 Mappath 方法、Htmlencode 方法、Createobject 方法。

① Mappath 方法可以取得网上文件在服务器上的绝对路径（网上文件一般都是用网站相对路径）。如 Response.Write Server.Mappath（"Count.Mdb"）显示的可能是“C：\root\ Count.Mdb”。

② Htmlencode 方法是把字符串的 HTML 保留字符进行替换，以保证字

符串在浏览器中显示的结果和在记事本显示的字符一致。如 Response.Write Server. Htmlencode（"<"）显示的结果是“<”，而 HTML 代码“<”在浏览器上显示的是“<”，如果在代码中直接打上一个“<”，不会在浏览器上显示“<”，可能什么也不显示，也可能会引起代码出错。

③ Createobject 方法是 Server 对象功能最强大的方法，使用它，能使用到第三方的组件（当然，也可以用 Vb，VC++ 等写自己的组件）。如：你需要一个强大的发 E-mail 的程序，但仅凭着 ASP 自带的功能是无法实现的（当然 ASP 也带了 E-mail 组件，但功能不强），使用 Vb 或 VC 写一些组件，或去购买，安装完后就能用 ASP 通过 Server.Createobject（）来直接使用了。

ASP 自带的常用组件：文件组件 File Access，可用其访问文件；数据库组件，专门用来访问数据库（如 Sql，Oracle，Access 等）；E-mail 组件，用来发邮件。

ASP 的 Server 对象 Createobject 方法所支持组件是无穷无尽的。

8.3 VBScript 语法简介

可以说 VBScript 本来不是 ASP 的内容，它是一种独立的结构化编程语言。只是 ASP 本身不是编程语言，所以需要选择一种编程语言来组织编写 ASP 动态网页。对于 ASP 来说，VBScript 不是唯一的编程语言，如果你已经对 JavaScript 非常精通了，完全可以用 JavaScript 来编写 ASP 动态网页。

我们先来看一个例子：

```
<HTML>
<HEAD><TITLE> 欢迎光临 </TITLE>
```

```
<SCRIPT LANGUAGE=" VBSCRIPT" >' 声明这里是使用 VBSCRIPT 程序代码
<!--
MSGBOX "欢迎光临，敬请指正！ "
-->
</SCRIPT>
</HEAD>
<BODY>
</BODY>
</HTML>
```

一般的 Script 程序代码都会放在 HTML 注释 <!----> 之间，目的是当浏览器无法显示 Script 程序代码的时候，把它当注释忽略，而不会出错。

MSGBOX "欢迎光临，敬请指正！ "这句代码，MSGBOX 会在窗口中显示一个信息框，引号里的内容为信息框显示的内容，用户必须按“确定”才能关掉。

8.3.1　使用注释语句

注释语句对程序的运行是没有任何作用的，它只是为了方便编程者阅读代码。如：

```
Set Conn= Server.Createobject（" Adodb.Connection"）' 创建数据库连接对象
```

单撇点及后的“创建数据库连接对象”就是注释语句，程序运行时，它会被“视而不见”。注释语句有一个妙用之处，在调试代码时，为了使某一行代码不运行，但又不想把它删除，就可以在它的前面加上一个单撇点，做成注释语句。

8.3.2　使用变量

变量就像代数中的 *x*、*y*、*z* 一样，一个字母可以代表一个数，不过在编程语言中，一个变量不仅可以代表一个数，而且可以代表一个或一串文字、一个日期或时间、一个对象等等。比如 A=30 中的 A 就是变量名称，30 就是变量的值。在数据交换和运算过程中，没有变量简直无从下手。变量名的命名方式是第一个必须是字母，后面的可以是字母或数字和下画线，长度不超过 255 个字符。

变量有三种不同的数据类型：① 数值型，可做四则运算。② 字符型，即一般文字，无法进行运算，比如姓名、电话号码。③ 逻辑型，真（TRUE）或假（FALSE）。

例如：

```
<% @LANGUAGE = VBScript %>
<%
Dim Ipaddr  '使用变量前最好先声明
Ipaddr = Request.ServerVariables（"Remote_Addr"）
%>
<html>
<body>
IP address = <%=IPaddr%>
</body>
</html>
```

8.3.3　使用运算符

（1）赋值语句

ASP 中一般变量的赋值语句是“=”，而对象是用 set 语句来赋值的。

（2）算术运算符

算术运算符见表 8–1。

表 8–1　算术运算符

运算符	描述	例子	结果
+	加（字符串连接）	12+3	15
–	减	12–3	9
*	乘	12*3	36
/	除	12/3	4
\	整数除法	7\3	2
^	指数	12^3	1728
MOD	余数	20 MOD3	2
&	字符串连接	“爱” & “情”	“爱情”

（3）关系运算符

关系运算符见表 8–2。

表 8–2　关系运算符

运算符	功能
=	等于
<>	不等于
<	小于
>	大于
<=	小于等于
>=	大于等于
IS	比较变量是否指向同一对象

（4）逻辑运算符

ASP 的逻辑运算符有：

① NOT：将逻辑值加以反向。

② AND：“和”或者说“且”运算。

③ OR：“或”运算。

④ XOR：“异或”运算。

⑤ EPV：判断两个表达式逻辑相等，两者相同结果为真，否则为假。

⑥ IMP：判断两个表达式逻辑上是否相关。

（5）字符串运算符

ASP 只有一个字符串运算符“&”，它可以使两个表达式做字符串连接。

8.3.4 使用条件语句

条件语句使用 IF……THEN 条件格式。

第一种格式：

```
IF 条件 THEN 程序代码
```

第二种格式：

```
IF 条件 THEN
  程序代码一
ELSE
  程序代码二
END IF
```

第三种格式：

```
IF 条件一 THEN
  程序代码一
ELSEIF 条件二 THEN
  程序代码二
ELSEIF 条件三 THEN
  程序代码三
```

```
………
ELSE
    程序代码（N+1）
END IF
```

代码如下所示：

```
<%@ Language=VBScript %>
<%
If Time<=#12：00：00# Then
Response.Redirect "wuf1.asp"
ElseIf time<=#18：00：00# Then
Response.Redirect "wuf2.asp"
Else
Response.Redirect "wuf3.asp"
End If
%>
```

日期在 ## 中间，Response.Redirect 负责引导客户端浏览器显示新的网页，即通常说的重定向，请记住，这个功能是非常有用的。

8.3.5　使用循环语句

（1）FOR……NEXT

代码格式如下：

```
FOR 变量 = 起始值 TO 终止值
程序代码
NEXT
```

（2）FOR EACH IN……NEXT（数组循环）

代码格式如下：

```
FOR EACH 变量 IN 数组名（集合）
程序代码
NEXT
```

数组循环搭配数组使用时的好处就是不用事先声明数组（集合）的大小，可以自动侦测，但一般人还是会用 FOR……NEXT 循环来处理数组而不会用数组循环，原因是数组循环并没有所谓的计数器，所以使用起来的变化就少了，而且数组大小的问题也可以用 UBOUND（）函数来解决，所以数组循环在实际运用中比较少。

（3）DO WHILE……LOOP

代码格式如下：

```
DO WHILE 条件 （当条件返回值为错时跳出循环）
程序代码
LOOP
```

（4）DO UNTIL……LOOP

代码格式如下：

```
DO UNTIL  条件 （当条件返回值为对时跳出循环）
程序代码
LOOP
```

（5）DO LOOP……WHILE（UNTIL）……

代码格式如下：

```
DO
程序代码
```

```
LOOP  WHILE（UNTIL）条件
```

（6）WHILE……WEND 循环

代码格式如下：

```
WHILE  条件（当条件返回值为错时跳出循环）
程序代码
WEND
```

例如：

```
<%
dim I
While I<=5
Response.Write "<P>" &
I=I+1
Wend
%>"
```

8.3.6　子程序

格式：

```
SUB  子程序名称（参数）
程序代码
END SUB
调用
子程序名称（参数）
跳出
EXIT SUB（后面的代码不会执行了）
```

代码如下：

```
<HTML>
   <HEAD><TITLE> 子程序 2</TITLE>
   <SCRIPT LANGUAGE="VBSCRIPT">
   <!--
   MSGBOX " 我在外面 "
    A   ' 调用 A 子程序
    SUB A  ' 定义 A 子程序
    MSGBOX " 我在里面 "
    END SUB
     -->
   </SCRIPT>
   </HEAD>
   <BODY></BODY>
</HTML>
```

8.3.7 函数

函数的结构及用法与子程序几乎相同，唯一不同的是函数可以在执行结束的时候返回一个值，而子程序不会。

格式：

```
FUNCTION 函数名称（参数）
程序代码
调用：
函数名称（参数）
```

代码如下：

```
<HTML>
  <HEAD><TITLE> 函数 1</TITLE>
  <SCRIPT LANGUAGE="VBSCRIPT">
  <!--
  FUNCTION CIRCLE（N） '定义函数，计算面积的函数
  CIRCLE=N*N*3.14 '这里设置返回值
  END FUNCTION
MSGBOX "半径为 10 的圆面积为 "&CIRCLE（10） '只要打函数名称就可调用函数
  -->
  </SCRIPT>
  </HEAD>
  <BODY>
  </BODY>
</HTML>
```

8.3.8 使用 include file

对于一个 Web 站点而言，一般每个页面的顶部或尾部基本上都是相同的，自定义函数和过程也是需要多次使用的。可以将这些相同的部分放在一个文件中，然后再在需要时引用它。使用方法：

```
<!--#include file="comm.asp"-->
```

include file 不是 VBScript 的内容，也不是 ASP 所独具的，几乎所有技术的动态网站都支持它，但需要注意的是 .HTML 静态不支持它！

8.4 Win7 下运行 ASP 网站程序的操作步骤

8.4.1 安装 IIS

打开控制面板，点击“程序和功能”，见图 8–3。

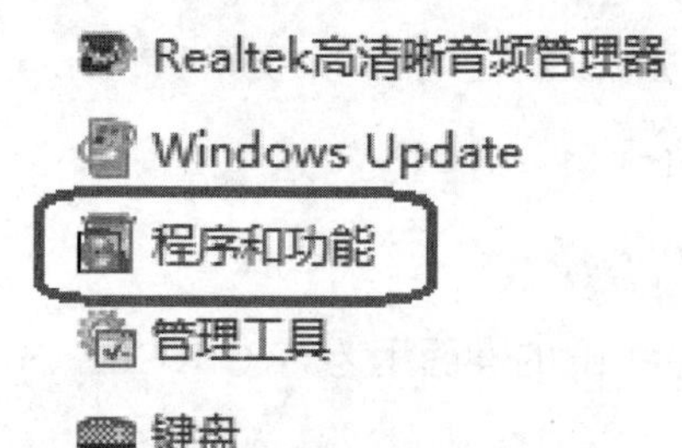

图 8–3 “控制面板”—“程序和功能”

点击“打开或关闭 Windows 功能”，见图 8–4。

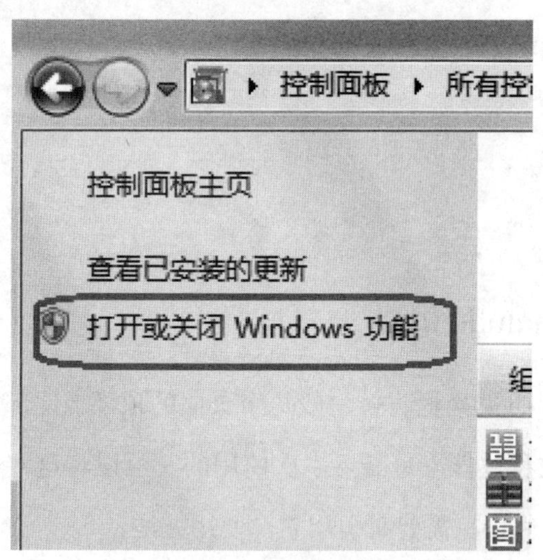

图 8–4 “所有控制面板项”界面

依次点击“Internet 信息服务”（见图 8–5），出现图 8–6 所示界面，点击“万维网服务”–“应用程序开发功能”，如图 8–6 上勾选几项（ASP

是必需的），点确定完成。

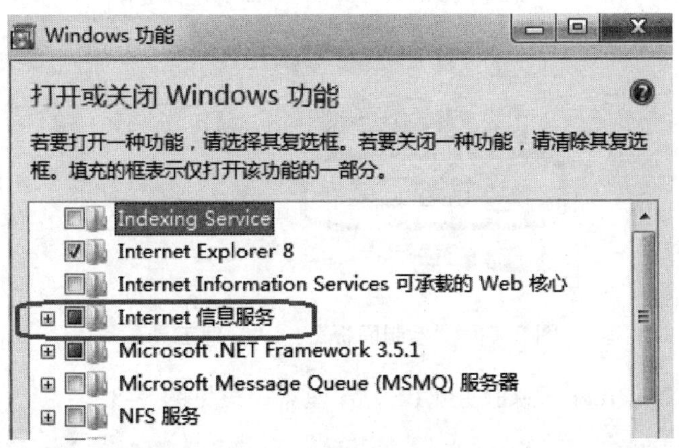

图 8–5　“Windows 功能”界面

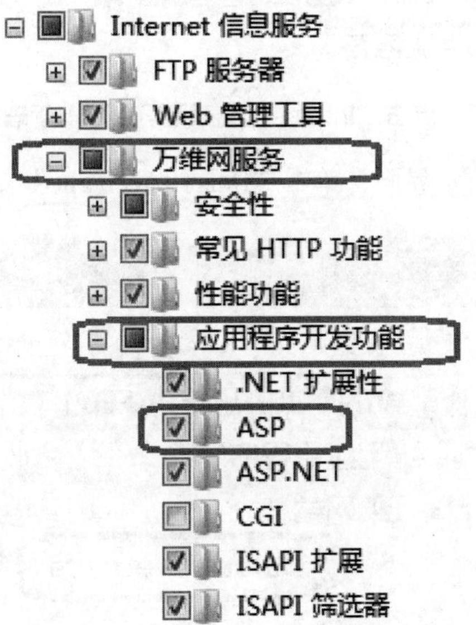

图 8–6　Internet 信息服务选项

8.4.2　开启父路径

进入“控制面板”，点击“管理工具”，见图 8–7。

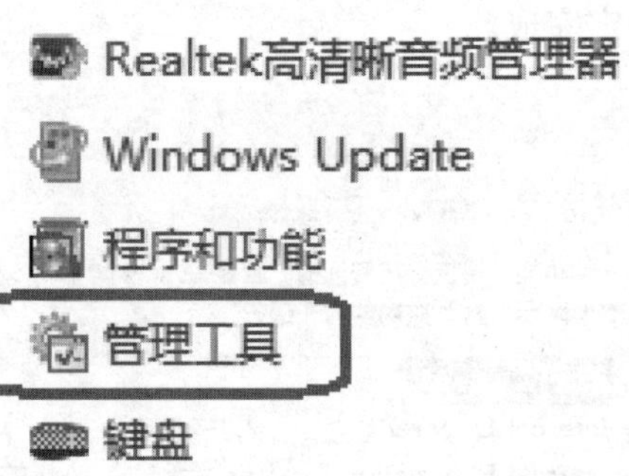

图 8-7　“控制面板”—“管理工具”

点击“Internet 信息服务（IIS）管理器”，见图 8-8。

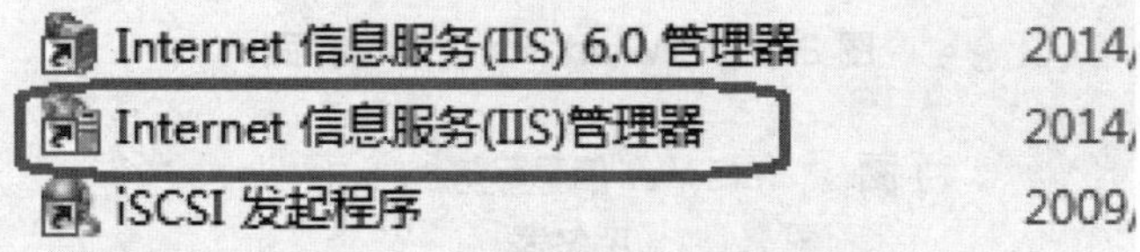

图 8-8　点击“Internet 信息服务（IIS）管理器”

进入如图 8-9 所示界面，单击“Default Web Site”。

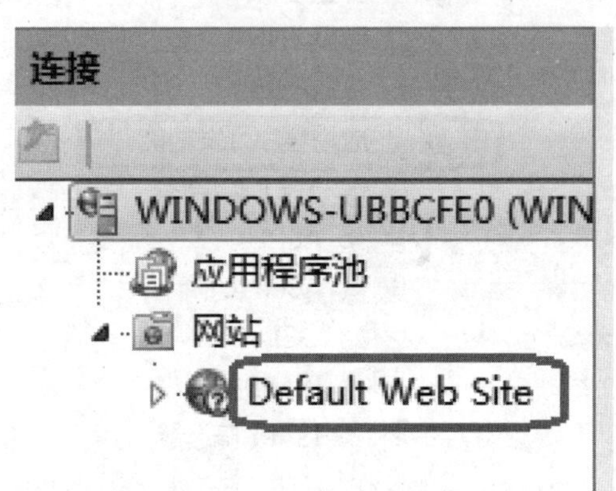

图 8-9　点击“Default Web Site”

在出现的界面（见图 8-10）中，双击“IIS”栏的“ASP”，出现图 8-11 所示界面，将“启用父路径”设置为“True”（见图 8-12），然后保存。

Default Web Site 主页

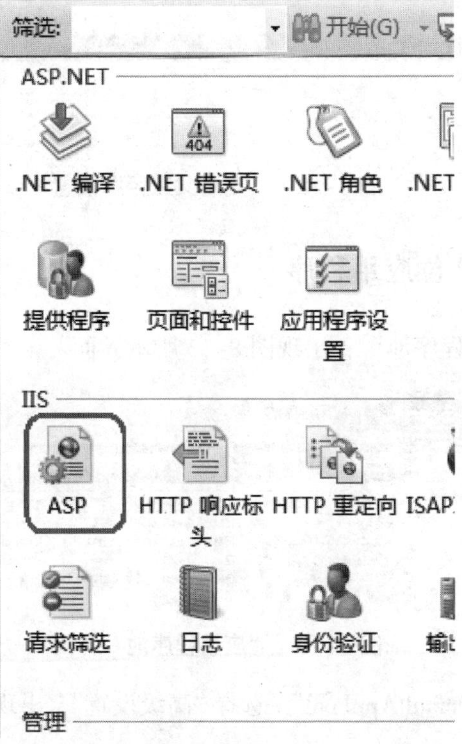

图 8–10　Default Web Site 主页

ASP

显示: 好记的名称

⊟ 编译	
⊞ 调试属性	
脚本语言	VBScript
⊟ 服务	
⊞ Com Plus 属性	
⊞ 缓存属性	
⊞ 会话属性	
⊟ 行为	
代码页	0
发生配置更改时重新启动	True
启用 HTML 回退	True
启用父路径	False
启用缓冲	True
启用块编码	True
区域设置 ID	0
⊞ 限制属性	

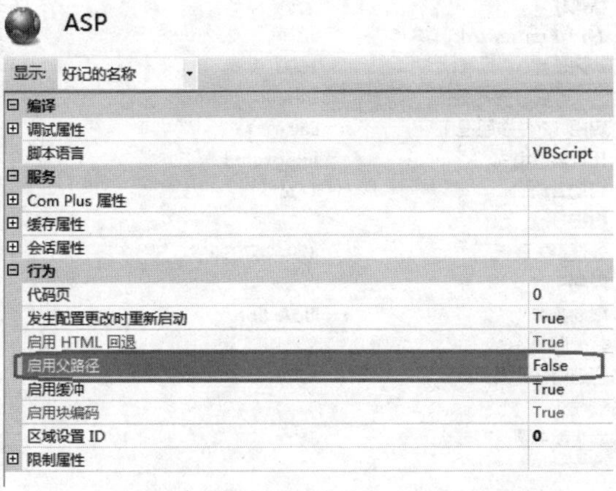

图 8–11　“ASP”界面

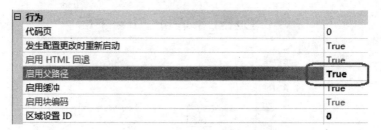

图 8-12 “启用父路径”设置

8.4.3 开启 32 位应用程序

双击“应用程序池”，出现图 8-13 所示界面。

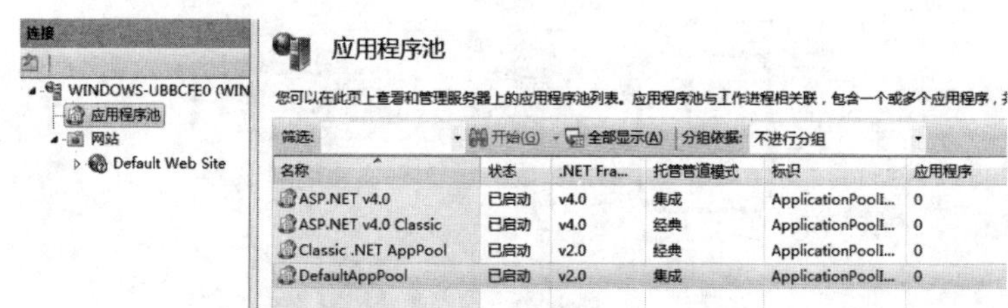

图 8-13 “应用程序池”界面

鼠标右击“DefaultAppPool”，选择“高级设置”，出现图 8-14 所示界面。

图 8-14 “高级设置”界面

“启用 32 位应用程序”设为“True”（见图 8-15），确定即可。

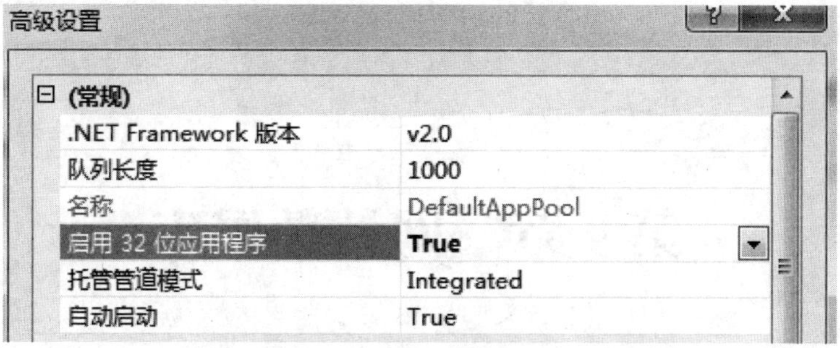

高级设置

(常规)	
.NET Framework 版本	v2.0
队列长度	1000
名称	DefaultAppPool
启用 32 位应用程序	**True**
托管管道模式	Integrated
自动启动	True

图 8-15　“启用 32 位应用程序”设置

这样就可以在电脑上调试 ASP 网站了。

第 9 章　网站数据库

在当今，网络应用服务器搭建数据库已经成为所有的应用软件系统的核心。这类支持网页驱动的数据库应用在很多地方，例如小型电子商务系统、大型门户网站，还包括巨型的 ERP 系统等。因此怎样才能计划和设计好数据库，就成为一个合格网页设计师必须掌握的技能。现在大多网站都是由 ASP、PHP 开发的动态网站，网站数据由专门的一个数据库来存放。网站数据可以通过网站后台直接发布到网站数据库，网站则对这些数据进行调用。网站数据库根据网站的大小、数据的多少，决定选用 MySQL 、SQL Server 或者 Access、DB2、Oracle 数据库。

9.1　网站常用数据库介绍

数据库作为网站服务器信息资料集中管理的一个平台，其选择十分重要。不同的操作系统在一定程度上决定了我们选择数据库的范围。同时，不同的数据库系统也将决定我们采用何种网络编程语言。以下简要介绍几

种常用的服务器数据库软件。

9.1.1　SQL Server

SQL Server 是 Microsoft 的产品，是微软公司从 Sybase 获得基本部件的使用许可后开发出的一种关系型数据库，仅能用于 Windows 环境下，是企业级数据库。

SQL Server 是创建大型商业应用的最佳核心引擎数据库之一，具备完全 Web 支持的数据库产品，提供了对可扩展标识语言（XML）的核心支持，结合了分析、报表、集成和通知功能，以及具备在 Internet 上和防火墙外进行查询的能力。作为 Microsoft 一贯的产品，采用了一致的开发策略，包括界面技术、面向对象技术、组件技术等，并与 Windows 操作系统紧密配合。

概括地说，SQL Server 具有如下特点：

① 客户 / 服务器体系结构。

② 图形化的用户界面，使系统的管理更加直观和简单。

③ 丰富的编程接口，为用户进行应用程序设计提供了更大的选择余地。

④ 与 Windows 操作系统的有机集成，多线程体系结构设计，提高了系统对用户并发访问的速度。

⑤ 对 Web 技术的支持，使用户能够很容易地将数据库中的数据发布到网上。

⑥ 价格上的优势。与其他一些大型数据库系统。如 Oracle、Sybase 等相比，SQL Server 的价格非常便宜。

⑦ 作为微软在 Windows 系列平台上开发的数据库，SQL Server 一经推出就以其易用性和兼容性得到了很多用户的青睐，是 Windows 环境商业应用的首选数据库。

9.1.2 Oracle

Oracle 是甲骨文公司（Oracle）的产品，可以运行于很多操作系统（包括 Windows），是大型企业级数据库。Oracle 是以高级结构化查询语言为基础的大型关系型数据库，是目前最流行的客户 / 服务器体系机构的数据库之一。提供对 Internet 全面支持的管理平台和系统集成工具，完全支持所有的工业标准，占有相当大的市场份额。因其专业性较强，操作繁杂，不易上手，价格较高，一般作为 UNIX 下的应用较多，适于大型网站选用。

9.1.3 MySQL

MySQL 是当今 UNIX 或 Linux 类服务器上广泛使用的 Web 数据库系统，也可以运行于 Windows 平台。它是一个多用户、多线程、跨平台的 SQL 数据库系统，同时是具有客户 / 服务器体系结构的分布式数据库管理系统，属自由数据库系统，开放源代码数据库产品。

MySQL 于 1996 年诞生于瑞典的 TcX 公司。其设计思想为快捷、高效、实用。虽然它对 ANSI SQL 标准的支持并不完善，但支持所有常用的内容，完全可以胜任一般 Web 数据库的工作。由于它不支持事务处理，MySQL 的速度比一些商业数据库快 2 ~ 3 倍，并且 MySQL 还针对很多操作平台做了优化，完全支持多 CPU 系统的多线程方式。

在编程方面，MySQL 也提供了 C、C++、Java、Perl、Python 和 TCL 等 API 接口，而且有 MyODBC 接口，任何可以使用 ODBC 接口的语言都可以使用它。

MySQL 是中小企业网站 Linux 平台的首选。MySQL 在 Linux 下应用较多，Linux+MySQL+PHP 是基于 Linux 的最佳组合。由于属开放源代码自由软件，性价比较高，是中小企业网站、个人网站不错的选择。

9.1.4 Sybase

Sybase 是 Sybase 公司的产品，企业级数据库，能在所有主流平台（包括 Windows）运行，操作较复杂，缺少易用性，对中文的支持较差，多用于银行系统，目前尚无在此数据库基础上的企业管理信息系统。

Sybase 多为大型企业网站采用。

9.1.5 Access

Access 数据库是一个文件型数据库管理系统，所有表都放在一个文件中（.mdh 文件），具有传统的表单结构。与 Windows 有很好的兼容性，由单个或多个文件组成。Access 具有界面友好、操作简单、方便易学、功能强大等特点，能满足日常管理工作需要，是 Office 办公套件中一个较为重要的组成部分，现在它已成为世界上最流行的桌面数据库管理系统。

因其以文件的形式保存数据库文件，在安全方面有所欠缺。适用于数据量不大、比较小的场合，不能支持大型的商业应用，因此适用于安全性要求不高的个人网站或中小型企业网站。

9.2 数据驱动知识概述

数据库是指按照一定的结构和规则组织起来的相关数据的集合，可以理解成存储数据的“仓库”。数据驱动是以后台数据库为基础，定制一定的功能程序，通过浏览器完成数据存储、查询等操作。因而把数据与资源共享这两种流行技术结合，就成为今天广泛应用的 Web 数据库。

数据库驱动环境一般由硬件环境和软件环境共同组成。硬件环境包括 Web 服务器、数据库服务器等。软件环境包括执行 HTML 代码的浏览器。

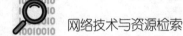

还包括能够执行可以自动生成 HTML 代码的程序，以及具有能够自动完成数据操作指令的数据库系统，例如 Access，SQL Server 等。

下面以 ASP 为例，来简单讲述一下数据驱动的工作原理。当用户浏览器通过 HTTP 协议向 Web 服务器提出申请时，Web 服务器会响应其请求，借助 ASP 引擎解释被申请的文件。当 ASP 文件含有访问数据库的请求时，ASP 内置组件 ADO（ActiveX date object）将会通过 ODBC 与数据库连接，再对数据库进行访问，并将访问结果返回给 Web 服务器，最后以标准 HTML 页面的形式反馈给客户端浏览器，如图 9-1 所示。

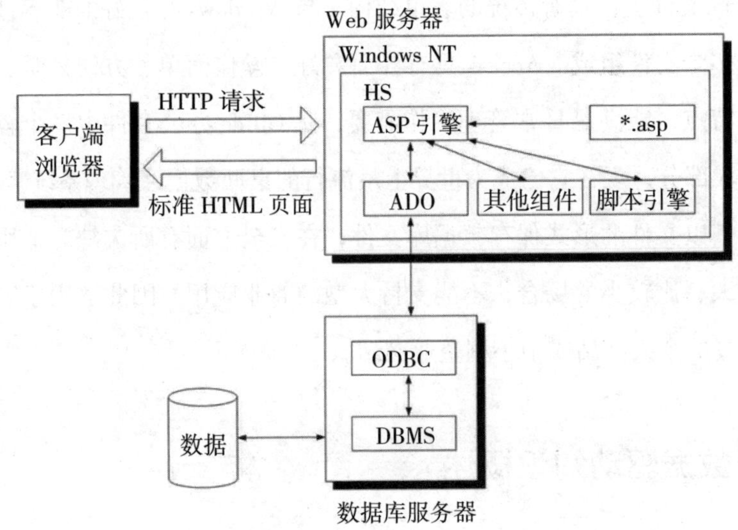

图 9-1　数据驱动的工作原理

9.3　数据库结构与创建

数据库最基本的操作包括创建数据库表、管理表中的数据以及数据的查询。下面将以建立留言板 Access 数据库为例，来介绍创建数据库结构的

基本流程。

① 单击“开始”—“程序”—“| Microsoft Office”—“| Microsoft Office Access 2003”命令，打开 Microsoft Access 对话框。

② 单击“新建文件”—“空数据库”命令，弹出【文件新建数据库】对话框。可以根据实际情况，保存到相应位置。并在“文件名”文本框中输入数据库文件名，例如“guest.mdb”，如图 9–2 所示。

③ 单击“创建”按钮，弹出“guest：数据库（Access 2000 文件格式）”窗口，如图 9–3 所示。

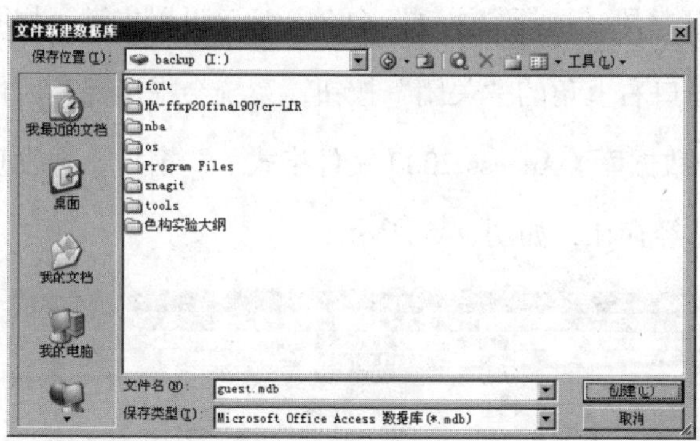

图 9–2　“文件新建数据库”对话框

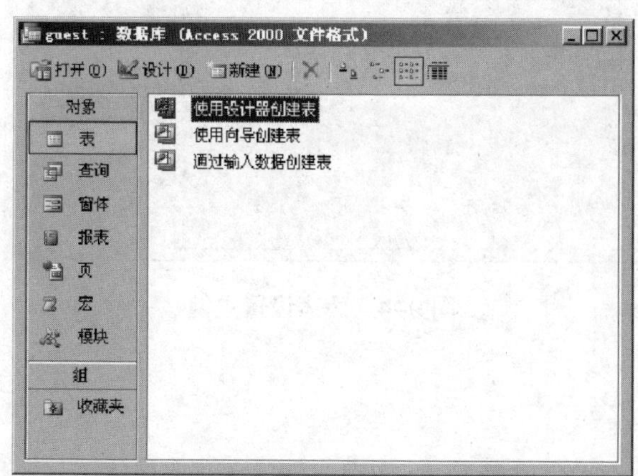

图 9–3　“guest：数据库（Access 2000 文件格式）”窗口（一）

④ 单击“使用设计器创建表”命令，弹出“表 1: 表”设计窗口。单击“文件”—“保存”命令，对表进行重新命名，例如“tb_guest”。

⑤ 在“tb_guest：表”设计窗口中按照表 9-1 所示定义所有字段信息。

表 9-1　定义所有字段信息

字段名称	数据类型	说明
id	自动编号	留言记录编号
name	文本	留言用户姓名
sexy	文本	留言用户性别
content	备注	留言内容
email	文本	留言用户电子邮件

⑥ 右击 id 字段，选择“主键”命令，为表设置主键，如图 9-4 所示。

⑦ 单击窗口右上角的“关闭”按钮，系统会提示保存所做的修改。返回到“guest：数据库（Access 2000 文件格式）”窗口，会发现所设计的表“tb_guest”已经存在，如图 9-5 所示。

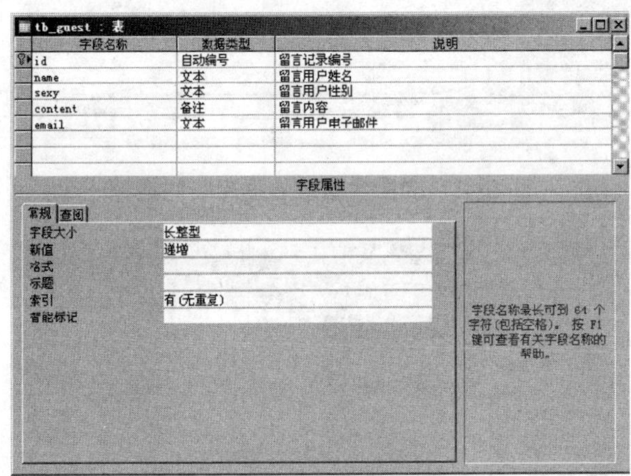

图 9-4　为表设置主键

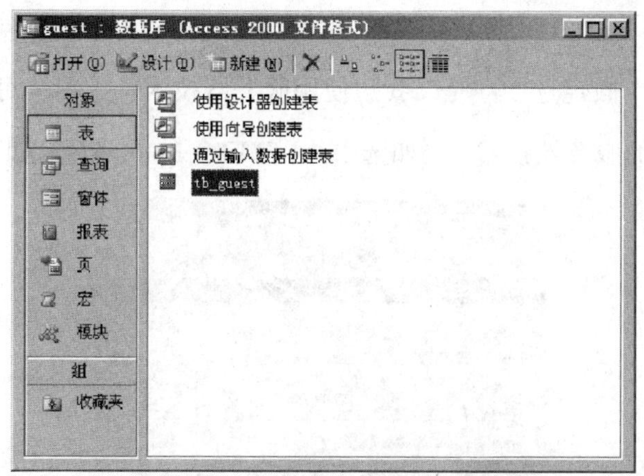

图 9-5　“guest：数据库（Access 2000 文件格式）”窗口（二）

⑧ 在实际操作中，可以双击打开“tb_guest：表”记录管理窗口。在这个窗口中，可以选择录入、编辑或者删除一些记录信息，如图 9-6 所示。

tb_guest : 表

id	name	sexy	content	email
1	吕洋波	男	电信学院举行首届“归雁	f2f@eoner.com
2	韩洋	男	自动化系的同学是否对以	hanyang@eoner.com
3	郑珂珂	女	一些小小的建议	zkk@163.com
(自动编号)				

记录: 3 共有记录数: 3

图 9-6　“tb_guest：表”记录管理窗口

9.4　Dreamweaver 站点设置

打开 Dreamweaver 的设计界面。单击“站点”—“新建站点”命令，在弹出的“站点定义”对话框中定义站点名称。在“你打算为你的站点起什么名字？”文本框中输入“guest”，如图 9-7 所示。

① 单击“下一步”按钮，在“编辑文件”对话框中会询问是否要使用服务器技术。假定选中“是，我想使用服务器技术”选项，可以进一步选择一种默认的服务器技术，例如选中“ASP VBScript”选项，如图 9-8 所示。

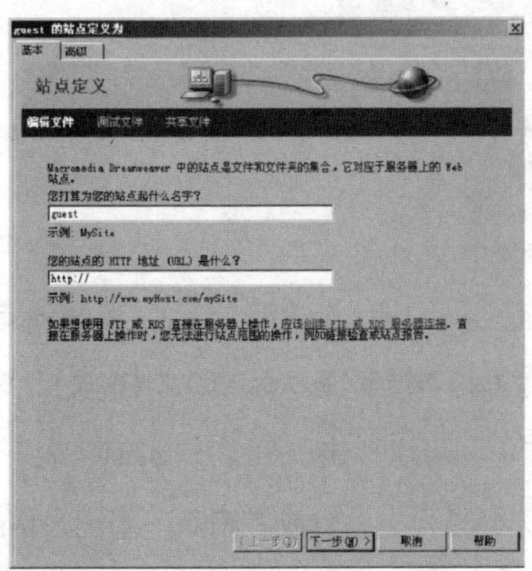

图 9-7 “站点定义”对话框

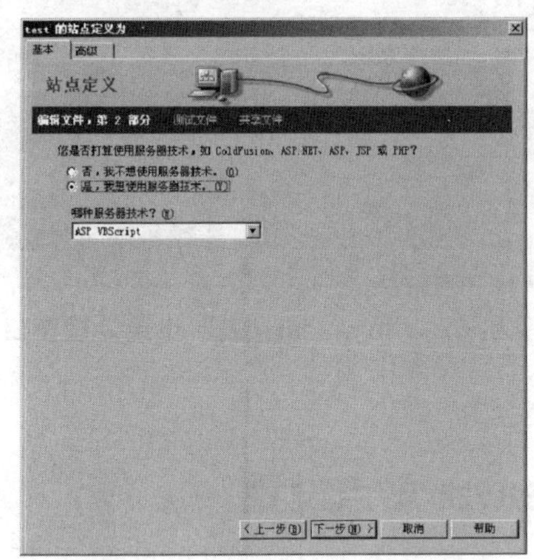

图 9-8 “编辑文件”对话框

② 单击“下一步”按钮，可以选择在开发过程中处理文件的方式。假定选中“在本地进行编辑，然后上传到远程测试服务器”的选项，以进一步在“你将把文件存储在计算机上的什么位置？”文本框中定义文件所在

本地的存储位置，如“F：\guest\”，如图 9-9 所示。

③ 单击“下一步”按钮，在“你应该使用什么 URL 来浏览站点的根目录？”文本框中输入“http://localhost/”。单击“测试 URL”按钮，如果成功，将弹出测试成功的对话框，如图 9-10 所示。

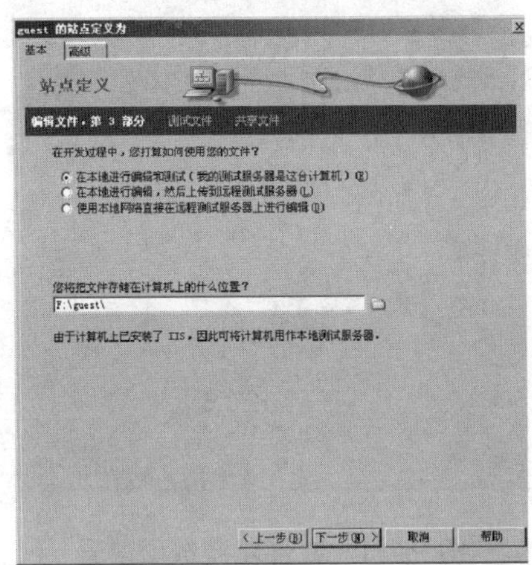

图 9-9　文件处理方式定义

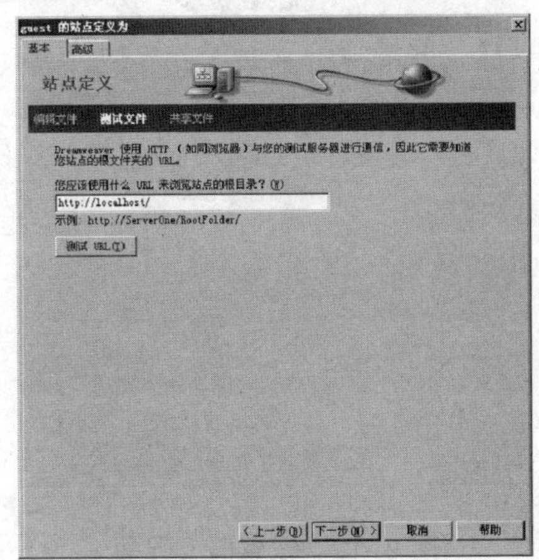

图 9-10　站点的根目录 URL

④ 单击“下一步”按钮，会询问“编辑完一个文件后，是否将该文件复制到另一台计算机中？该计算机可能是你与团队成员共享的生产用 Web

服务器或模拟调试服务器。”选择“否”选项，如图 9-11 所示。

⑤ 单击“下一步”按钮，向导会弹出显示设置概要的界面，如图 9-12 所示。

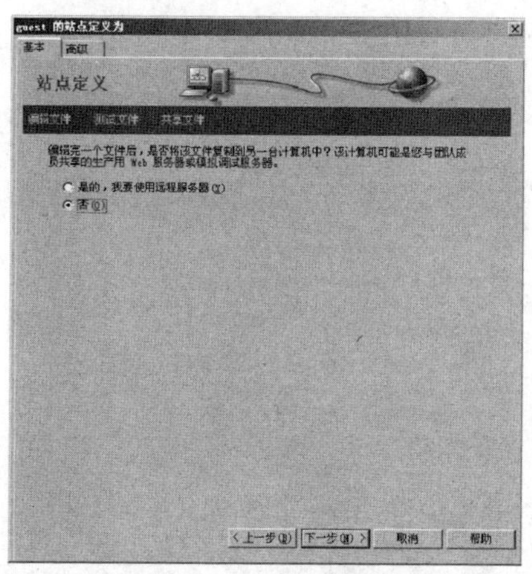

图 9-11　文件复制选项设置

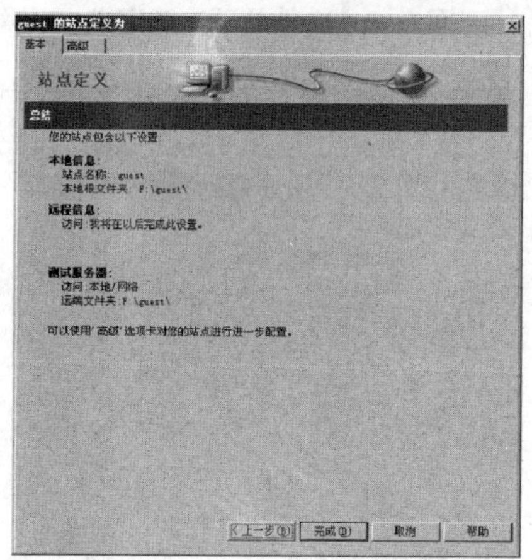

图 9-12　设置概要界面

⑥ 单击“完成”按钮，关闭设置对话框。随即出现“文件”列表，如图 9-13 所示。

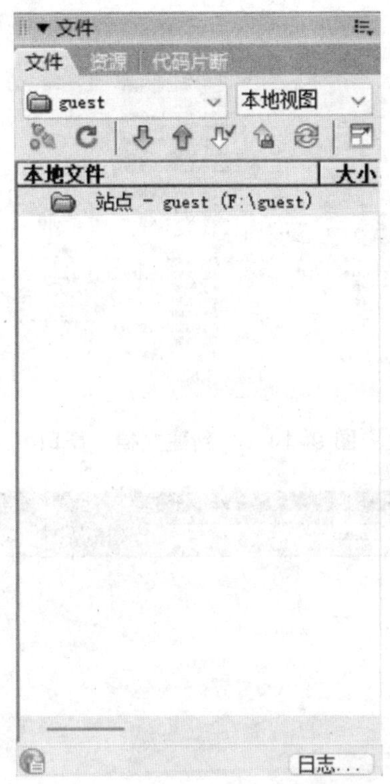

图 9-13　“文件”列表面板（一）

服务器配置完成后，可以编写一个简单的 ASP 文件进行测试。具体步骤如下所示。

① 打开 Dreamweaver 的设计界面。单击“文件”—“新建”命令，弹出“新建文档”窗口。

② 在“类别”列表框中选择“动态页”选项。在其右侧所对应的“动态页”列表框中选择“ASPVBScript”选项，如图 9-14 所示。

③ 单击“创建”按钮，向导将新建一个标准 ASP 文件。

④ 单击“文件”—“保存”命令，弹出“另存为”对话框。浏览到本地站点的路径，例如“F：\guest”。在“文件名”文本框中输入“index.asp”，如图 9-15 所示。

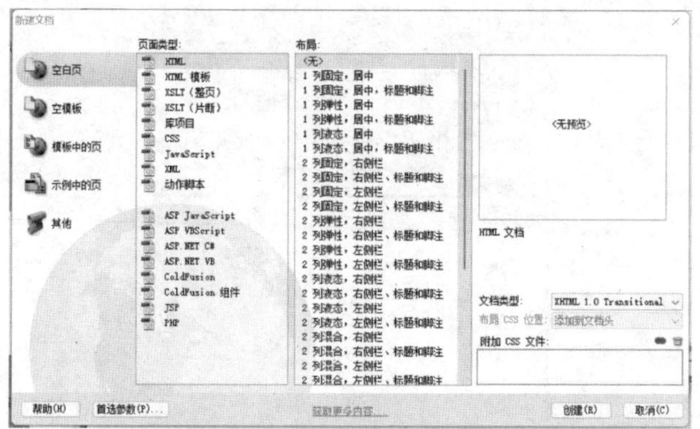

图 9–14 “新建文档”窗口

图 9–15 “另存为”对话框

⑤ 单击“插入”工具栏中“ASP”—“服务器变量”命令，弹出“服务器变量”对话框，如图 9–16 所示。

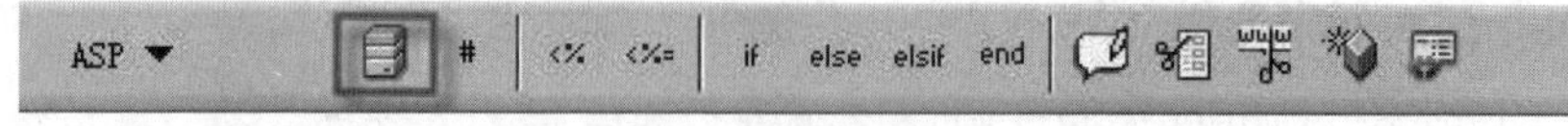

图 9–16 “服务器变量”命令

⑥ 在“变量”下拉列表中选中“REMOTE_HOST”选项。勾选“用 <% %> 环绕”选项，如图 9–17 所示。

图 9–17　“服务器变量”对话框

⑦ 单击“确定”按钮，Dreamweaver 将会在代码窗口中自动插入如下代码。

```
<%
Request.ServerVariables（"REMOTE_HOST"）' 获取发出请求的远程主机名称
%>
```

注意：ServerVariables 为环境变量的集合。允许读取 HTTP 头。可以通过使用 HTTP_ 前缀来读取任何头信息，例如使用 "REMOTE_HOST" 来获取发出请求的远程主机名称。

⑧ 单击“文件”—“保存”命令，再次保存对该 ASP 文件的修改。

⑨ 启动 Internet Explorer，在地址栏中输入“http://localhost/”。如果成功编译，将会显示如图 9–18 所示的信息。

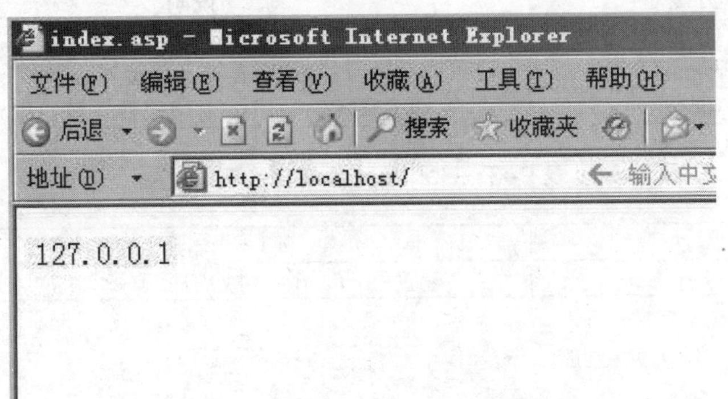

图 9–18　查看“http://localhost/”

9.5 建立数据源

对于常见的 ASP 应用程序，都会通过几种常见的数据库驱动程序连接到数据库。例如开放式数据库连接（ODBC）和嵌入式数据库（OLE DB）驱动程序。这些驱动程序用作解释器，使得 Web 应用程序与数据库能够进行正常通信。

9.5.1 数据库连接（Connection）对象

ASP 中用来存取数据库的对象统称 ADO（active data objects）对象，而其中的 Connection 对象负责连接数据库。因此对于数据库的任何操作，如插入、修改、删除、检索等操作，都必须依赖于 Connection 对象来完成。

在执行每一项数据库操作时，都需要一个 Connection 对象与其对应，而这些 Connection 对象就会占用服务器的一部分资源。考虑到数据库服务器同时连接数有所限制，因此在使用完数据库连接后立即关闭操作尤为重要。

下面就提供了 Connection 对象常用方法及属性列表，如表 9-2、表 9-3 所示。

表 9-2　Connection 对象常用方法及属性

方法	说明
Open	可打开 Connection 对象
Execute	执行的 SQL 语句、存储过程等命令
Close	可关闭 Connection 对象以便释放系统资源

表 9-3　Connection 对象常用属性

属性	说明
Mode	配置 Connection 对象中修改数据的可用权限

9.5.2　数据库连接路径的最佳选择

Dreamweaver CS3 创建数据库连接时，在连接路径的选择上有很大的讲究。由于借助 Server.Mappath 的两种相对路径连接方式（相对文档路径和相对根目录路径），在一定程度上都不能完整地保证数据库路径的正确性，所以本地绝对物理路径的连接方式就成了最佳选择。

注意：Server.Mappath 方法可以将指定的相对或虚拟路径映射到服务器上所对应的物理路径。例如“Server.Mappath（"guest.mdb"）”。

在前面曾创建了一个名为“guest.mdb”的 Access 留言板数据库。下面就将其作为实例来介绍 Dreamweaver CS3 中创建数据库连接的方法，具体步骤如下。

① 打开 Dreamweaver 的设计界面。单击“文件”—“新建”命令，新建一个标准 ASP 文件。

② 单击“窗口”—“数据库”命令，弹出“应用程序”窗口，如图 9-19 所示。

③ 单击“+”—“自定义连接字符串”命令，弹出“自定义连接字符串”对话框。在“连接名称”文本框中输入“conn”。在“连接字符串”文本框中输入“Driver={Microsoft Access Driver（*.mdb）};DBQ=f:\guest\data\guest.mdb”。选中“Dreamweaver 应连接”选项组下的“使用此计算机的驱动程序”选项，如图 9-20 所示。

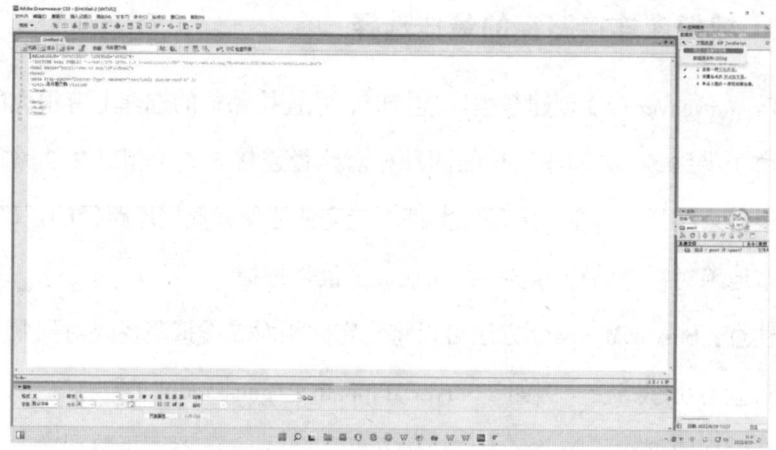

图 9-19 “应用程序”窗口（一）

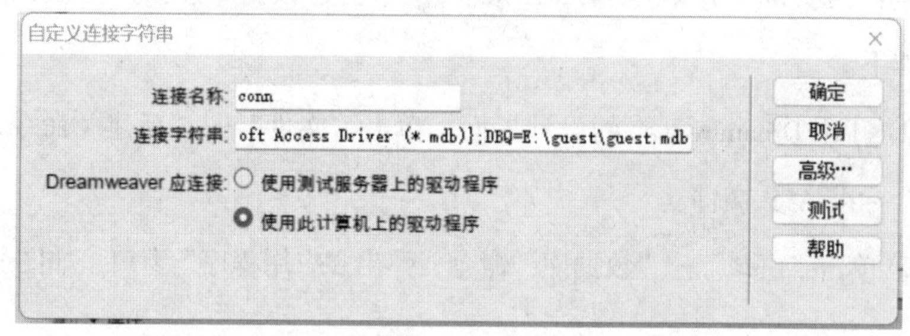

图 9-20 “自定义连接字符串”对话框

④ 单击“测试”按钮，如果连接创建成功，将弹出如图 9-21 所示的对话框。

⑤ 单击“确定”按钮，关闭“自定义连接字符串”对话框。返回“应用程序”窗口，向导将自动在其下拉列表中添加一条“conn”的列表选项，如图 9-22 所示。

图 9–21　连接创建成功提示

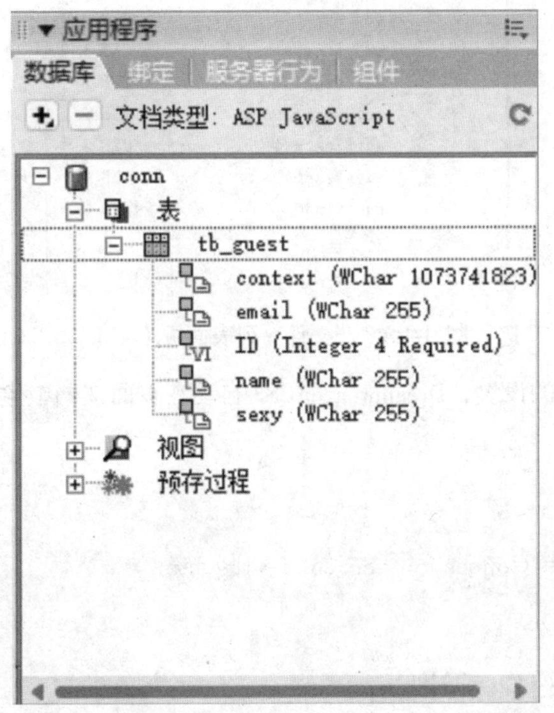

图 9–22　“应用程序”窗口（二）

⑥ 单击“窗口”—“文件”命令，弹出“文件”对话框。将看到在站点目录下会自动创建一个名为“Connections”的文件夹。在其下将会新增一个名为“conn.asp”的文件，如图 9–23 所示。

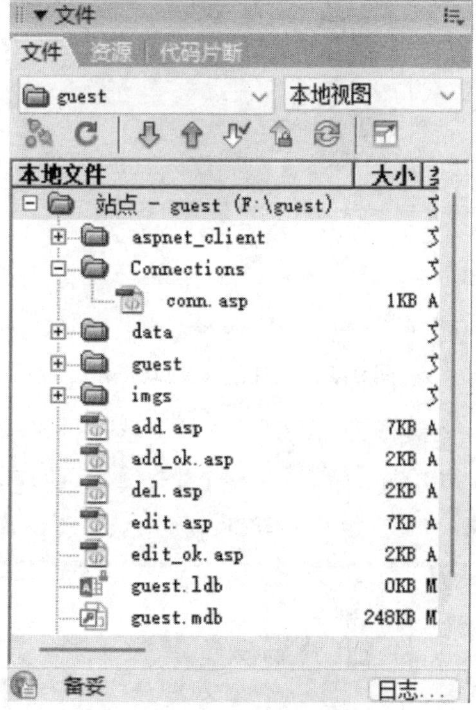

图 9-23　“文件”列表面板（二）

通过这样的设置，Dreamweaver CS3 自动在页面文档中生成如下的 ASP 代码：

```
<%
FileName="Connection_ado_conn_string.htm"
Type="ADO"
DesigntimeType="ADO"
HTTP="false"
Catalog=""
Schema=""
Dim MM_conn_STRING
```

9.6　创建记录集对象

建立数据源后，网页中就有了数据的来源，但是这时还不能直接访问数据。在 ASP 中，使用记录集对象来获取数据，并进行相应的处理。

9.6.1　记录集（RecordSet）对象

RecordSet 对象是 ADO 对象群（Connection、Recordset、Command）中较为重要的中间对象。通过 RecordSet 对象不仅可获取来自表或命令执行结果的记录集，还可以操作来自数据库的所有数据。

RecordSet 对象可以通过其 ActiveConnection 属性来连接 Connection 对象。ActiveConnection 属性可以理解成一串包含数据库连接信息的字符串参数。

RecordSet 对象可以通过 Source 属性来连接 Command 对象。Source 属性可以是一段 SQL 命令、一个指定的数据表等。下面就提供了 RecordSet 对象常用方法及属性列表，如表 9–4、表 9–5 所示。

表 9–4　RecordSet 对象常用方法

方法	说明
Open	打开记录集
Close	关闭记录集
AddNew	新增记录
Update	更新记录集
Delete	删除记录
GetRows	返回记录集中存储的数据
Move	更改指向记录集当前行的指针
MoveFirst	指针定位到第一行
MoveLast	指针定位到最后一行
MoveNext	指针定位到下一行
MovePrevious	指针定位到上一行

表 9-5 RecordSet 对象常用属性

属性	说明
AbsolutePage	指定当前记录所要移动到的页号
AbsolutePosition	指定 RecordSet 对象当前记录的序号位置
ActiveConnection	设置当前的数据库连接
BOF	指明当前记录的位置是否位于 RecordSet 对象第一个记录之前
Bookmark	指定唯一标识 RecordSet 对象的记录的书签
EOF	指明当前记录的位置是位于 RecordSet 对象最后一个记录之后
LockType	指明编辑过程中置于记录中的锁定类型
PageCount	指明 RecordSet 对象中所包含有的页数
PageSize	指明构成记录集的每一页的记录条数
RecordCount	显示 RecordSet 对象中记录的当前数量
Source	指明 RecordSet 对象中数据的源，即 SQL 语句或表名

9.6.2 快速建立记录集对象

Dreamweaver 建立记录集对象操作非常方便。用户只要使用绑定功能，就可以为网页添加记录集对象。具体操作如下所示。

① 打开 Dreamweaver 的设计界面。单击“文件”—“新建”命令，新建一个标准 ASP 文件。

② 单击“窗口”—“绑定”命令，弹出“应用程序”窗口，如图 9-24 所示。

③ 单击“+”—“记录集（查询）”命令，弹出“记录集”对话框。在“名称”文本框中输入记录集对象的名称“rs”。在“连接”下拉列表中，选择“conn”选项，“表格”下拉列表中选择“tb_guest”选项，“列”选项组中选中“全部”选项，如图 9-25 所示。

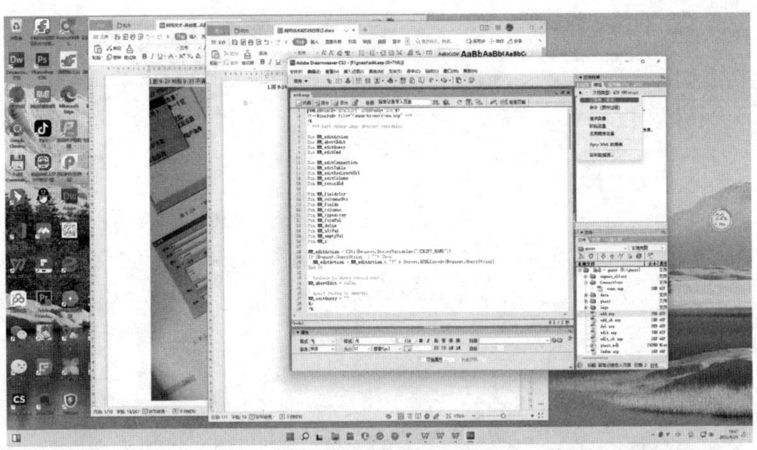

图 9–24　“绑定”命令

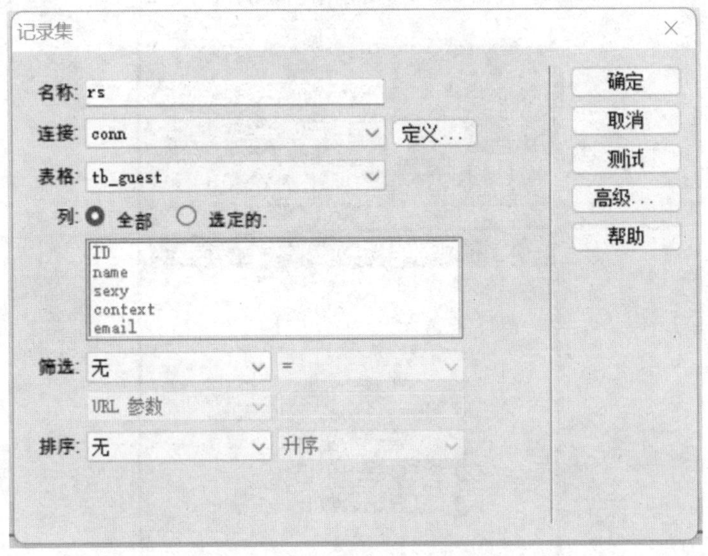

图 9–25　“记录集”对话框

④ 单击“测试”按钮，如果记录集创建成功，将弹出如图 9–26 所示的对话框。

⑤ 单击“确定”按钮，关闭“记录集”对话框。返回“应用程序”对话框，向导将自动在其下拉列表中添加一条“rs”的列表选项，如图 9–27 所示。

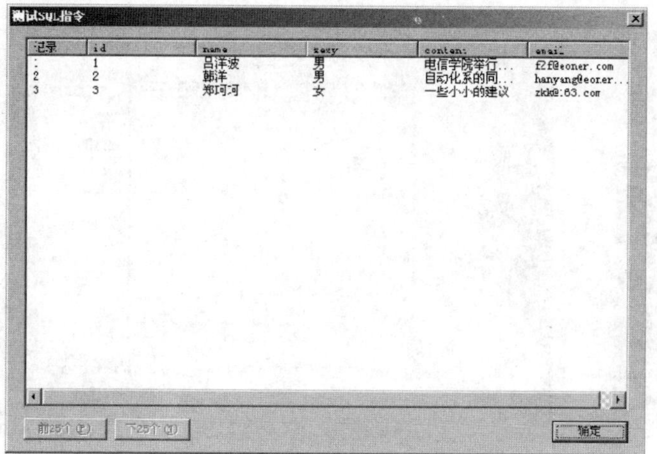

图 9–26　记录集创建测试

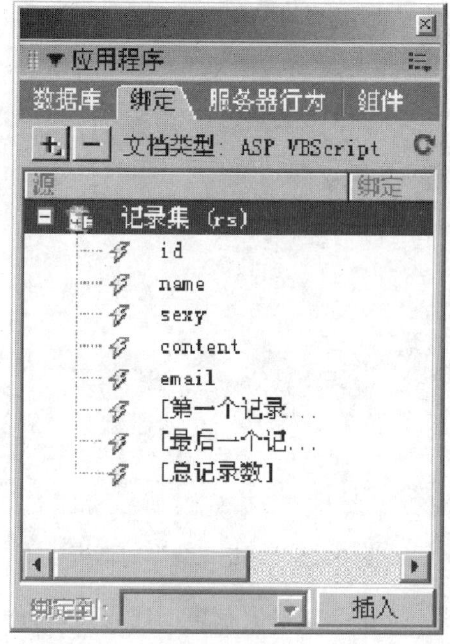

图 9–27　“应用程序”对话框

通过这样的设置，Dreamweaver CS3 自动在页面文档中生成如下的 ASP 代码。

```
<%
Dim rs
Dim rs_numRows
Set rs = Server.CreateObject（"ADODB.Recordset"）
'创建记录集
rs.ActiveConnection = MM_conn_STRING
rs.Source = "SELECT *     FROM tb_guest"
'定义查询条件
rs.CursorType = 0
rs.CursorLocation = 2
rs.LockType = 1
rs.Open（）
'打开记录集
rs_numRows = 0
%>
<%
rs.Close（）
Set rs = Nothing
'关闭记录集
%>
```

第 10 章　留言板功能的实现

在动态页面开发中，常用的数据操作包括显示记录、添加记录、修改记录、删除记录和检索记录。下面通过留言板功能，依次讲解每个操作的实现。

10.1　显示数据库中的记录

10.1.1　显示数据库中的记录

显示数据库中的记录，也就是留言板中的留言查看功能。建立记录集对象后，就可以对记录集中的各项记录进行操作了。在 Dreamweaver CS3 中实现这个功能的具体步骤如下。

① 打开 Dreamweaver 的设计界面。单击“文件”—“新建”命令，新建一个名为“list.asp”的 ASP 文件。

② 单击 Dreamweaver“插入”工具栏中“常用”—“表格”命令，在弹出的“表格”对话框中进行相应设置，在“文档”窗口中插入了一些表

格用于定位。

③ 根据实际情况，可以对特定的单元格进行宽度和背景图片的指定，来修饰表格的外观。在此基础上，再对单元格进行适当的排版，录入相应的文字信息，具体效果如图 10–1 所示。

④ 单击“窗口”—“绑定”命令，弹出“应用程序”对话框，如图 10–2 所示。

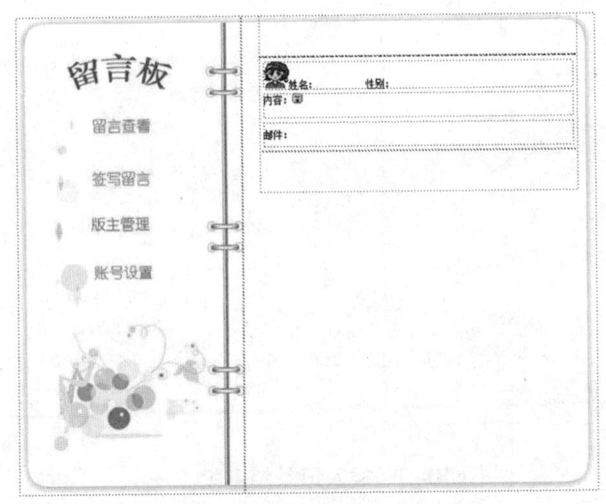

图 10–1　留言板查看页面排版

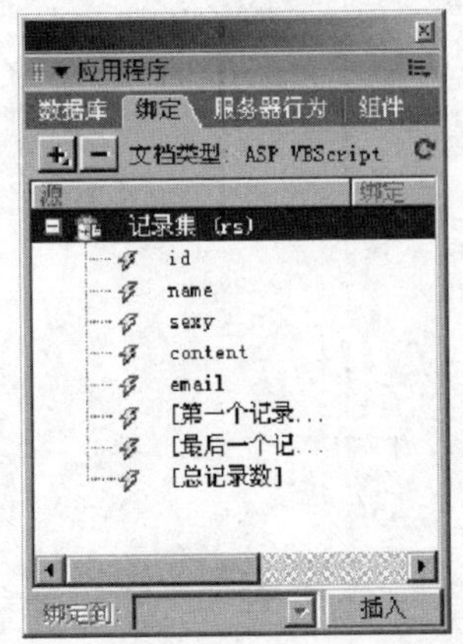

图 10–2　“应用程序”对话框（一）

⑤ 在显示“姓名”所对应的表格单元格中单击鼠标。在“应用程序”窗口中选中“记录集（rs）”—“name”选项。单击“插入”按钮，把“name”字段插入到单元格中，如图 10-3 所示。

⑥ 用上述同样的方法，在各个字段对应的单元格中插入记录集字段。其中包括“姓名”“性别”“留言内容”“电子邮件地址”等，如图 10-4 所示。

图 10-3　插入记录集字段（一）

图 10-4　插入所有记录集字段（一）

⑦ 单击“窗口”—“服务器行为”命令，弹出“应用程序”窗口，如图 10–5 所示。

⑧ 通过“标签选择器”选中表格第二行用于显示数据的所有单元格，如图 10–6 所示。

⑨ 单击“+”—“重复区域”命令，弹出“重复区域”对话框。在“记录集”下拉列表中选择“rs”选项。在“显示”选项组中选中“所有记录”选项，如图 10–7 所示。

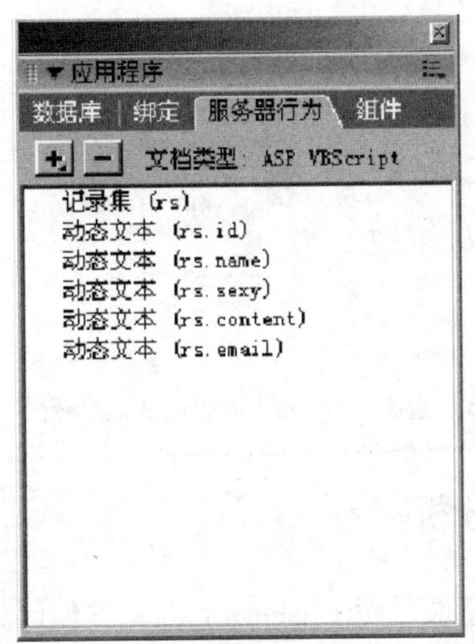

图 10–5　“应用程序”窗口（一）

图 10–6　“标签选择器”（一）

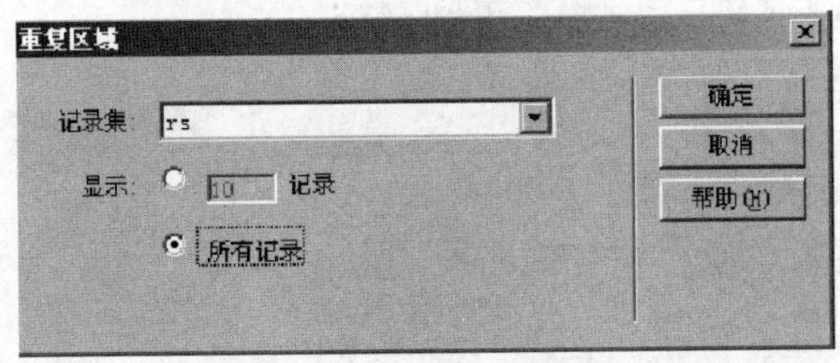

图 10–7　“重复区域”对话框（一）

⑩ 单击“确定”按钮，关闭对话框。启动 Internet Explorer，在地址栏中输入“http://localhost/list.asp”。

将会看到如图 10-8 所示的效果。

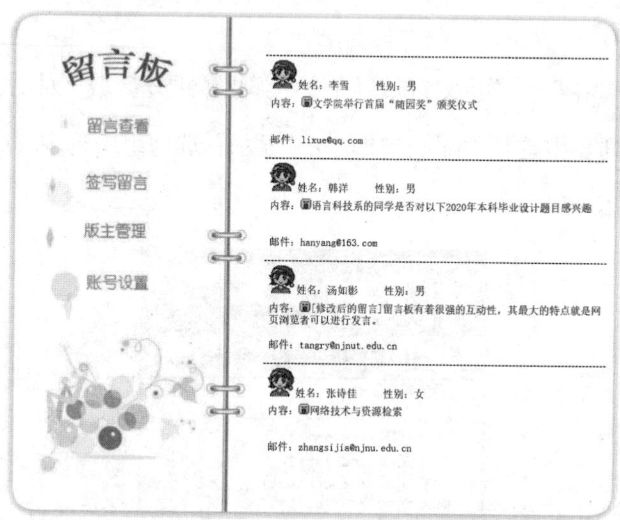

图 10-8　查看“http://localhost.list.asp”（一）

10.1.2　生成代码分析

显示数据库中的记录页面（list.asp），完整代码如下所示。

```
<%@LANGUAGE="VBSCRIPT" CODEPAGE="936"%>
<!--#include file="Connections/conn.asp" --> <!-- 包含数据库链接文件 -->
```

以下代码实现建立记录集，并获取数据。

```
<%
Dim rs        '定义记录集变量名称
Dim rs_numRows  '定义记录集行数变量
Set rs = Server.CreateObject（"ADODB.Recordset"）        '建立记录
```

```
集对象
    '创建记录集
    rs.ActiveConnection = MM_conn_STRING' 指定数据库链接对象
    rs.Source = "SELECT *  FROM tb_guest"    ' 指定 SQL 语句
    rs.CursorType = 0
    rs.CursorLocation = 2
    rs.LockType = 1
    rs.Open（ ）          '打开记录集
    rs_numRows = 0
    %>
    <%
    Dim Repeat1__numRows    '定义总共要显示记录的行数
    Dim Repeat1__index      '定义显示记录的行数
    Repeat1__numRows = -1   '设置为 -1，表示显示所有的记录
    Repeat1__index = 0      '初始化显示记录的行数
    rs_numRows = rs_numRows + Repeat1__numRows '设置开始显示记录
的行数
    %>
```

以下代码显示页面。

```
    <!DOCTYPE html PUBLIC "-//W3C//DTD XHTML 1.0 Transitional//
EN" "http://www.w3.org/TR/xhtml1/DTD/xhtml1-transitional.dtd">
    <html xmlns="http://www.w3.org/1999/xhtml">
    <head>
    <meta http-equiv="Content-Type" content="text/html; charset=gb2312"
```

```
/> <title> 显示数据库中的记录 </title>
    <style type="text/css">
    <!--
    body, td, th {
    font-family: 宋体;
    font-size: 12px;
    }
    -->
    </style>
    </head>
    <body>
    <table width="720" height="580" border="0" align="center"
cellpadding="0" cellspacing="0" background="imgs/bg.jpg">
    <tr>
    <td valign="top"><table width="100%" border="0" cellspacing="0"
cellpadding="0"> <tr>
    <td width="280"> </td>
    <td height="580" align="center" valign="top"><table width="90%"
border="0" cellspacing="0" cellpadding="0">
    <tr>
    <td height="50"> </td>
    </tr>
    <%
```

以下代码循环显示每一个记录。

```
While（（Repeat1__numRows <> 0）AND（NOT rs.EOF））'循环查看所有记录内容
%>
<tr>
<td><table width="100%" border="0" cellspacing="5" cellpadding="0" style="border-top：1px dashed #000000;">
<tr>
```

以下代码显示发言人的信息，如姓名和性别。

```
<td align="left"><img src="imgs/head.gif" width="32" height="32" /> 姓 名 ：
<%=（rs.Fields.Item（"name"）.Value）%>      性 别 ：
<%=（rs.Fields.Item（"sexy"）.Value）%></td>
</tr>
<tr>
```

以下代码显示留言的信息。

```
<td height="30" align="left" valign="top"> 内容：<img src="imgs/bq.gif" width="13" height="12" /><%=（rs.Fields.Item（"content"）.Value）%></td>
</tr>
<tr>
```

以下代码显示发言人留下的 E-mail 信息。

```
<td height="30" align="left"> 邮 件：<%=（rs.Fields.Item（"email"）.
```

```
Value ) %></td> </tr>
    </table></td>
    </tr>
    <%
    Repeat1__index=Repeat1__index+1
    Repeat1__numRows=Repeat1__numRows-1
    rs.MoveNext ( )
    '移动记录集指针
    Wend
    %>
```

循环结束，以下代码补全匹配的 HTML 标签。

```
<tr>
<td height="50"> </td>
</tr>
</table></td>
</tr>
</table></td>
</tr>
</table>
</body>
</html>
```

以下代码关闭记录集对象，释放记录集对象占用的内存。

```
<%
rs.Close ( )
```

```
Set rs = Nothing
'关闭记录集
%>
```

10.2　向数据库添加记录

向数据库添加记录，才能实现真正的用户同网站的互动。本节通过留言板的留言签写功能的实现讲解如何向数据库中添加记录。该功能通过两个页面进行处理。这两个页面分别为留言签写页面（add.asp）和录入成功信息提示页面（add_ok.asp）。

10.2.1　留言签写页面（add.asp）

留言签写页面为用户发表留言提供一个完整的界面。在该页面中，使用表单来提交数据，当处理完成后，跳转到添加成功页面 add_ok.asp。留言签写页面设计如下所示。

① 打开 Dreamweaver 的设计界面。单击“文件”—“新建”命令，新建一个名为“add.asp”的标准 ASP 文件。

② 单击 Dreamweaver“插入”工具栏中“常用”—“表格”命令，在弹出的“表格”对话框中进行相应设置，在“文档”窗口中插入了一些表格用于定位。

③ 根据实际情况，可以对特定的单元格进行宽度和背景图片的指定，来修饰表格的外观。在此基础上，再对单元格进行适当的排版，录入相应的文字信息，具体效果如图 10–9 所示。

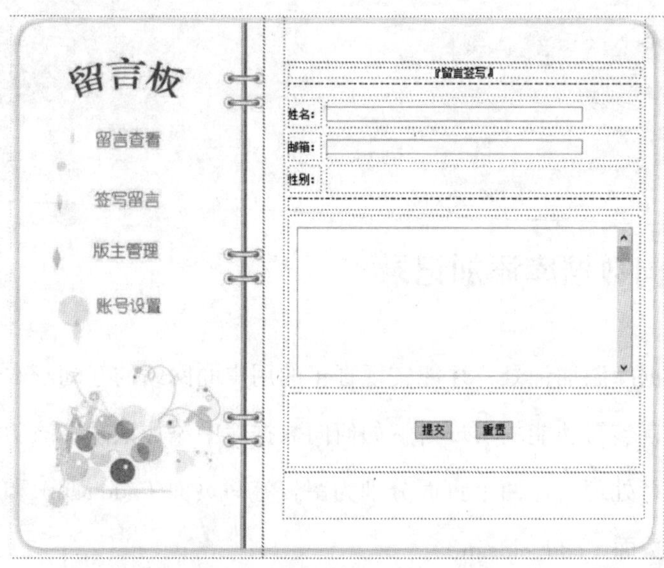

图 10-9　留言记录录入页面排版

④ 单击 Dreamweaver“插入”工具栏中“表单”—“表单”命令，在文档最前头插入表单。通过“标签选择器”选中该表单。在“属性”检查器中“表单名称”文本框中输入“frmdata”，在“目标”下拉列表中选择“_self”选项，如图 10-10 所示。

图 10-10　“属性”检查器（一）

⑤ 根据上面的表格布局，插入各项对应的表单元素，包括文本字段、列表框、按钮等，如图 10-11 所示。

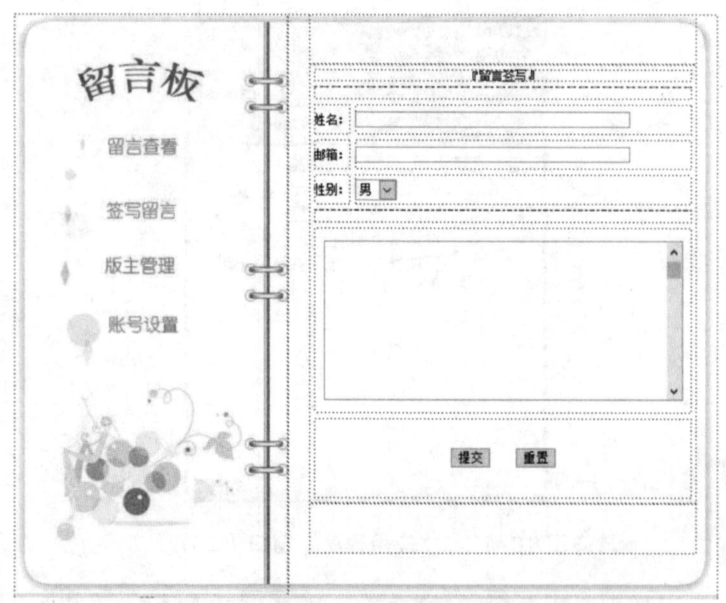

图 10–11　插入记录集字段（二）

下面就提供了一个表单元素的属性列表，如表 10–1 所示。

表 10–1　表单元素的属性

对应标签名	表单元素 id	类型
姓名	name	文本域
邮箱	email	文本域
性别	sexy	文本域
内容	content	文本域

⑥ 单击“窗口”—“服务器行为”命令，弹出“应用程序”窗口，如图 10–12 所示。

⑦ 单击“+”—“插入记录”命令，弹出“插入记录”对话框。在“连接”下拉列表中选择“conn”选项。在“插入到表格”下拉列表中选择“tb_guest”选项。在“插入后，转到”文本框中输入“add_ok.asp”。在“获取值自”下拉列表中选择“frmdata”选项，如图 10–13 所示。

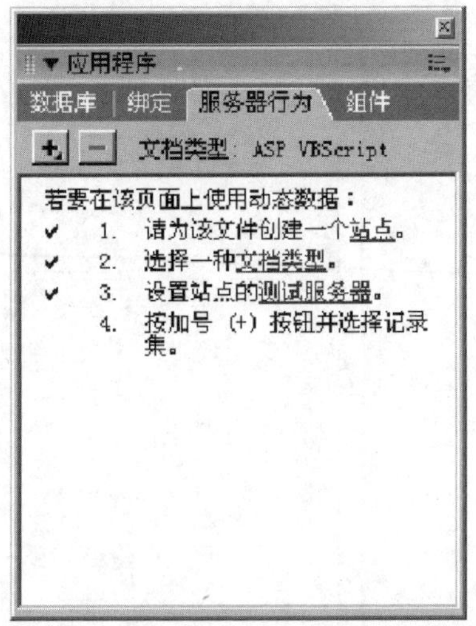

图 10-12　“应用程序”窗口（二）

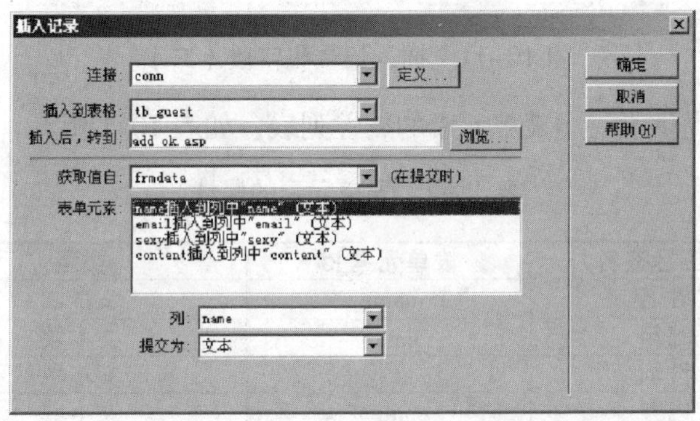

图 10-13　“插入记录”对话框

⑧ 单击“确定”按钮，关闭“记录集”对话框。返回“应用程序”窗口，向导将自动在其下拉列表中添加一条“插入记录（表单“frmdata”）”的列表选项，如图 10-14 所示。

⑨ 通过标签“标签选择器”选中该表单（frmdata）。在“属性”检查器中，在“动作”文本框中会看到系统自动写入“<%=MM_editAction%>”的值，如图 10-15 所示。

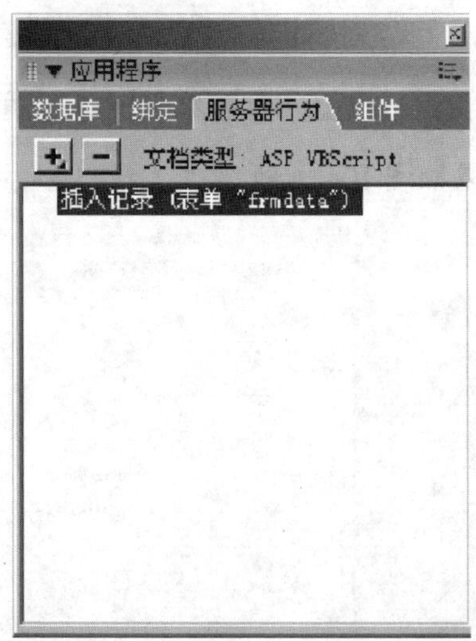

图 10–14　“应用程序”窗口（三）

图 10–15　“属性”检查器（二）

10.2.2　添加成功提示页面（add_ok.asp）

该页面后缀名虽然是 .asp，但实际代码中并没有任何 ASP 代码，是一个典型的静态页面。当添加记录成功后，自动跳转到该页面。该页面设计步骤如下所示。

① 打开 Dreamweaver 的设计界面。单击“文件”—“新建”命令，新建一个名为“add_ok.asp”的标准 ASP 文件。

② 单击 Dreamweaver“插入”工具栏中“常用”—“表格”命令。在弹出的“表格”对话框中进行相应设置，在“文档”窗口中插入了一些表格用于定位。

③ 根据实际情况，可以对特定的单元格进行宽度和背景图片的指定，来修饰表格的外观。在此基础上，再对单元格进行适当的排版，录入相应的文字信息，具体效果如图 10-16 所示。

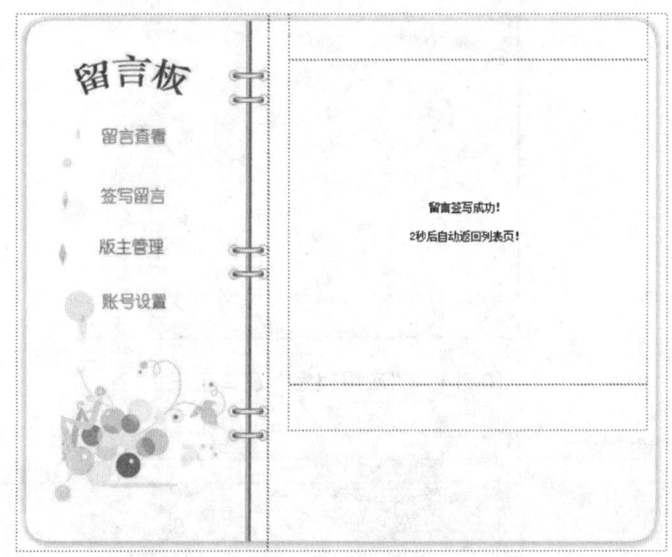

图 10-16　录入成功信息提示页面排版

④ 单击“插入”—“HTML”—“文件头：刷新”命令，在弹出的“刷新”对话框中“延迟”文本框中输入“2”。在“操作”选项组中选中“转到 URL：”选项，并在其对应的文本框中输入“list.asp”，如图 10-17 所示。

图 10-17　“刷新”对话框（一）

⑤单击“确定”按钮，关闭对话框。

10.2.3　测试留言签写功能

启动 Internet Explorer，在地址栏中输入“http://localhost/add.asp”。输入留言内容，如图 10–18 所示。

单击“提交”按钮，留言数据会自动录入到数据库。转到 asp_ok.asp 页面，如图 10–19 所示。

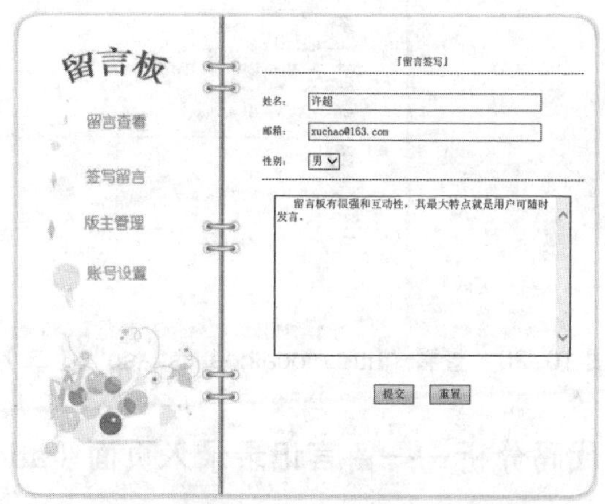

图 10–18　查看“http://localhost/add.asp”

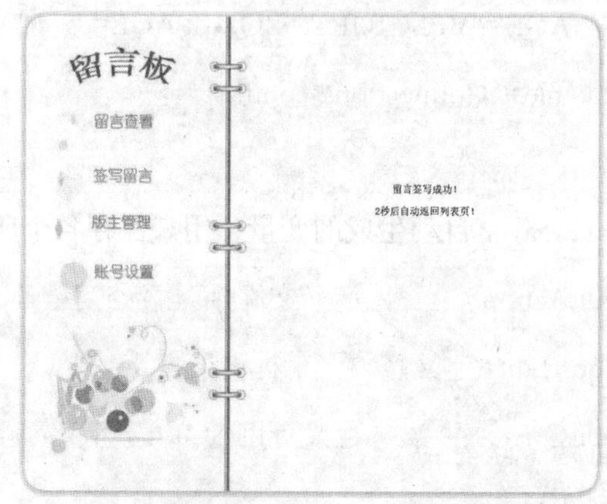

图 10–19　查看“http://localhost/add_ok.asp”

经过 2 秒的防恶意刷新处理，系统会自动转到 list.asp 页面，如图 10–20 所示。

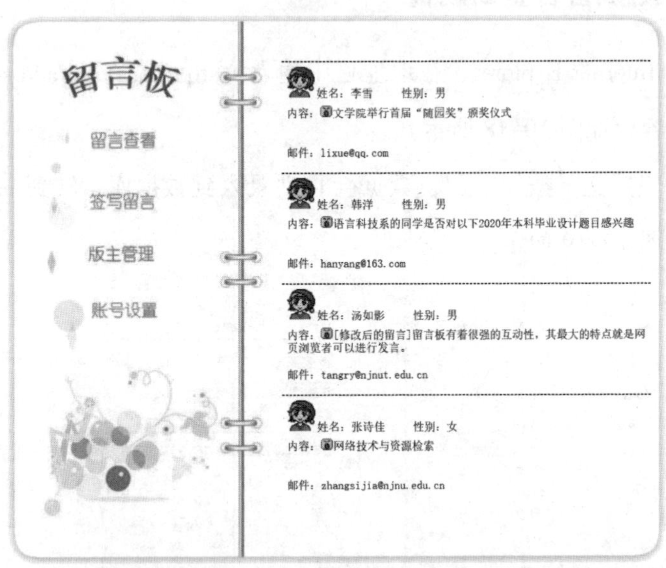

图 10–20　查看“http://localhost/list.asp”（二）

10.2.4　生成代码分析——留言记录录入页面（add.asp）

留言记录录入页面（add.asp），完整代码如下：

```
<%@LANGUAGE="VBSCRIPT" CODEPAGE="936"%>
<!--#include file="Connections/conn.asp" -->
<%
```

以下是 Dreamweaver 自动生成的变量，用来保存各个所需的信息。

```
Dim MM_editAction          '定义文件相对路径变量
Dim MM_abortEdit'定义修改记录标识变量
Dim MM_editQuery          '定义查询 SQL 语句变量
Dim MM_editCmd
```

```
Dim MM_editConnection
Dim MM_editTable
Dim MM_editRedirectUrl
Dim MM_editColumn
Dim MM_recordId
Dim MM_fieldsStr
Dim MM_columnsStr
Dim MM_fields
Dim MM_columns
Dim MM_typeArray
Dim MM_formVal
Dim MM_delim
Dim MM_altVal
Dim MM_emptyVal
Dim MM_i
```

以下代码建立数据库连接。

```
MM_editAction = CStr（Request.ServerVariables（"SCRIPT_NAME"））  '获取文件相对路径
If（Request.QueryString <> ""）Then        '如果文件路径不为空
MM_editAction = MM_editAction & "?" & Server.HTMLEncode（Request.QueryString） '重新构建相对路径
End If
MM_abortEdit = false         '设置为不修改记录
MM_editQuery = ""            '设置查询 SQL 语句为空
```

```
%>
<%
If（CStr（Request（"MM_insert"））="frmdata"）Then  '判断是否要插入记录
MM_editConnection = MM_conn_STRING'获取数据库连接字符串
MM_editTable = "tb_guest"'获取访问的表名
MM_editRedirectUrl = "add_ok.asp"'设置跳转网页
MM_fieldsStr = "name|value|email|value|sexy|value|content|value"'设置获取字段
MM_columnsStr = "name|',none,"|email|',none,"|sexy|',none,"|content|',none,""'初始化添加记录变量
' create the MM_fields and MM_columns arrays
MM_fields = Split（MM_fieldsStr,"|"）  '获取记录集字段集合
MM_columns = Split（MM_columnsStr,"|"）  '获取添加记录集合
```

以下代码获取 Form 表单数据。

```
For MM_i = LBound（MM_fields）To UBound（MM_fields）Step 2
'依次循环获取提交的表单数据
MM_fields（MM_i+1）= CStr（Request.Form（MM_fields（MM_i）））
Next
```

以下代码建立跳转链接。

```
If（MM_editRedirectUrl <> "" And Request.QueryString <> ""）Then
If（InStr（1,MM_editRedirectUrl,"?",vbTextCompare）= 0 And Request.QueryString <>
```

```
MM_editRedirectUrl = MM_editRedirectUrl & "?" & Request.
QueryString
Else
MM_editRedirectUrl = MM_editRedirectUrl & "&" & Request.
QueryString
End If
End If
End If
%>
<%
```

以下代码建立添加记录的 SQL 语句。

```
Dim MM_tableValues
Dim MM_dbValues
If（CStr（Request（"MM_insert"））<> ""）Then
MM_tableValues = ""
MM_dbValues = ""
For MM_i = LBound（MM_fields）To UBound（MM_fields）Step 2
MM_formVal = MM_fields（MM_i+1）
MM_delim = MM_typeArray（0）
If（MM_delim = "none"）Then MM_delim = ""
MM_altVal = MM_typeArray（1）
If（MM_altVal = "none"）Then MM_altVal = ""
MM_emptyVal = MM_typeArray（2）
If（MM_emptyVal = "none"）Then MM_emptyVal = ""
```

```
If（MM_formVal = ""） Then
MM_formVal = MM_emptyVal
Else
If（MM_altVal <> ""） Then '判断是否进行插入记录操作
MM_formVal = MM_altVal
ElseIf（MM_delim = "'"） Then    ' escape quotes
MM_formVal = "'" & Replace（MM_formVal，"'"，"''"） & "'"
Else
MM_formVal = MM_delim + MM_formVal + MM_delim
End If
End If
If（MM_i <> LBound（MM_fields）） Then
MM_tableValues = MM_tableValues & "，"
MM_dbValues = MM_dbValues & "，"
End If
MM_tableValues = MM_tableValues & MM_columns（MM_i）
MM_dbValues = MM_dbValues & MM_formVal
Next
'构建插入记录的 SQL 语句
MM_editQuery = "insert into " & MM_editTable & "（" & MM_tableValues & "） values（" & MM_dbValues & "）"
If（Not MM_abortEdit） Then '判断是否进行的是插入记录操作
Set MM_editCmd = Server.CreateObject（"ADODB.Command"） '建立Command 对象
```

```
MM_editCmd.ActiveConnection = MM_editConnection '设定数据库链接
MM_editCmd.CommandText = MM_editQuery  '设定执行的 SQL 语句
MM_editCmd.Execute                  '执行插入操作
MM_editCmd.ActiveConnection.Close           '关闭记录集
If（MM_editRedirectUrl <> ""） Then          '判断是否跳转
Response.Redirect（MM_editRedirectUrl）       '跳转到指定网址
End If
End If
End If
%>
```

以下代码显示页面构成。

```
<!DOCTYPE    html   PUBLIC     "-//W3C//DTD
XHTML    1.0    Transitional//EN"
"http://www.w3.org/TR/xhtml1/DTD/xhtml1-transitional.dtd">
<html xmlns="http://www.w3.org/1999/xhtml"> <head>
<meta http-equiv="Content-Type" content="text/html; charset=gb2312"
/> <title> 留言记录录入页面 </title>
<style type="text/css">
<!--
body，td，th {
font-family： 宋体；
font-size： 12px;
}-->
</style></head>
```

```
<body>
```

以下代码构建 Form 表单。

```
<form ACTION="<%=MM_editAction%>" METHOD="POST" name="frmdata" target="_self" id="frmdata"> <table width="720" height="580" border="0" align="center" cellpadding="0" cellspacing="0" background="imgs/bg.jpg">
<tr>
<td valign="top"><table width="100%" border="0" cellspacing="0" cellpadding="0"> <tr>
<td width="280"> </td>
<td height="580" align="center" valign="top"><table width="90%" border="0" cellspacing="0" cellpadding="0">
<tr>
<td height="50"> </td>
</tr>
<tr>
<td><table width="100%" border="0" cellspacing="5" cellpadding="0"><tr>
<td colspan="2" align="center">『留言签写』</td>
</tr>
<tr>
<td colspan="2" style="border-top：1px dashed #000000;"> </td></tr>
<tr>
```

```
<td height="30"> 姓名：</td>
<td width="330" align="left">
<input name="name" type="text" id="name" size="40" /> </td> </tr>
<tr>
<td height="30"> 邮箱：</td>
<td align="left"><input name="email" type="text" id="email" size="40"
/></td> </tr>
<tr>
<td height="30"> 性别：</td>
<td align="left"><select name="sexy" size="1" id="sexy">
<option value=" 男 "> 男 </option>
<option value=" 女 "> 女 </option>
</select>
</td>
</tr>
<tr>
<td colspan="2" style="border-top：1px dashed #000000;"> </td>
</tr>
<tr>
<td height="185" colspan="2" align="center"><textarea name="content"
cols="50" rows="12" id="content"></textarea></td>
</tr>
<tr>
<td height="80" colspan="2" align="center"><input type="submit"
```

```
name="Submit" value=" 提交 "/>
     
    <input type="reset" name="Submit2" value=" 重置 " /></td> </tr>
    </table></td>
    </tr>
    <tr>
    <td height="50"> </td>
    </tr>
    </table></td>
    </tr>
    </table></td>
    </tr>
    </table>
    <input type="hidden" name="MM_insert" value="frmdata"> <!-- 设 置
隐藏元素，用来标记进行插入操作 --> </form>
    </body>
    </html>
```

10.2.5 生成代码分析——添加成功信息提示页面（add_ok.asp）

添加成功信息提示页面（add_ok.asp），完整代码如下。该代码相对比较简单，没有任何 ASP 代码。

```
    <%@LANGUAGE="VBSCRIPT" CODEPAGE="936"%>
    <!DOCTYPE    html    PUBLIC    "-//W3C//DTD
```

```
XHTML 1.0 Transitional//EN"
    "http://www.w3.org/TR/xhtml1/DTD/xhtml1-transitional.dtd">
    <html xmlns="http://www.w3.org/1999/xhtml">
    <head>
    <meta http-equiv="Content-Type" content="text/html; charset=gb2312"
/> <title> 录入成功信息提示 </title>
    <style type="text/css">
    <!--
    body，td，th {
    font-family： 宋体 ;
    font-size： 12px;
    }
    -->
    </style>
```

以下代码实现 2 秒钟后，跳转到留言显示页面。

```
    <meta http-equiv="Refresh" content="2;URL=list.asp" />
    </head>
    <body>
    <table width="720" height="580" border="0" align="center"
cellpadding="0" cellspacing="0" background="imgs/bg.jpg">
    <tr>
    <td valign="top"><table width="100%" border="0" cellspacing="0"
cellpadding="0"> <tr>
    <td width="280"> </td>
```

```
<td height="580" align="center" valign="top"><table width="90%" border="0" cellspacing="0" cellpadding="0">
<tr>
<td height="50"> </td>
</tr>
<tr>
<td height="350" align="center" valign="middle"><p> 留言签写成功! </p> <p>2 秒后自动返回列表页！ </p></td>
</tr>
<tr>
<td height="50"> </td>
</tr>
</table></td>
</tr>
</table></td>
</tr>
</table>
</body>
</html>
```

10.3 修改数据库记录

修改数据库中的记录也是最常用的操作。通过该方式，可以对数据库中的信息进行更新。在本节中，将介绍如何对留言进行修改。要实现留言

修改功能，就需要根据链接参数中传递的留言编号（id）来修改记录。该功能也是通过两个页面进行处理，分别是留言记录修改页面（edit.asp）和修改成功信息提示页面（edit_ok.asp）。

10.3.1　留言记录修改页面（edit.asp）

留言记录修改页面同留言记录录入页面非常相似，唯一的不同之处是，修改记录页面显示了用户要修改的留言信息。留言记录修改页面设计过程如下。

① 打开 Dreamweaver 的设计界面。单击“文件”—“新建”命令，新建一个名为“edit.asp”的标准 ASP 文件。

② 单击“插入”—“常用”—“表格”命令，在弹出的“表格”对话框中进行相应设置，在“文档”窗口中插入了一些表格用于定位。

③ 按照上面留言记录录入页面（add.asp）的版面进行布局，并依照表 10-1 插入各项对应的表单元素，如图 10-21 所示。

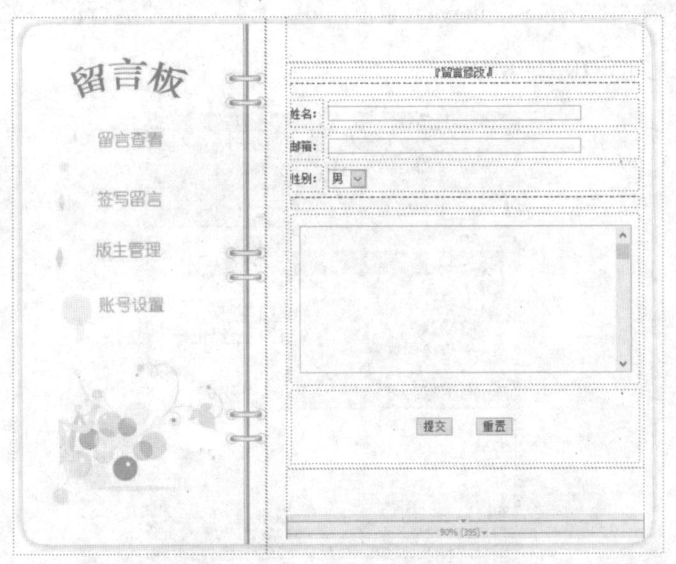

图 10-21　留言记录修改页面排版

④ 单击 Dreamweaver“插入”工具栏中“表单”—“隐藏域”命令。在表单（frmdata）内的任意位置插入一个隐藏域。在“属性”检查器中“表单名称”文本框中输入“id”。在“值”文本框中输入“<%=request（“id”）%>”，如图 10–22 所示。

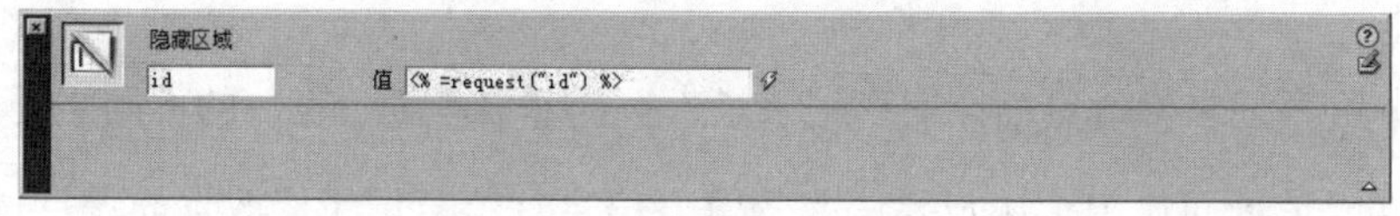

图 10–22 “属性”检查器（三）

⑤ 单击“窗口”—“绑定”命令，弹出“应用程序”窗口，如图 10–23 所示。

⑥ 单击“+”—“命令（预存过程）”命令，弹出“记录集”对话框。在“名称”文本框中输入“rs”。在“连接”下拉列表中选择“conn”选项。在“sql”文本框中输入“SELECT * FROM tb_guest WHERE id=rsid”。在“变量”选项组中添加一条选项。在“名称”文本框中输入“rsid”。在“默认值”文本框中输入“request.querystring（“id”）”。在“运行值”文本框中输入“1”，如图 10–24 所示。

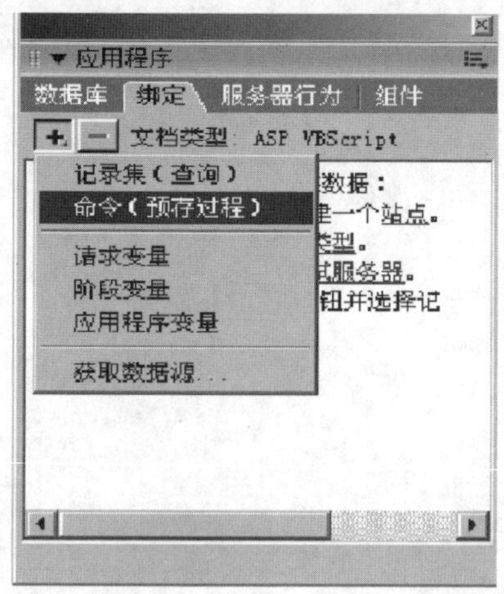

图 10–23 “应用程序”窗口（四）

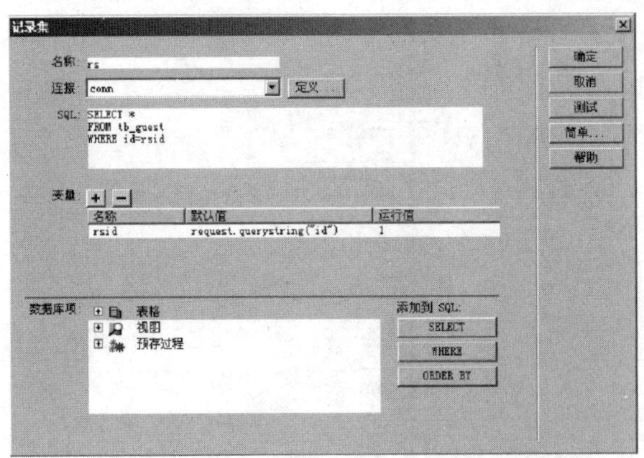

图 10–24　“记录集”对话框

⑦ 单击“确定”按钮，关闭对话框。单击“窗口”—“绑定”命令，弹出“应用程序”对话框，如图 10–25 所示。

⑧ 在显示“姓名”所对应的文本框中单击鼠标。在“应用程序”窗口中选中“记录集（rs）”—“name”选项。单击“插入”按钮，把“name”字段插入到文本框中。按照上面的做法，依次把“sexy”“content”“email”等字段插入到对应的表单元素中，如图 10–26 所示。

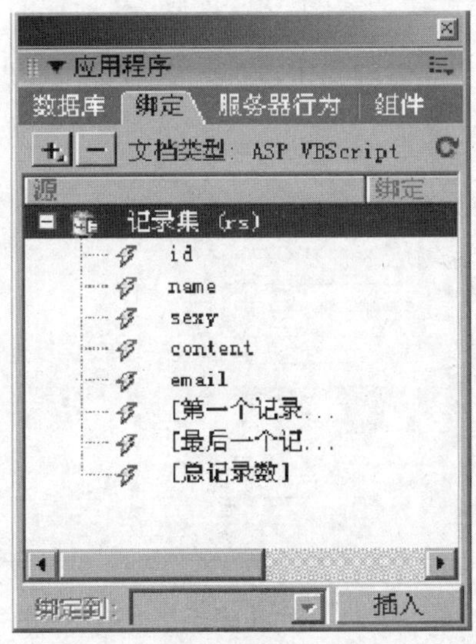

图 10–25　“应用程序”对话框（二）

图 10-26　插入记录集字段（三）

⑨ 单击“+”—“更新记录”命令，弹出“更新记录”对话框。在“连接”下拉列表中选择“conn”选项。在“要更新的表格”下拉列表中选中“tb_guest”选项。在“插入后，转到”文本框中输入“edit_ok.asp”。在“获取值自”下拉列表中选择“frmdata”选项，如图 10-27 所示。

⑩ 单击“确定”按钮，关闭“记录集”对话框。返回“应用程序”对话框，向导将自动在其下拉列表中添加一条“更新记录（表单“frmdata”）”的列表选项，如图 10-28 所示。

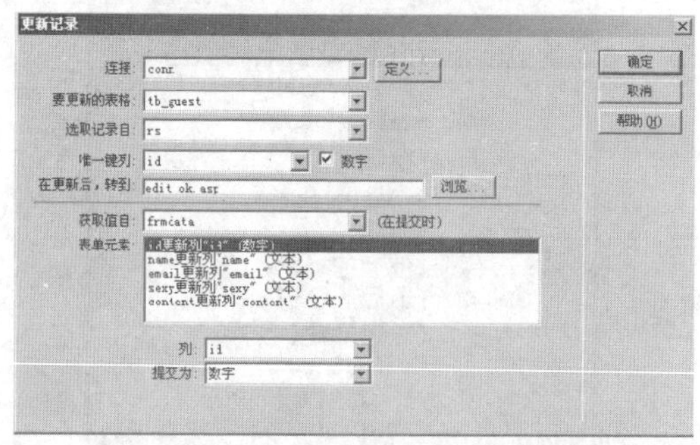

图 10-27　“更新记录”对话框

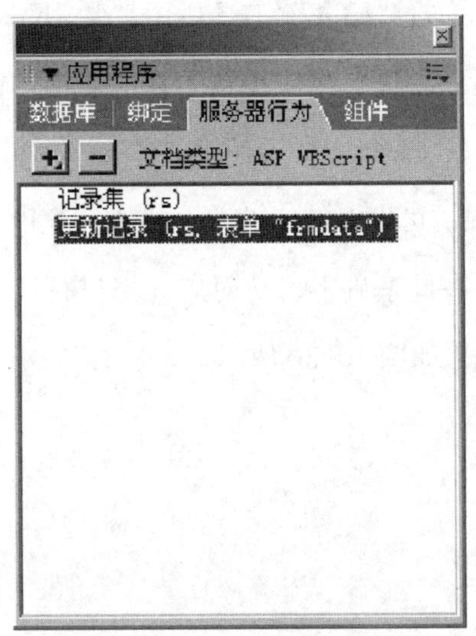

图 10-28　“应用程序”对话框（三）

⑪ 通过标签“标签选择器”选中该表单(frmdata)。在“属性”检查器中，在“动作”文本框中会看到系统自动写入“<%=MM_editAction%>”的值，如图 10-29 所示。

图 10-29　“属性”检查器（四）

10.3.2　修改成功信息提示页面（edit_ok.asp）

当用户提交留言修改后，跳转到修改成功信息提示页面。在该页面显示提示信息。2 秒后，该页面跳转到留言显示页面。该页面设计过程如下所示。

① 打开 Dreamweaver 的设计界面。单击“文件”—“新建”命令，新建一个名为“edit_ok.asp”的标准 ASP 文件。

② 单击 Dreamweaver“插入”工具栏中“常用”—“表格”命令。在弹出的“表格”对话框中进行相应设置，在“文档”窗口中插入了一些表格用于定位。

③ 根据实际情况，可以对特定的单元格进行宽度和背景图片的指定，来修饰表格的外观。在此基础上，再对单元格进行适当的排版，录入相应的文字信息，具体效果如图 10–30 所示。

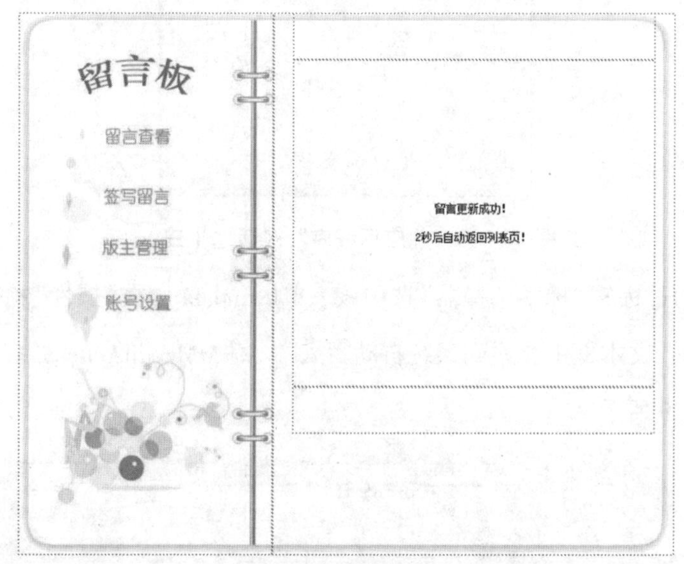

图 10–30　修改成功信息提示页面排版

④ 单击 Dreamweaver“插入”工具栏中“HTML”—“文件头：刷新”命令，在弹出的“刷新”对话框中“延迟”文本框中输入“2”。在“操作”选项组中选中“转到 URL：”选项，并在其对应的文本框中输入“list.asp”，如图 10–31 所示。

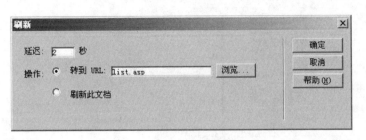

图 10-31　“刷新”对话框（二）

10.3.3　测试修改留言功能

启动 Internet Explorer，在地址栏中输入“http://localhost/edit.asp?id=1”。“id”后面的参数值必须是数据库表中所存在的记录编号。输入留言内容，如图 10-32 所示。

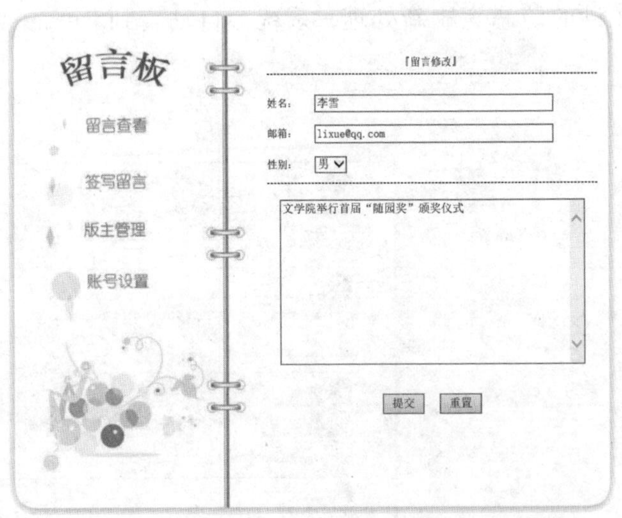

图 10-32　查看“http://localhost/edit.asp?id=1”

单击“提交”按钮，留言数据会自动录入到数据库。转到 edit_ok.asp 页面，如图 10-33 所示。

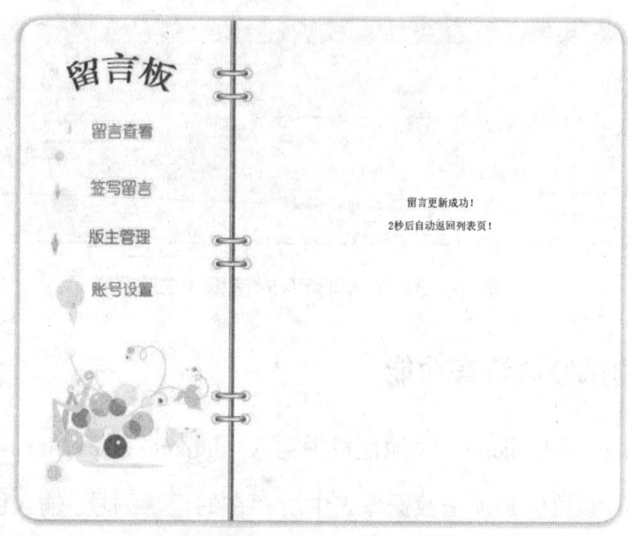

图 10–33　查看“http://localhost/edit_ok.asp”

经过 2 秒的防恶意刷新处理，系统会自动转到 list.asp 页面，如图 10–34 所示。

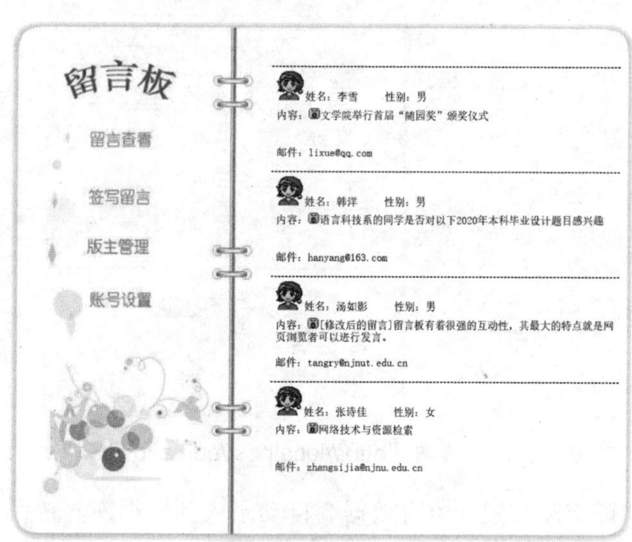

图 10–34　查看“http://localhost/list.asp”（三）

10.3.4　生成代码分析——留言记录修改页面（edit.asp）

留言记录修改页面（edit.asp），完整代码如下：

```
<%@LANGUAGE="VBSCRIPT" CODEPAGE="936"%>
<!--#include file="Connections/conn.asp" -->
<%
```

以下代码是 Dreamweaver 自动生成的变量，用来保存修改过程中使用的各种数据。

```
Dim MM_editAction         '定义文件相对路径
Dim MM_abortEdit'定义修改记录标识变量
Dim MM_editQuery          '定义查询 SQL 语句
Dim MM_editCmd '定义 Command 对象变量
Dim MM_editConnection   '定义数据库链接字符串变量
Dim MM_editTable'定义表名变量
Dim MM_editRedirectUrl  '定义跳转 URL 变量
Dim MM_editColumn
Dim MM_recordId '定义修改记录 ID 变量
Dim MM_fieldsStr  '定义获取字段变量
Dim MM_columnsStr         '定义修改记录变量
Dim MM_fields     '定义记录集域集合
Dim MM_columns '定义修改记录集合
Dim MM_typeArray
Dim MM_formVal
Dim MM_delim
```

```
Dim MM_altVal
Dim MM_emptyVal
Dim MM_i
```

以下代码建立数据库链接。

```
MM_editAction = CStr（Request.ServerVariables（"SCRIPT_NAME"））  '获取文件相对路径
If（Request.QueryString <> ""）Then        '如果文件路径不为空
MM_editAction = MM_editAction & "?" & Server.HTMLEncode(Request.QueryString)
End If
MM_abortEdit = false          '设置不修改记录标识
MM_editQuery = ""             '初始化查询 SQL 语句
%>
<%
```

以下代码判断是否要修改记录，并获取相应数据。

```
If（CStr（Request（"MM_update"））= "frmdata" And CStr（Request（"MM_recordId"））<> ""）Then
MM_editConnection = MM_conn_STRING' 获取数据库链接字符串
MM_editTable = "tb_guest" ' 获取要访问的表
MM_editColumn = "id"      ' 获取要编辑的字段
MM_recordId = "" + Request.Form（"MM_recordId"）+ "" ' 获取要修改的 id
MM_editRedirectUrl = "edit_ok.asp"          ' 设置跳转链接
MM_fieldsStr         = "name|value|email|value|sexy|value|content|val
```

```
ue"      '定义记录集域结构
    MM_columnsStr = "name|', none, "|email|', none, "|sexy|', none, "|content|', none, ""    '获取要修改记录的结构
    MM_fields = Split（MM_fieldsStr，"|"）'构建记录集域集合
    MM_columns = Split（MM_columnsStr，"|"）'构建修改记录集的集合
```

以下代码循环获取用户提交的表单数据。

```
    For MM_i = LBound（MM_fields）To UBound（MM_fields）Step 2
    MM_fields（MM_i+1）= CStr（Request.Form（MM_fields（MM_i）））
    Next
    将传递的参数添加到跳转 URL
    If（MM_editRedirectUrl <> "" And Request.QueryString <> ""）Then
    If（InStr（1，MM_editRedirectUrl，"?"，vbTextCompare）= 0 And Request.QueryString <> ""）Then MM_editRedirectUrl = MM_editRedirectUrl & "?" & Request.QueryString
    Else
    MM_editRedirectUrl = MM_editRedirectUrl & "&" & Request.QueryString End If
    End If
    End If
    %>
    <%
```

以下代码构建 SQL 语句，对数据库中的数据进行修改。

```
    If（CStr（Request（"MM_update"））<> "" And CStr（Request（"MM_recordId"））<> ""）Then
```

```
构建 SQL 语句
MM_editQuery = "update " & MM_editTable & " set "
For MM_i = LBound（MM_fields） To UBound（MM_fields） Step 2 '
读取要修改的数据 MM_formVal = MM_fields（MM_i+1）
MM_typeArray = Split（MM_columns（MM_i+1），"，"）
MM_delim = MM_typeArray（0）
If（MM_delim = "none"） Then MM_delim = ""
MM_altVal = MM_typeArray（1）
If（MM_altVal = "none"） Then MM_altVal = ""
MM_emptyVal = MM_typeArray（2）
If（MM_emptyVal = "none"） Then MM_emptyVal = ""
If（MM_formVal = ""） Then
MM_formVal = MM_emptyVal
Else
If（MM_altVal <> ""） Then
MM_formVal = MM_altVal
ElseIf（MM_delim = "'"） Then      ' escape quotes
MM_formVal = "'" & Replace（MM_formVal，"'"，"''"） & "'"
Else
MM_formVal = MM_delim + MM_formVal + MM_delim
End If
End If
If（MM_i <> LBound（MM_fields））Then
MM_editQuery = MM_editQuery & "，"
```

```
End If
MM_editQuery = MM_editQuery & MM_columns（MM_i）& " = " &
MM_formVal
Next
MM_editQuery = MM_editQuery & " where " & MM_editColumn & " =
" & MM_recordId
If（Not MM_abortEdit）Then '如果不放弃修改
Set MM_editCmd = Server.CreateObject（"ADODB.Command"）' 建立
Command 对象
MM_editCmd.ActiveConnection = MM_editConnection ' 设置数据库连接
MM_editCmd.CommandText = MM_editQuery ' 设置执行的 SQL 命令
MM_editCmd.Execute ' 执行 SQL 命令
MM_editCmd.ActiveConnection.Close
If（MM_editRedirectUrl <> ""）Then
Response.Redirect（MM_editRedirectUrl）
End If
End If
End If
%>
```

以下代码查询指定的留言信息，然后显示在页面上，从而方便用户修改。

```
<%
Dim rs__rsid' 定义要修改的记录编号变量
rs__rsid = request.querystring（"id"）' 获取要修改的记录编号
If（rs__rsid=""）Then' 如果编号为空
```

```
rs__rsid = 1'赋值为 1
End If
%>
<%
Dim rs'定义记录集对象
Dim rs_numRows
Set rs = Server.CreateObject（"ADODB.Recordset"）'建立记录集对象
rs.ActiveConnection = MM_conn_STRING '设置数据库链接字符串
rs.Source = "SELECT * FROM tb_guest WHERE id=" + Replace（rs__rsid，"'"，"''"）+ "" '构建查询 SQL 语句 rs.CursorType = 0
rs.CursorLocation = 2
rs.LockType = 1
rs.Open（）
rs_numRows = 0
%>
```

以下代码显示留言修改界面。

```
<!DOCTYPE html PUBLIC "-//W3C//DTD XHTML 1.0 Transitional//EN" "http://www.w3.org/TR/xhtml1/DTD/xhtml1-transitional.dtd"> <html xmlns="http://www.w3.org/1999/xhtml">
<head>
<meta http-equiv="Content-Type" content="text/html; charset=gb2312" /> <title> 留言记录修改页面 </title>
<style type="text/css">
<!--
```

```
body，td，th {
font-family： 宋体；
font-size： 12px;
}
-->
</style></head>
<body>
<form ACTION="<%=MM_editAction%>" METHOD="POST" name="frmdata" target="_self" id="frmdata"> <table width="720" height="580" border="0" align="center" cellpadding="0" cellspacing="0" background="imgs/bg.jpg">
<tr>
<td valign="top"><table width="100%" border="0" cellspacing="0" cellpadding="0"> <tr>
<td width="280"> </td>
<td height="580" align="center" valign="top"><table width="90%" border="0" cellspacing="0" cellpadding="0">
<tr>
<td height="50"> </td>
</tr>
<tr>
<td><table width="100%" border="0" cellspacing="5" cellpadding="0"> <tr>
<td colspan="2" align="center">『留言修改』</td>
```

```
</tr>
<tr>
<td colspan="2" style="border-top：1px dashed #000000;"> </td>
</tr>
<tr>
<td height="30"> 姓名：</td>
<td width="330" align="left">
<input name="name" type="text" id="name" value="<%= ( rs.Fields.Item
( "name" ) .Value ) %>"
</td>
</tr>
<tr>
<td height="30"> 邮箱：</td>
<td align="left"><input name="email" type="text" id="email"
value="<%= ( rs.Fields.Item ( "email" ) .Value ) %>" size="40" /></td>
</tr>
<tr>
<td height="30"> 性别：</td>
<td align="left"><select name="sexy" size="1" id="sexy" title="<%= ( rs.
Fields.Item ( "sexy" ) .Value ) %>">
<option value=" 男 "> 男 </option>
<option value=" 女 "> 女 </option>
</select>
</td>
```

```
    </tr>
    <tr>
    <td colspan="2" style="border-top：1px dashed #000000;"> </td>
</tr>
    <tr>
    <td height="185" colspan="2" align="center"><textarea name="content"
cols="50" rows="12" id="content"><%=（rs.Fields.Item（"content"）.
Value）%></textarea></td>
    </tr>
    <tr>
    <td height="80" colspan="2" align="center"><input type="submit"
name="Submit" value=" 提交 "
    />
     
    <input type="reset" name="Submit2" value=" 重置 " /></td> </tr>
    </table></td>
    </tr>
    <tr>
    <td height="50"> </td>
    </tr>
    </table></td>
    </tr>
    </table></td>
    </tr>
```

```
</table>
```

以下代码设置隐藏表单，传递修改记录标记 MM_update 和修改记录编号 MM_recordid。

```
<input type="hidden" name="MM_update" value="frmdata">
<input type="hidden" name="MM_recordId" value="<%= rs.Fields.Item
（"id"）.Value %>">
</form>
</body>
</html>
<%
rs.Close（）
Set rs = Nothing
%>
```

10.3.5 生成代码分析——修改成功信息提示页面（edit_ok.asp）

修改成功信息提示页面（edit_ok.asp），完整代码如下。

```
<%@LANGUAGE="VBSCRIPT" CODEPAGE="936"%>
<!DOCTYPE html PUBLIC "-//W3C//DTD XHTML 1.0
Transitional//EN" "http://www.w3.org/TR/xhtml1/DTD/xhtml1-
transitional.dtd"> <html xmlns="http://www.w3.org/1999/xhtml">
<head>
<meta http-equiv="Content-Type" content="text/html; charset=gb2312"
/> <title> 录入成功信息提示 </title>
```

```
<style type="text/css">
<!--
body, td, th {
font-family: 宋体;
font-size: 12px;
}
-->
</style>
```

以下代码实现 2 秒后，跳转到留言显示页面 list.asp。

```
<meta http-equiv="Refresh" content="2;URL=list.asp" />
</head>
<body>
<table width="720" height="580" border="0" align="center" cellpadding="0" cellspacing="0" background="imgs/bg.jpg">
<tr>
<td valign="top"><table width="100%" border="0" cellspacing="0" cellpadding="0"> <tr>
<td width="280"> </td>
<td height="580" align="center" valign="top"><table width="90%" border="0" cellspacing="0" cellpadding="0">
<tr>
<td height="50"> </td>
</tr>
<tr>
```

```
<td height="350" align="center" valign="middle"><p> 留言更新成功！
</p> <p>2 秒后自动返回列表页！ </p></td>
</tr>
<tr>
<td height="50"> </td>
</tr>
</table></td>
</tr>
</table></td>
</tr>
</table>
</body>
</html>
```

10.4 删除数据库记录

删除记录功能可以将数据库中多余的、错误的记录删除。该功能实现比较简单。只要查询指定条件的记录，然后删除即可。本节讲解如何根据留言编号，删除留言信息。该页面设计如下所示。

① 打开 Dreamweaver 的设计界面。单击“文件”—“新建”命令，新建一个名为“del.asp”的标准 ASP 文件。

② 单击 Dreamweaver“插入”工具栏中“常用”—“表格”命令。在弹出的“表格”对话框中进行相应设置，在“文档”窗口中插入了一些表格用于定位。

③ 根据实际情况，可以对特定的单元格进行宽度和背景图片的指定，来修饰表格的外观。在此基础上，再对单元格进行适当的排版，录入相应的文字信息，具体效果如图 10–35 所示。

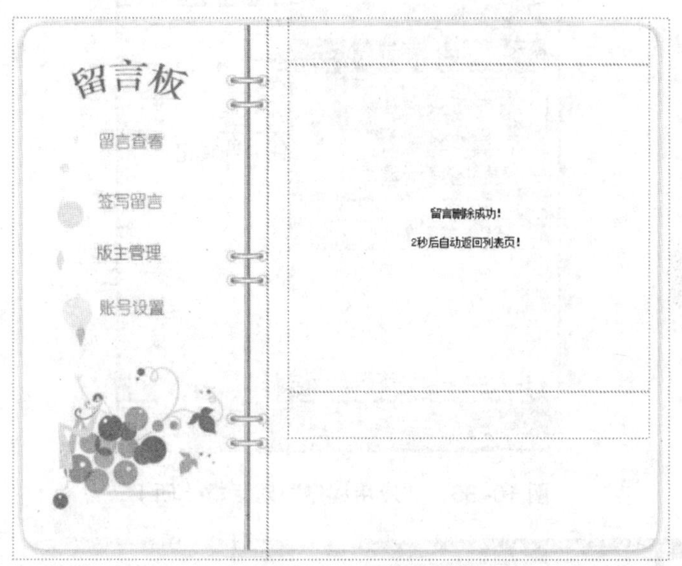

图 10–35　记录删除页面排版

④ 单击“窗口”—“绑定”命令，弹出“应用程序”对话框，如图 10–36 所示。

⑤ 单击“+”—“命令（预存过程）”命令，弹出“命令”对话框。在“名称”文本框中输入“rs”。在“连接”下拉列表中选择“conn”选项。在“类型”下拉列表中选择“删除”选项。“sql”文本框中输入“DELETE FROM tb_guest WHERE id=rsid”。在“变量”选项组中添加一条选项。在“名称”文本框中输入“rsid”。在“运行值”文本框中输入“request.querystring（“id”）”，如图 10–37 所示。

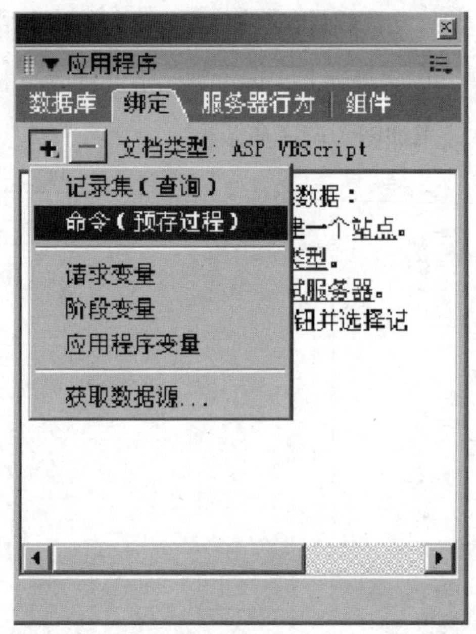

图 10–36　“应用程序”对话框（四）

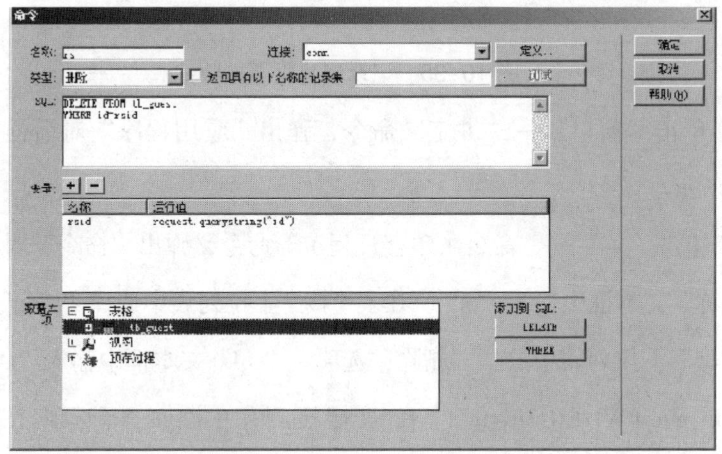

图 10–37　“命令”对话框

⑥ 单击“窗口”—“服务器行为”命令，弹出“应用程序”窗口，如图 10–38 所示。

⑦ 单击 Dreamweaver“插入”工具栏中“HTML”—“文件头：刷新”命令，在弹出的“刷新”对话框中“延迟”文本框中输入“2”。在“操作”选项组中选中“转到 URL：”选项，并在其对应的文本框中输入“list.asp”，如图 10-39 所示。

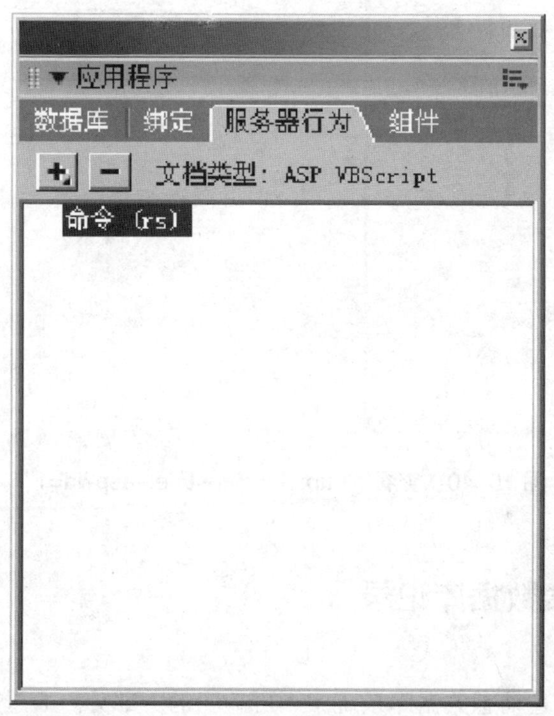

图 10-38　“应用程序”窗口（五）

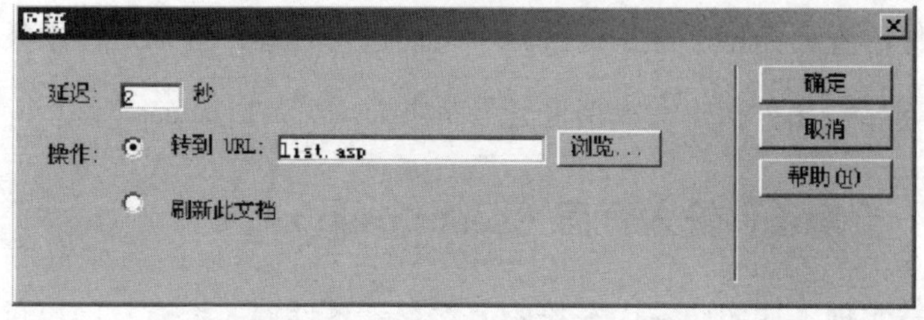

图 10-39　“刷新”对话框（三）

启动 Internet Explorer，在地址栏中输入“http://localhost/del.asp?id=1”。

“id”后面的参数值必须是数据库表中所存在的记录编号，如图 10-40 所示。

图 10-40　查看“http://localhost/del-asp?id=1”

10.5　检索数据库记录

检索功能是动态数据库系统中不可缺少的一部分。通过检索，方便用户迅速找到所需要的数据。本节实现留言检索功能，对数据库中的记录进行按条件的查询和排序也是通过两个页面进行处理，分别是检索条件输入页面（search.asp）和检索成功信息显示页面（search_ok.asp）。

10.5.1　检索条件输入页面（search.asp）

本节实现了按照留言内容检索。在检索条件输入页面，用户只需要输入检索关键词，就可以开始查找。页面设计如下所示。

① 打开 Dreamweaver 的设计界面。单击“文件”—“新建”命令，新建一个名为“search.asp”的标准 ASP 文件。

② 单击 Dreamweaver“插入”工具栏中“常用”—“表格”命令。在弹出的“表格”对话框中进行相应设置，在“文档”窗口中插入了一些表格用于定位。

③ 根据实际情况，可以对特定的单元格进行宽度和背景图片的指定，来修饰表格的外观。在此基础上，再对单元格进行适当的排版，录入相应的文字信息，具体效果如图 10-41 所示。

图 10-41　检索条件输入页面排版

④ 单击 Dreamweaver“插入”工具栏中“表单”—“表单”命令，在文档最前头插入表单。通过“标签选择器”选中该表单。在“属性”检查器中“表单名称”文本框中输入“frmdata”。在“动作”文本框中输入“search_ok.asp”。在“目标”下拉列表中选择“_self”选项，如图 10-42 所示。

图 10-42　表单“属性”检查器

⑤ 选中用于输入检索条件的文本框，在“属性”检查器中“文本域”文本框中输入“content”。在“字符宽度”文本框中输入“50”，如图 10-43 所示。

图 10-43　文本框“属性”检查器

10.5.2　检索成功信息显示页面（search_ok.asp）

用户提交关键词后，跳转到检索成功信息显示页面。该页面根据关键词进行查询，然后输出检索到的信息。该页面设计过程如下所示。

① 打开 Dreamweaver 的设计界面。单击“文件”—“新建”命令，新建一个名为“list.asp”的标准 ASP 文件。

② 单击 Dreamweaver“插入”工具栏中“常用”—“表格”命令。在弹出的“表格”对话框中进行相应设置，在“文档”窗口中插入了一些表格用于定位。

③ 根据实际情况，可以对特定的单元格进行宽度和背景图片的指定，来修饰表格的外观。在此基础上，再对单元格进行适当的排版，录入相应的文字信息，具体效果如图 10-44 所示。

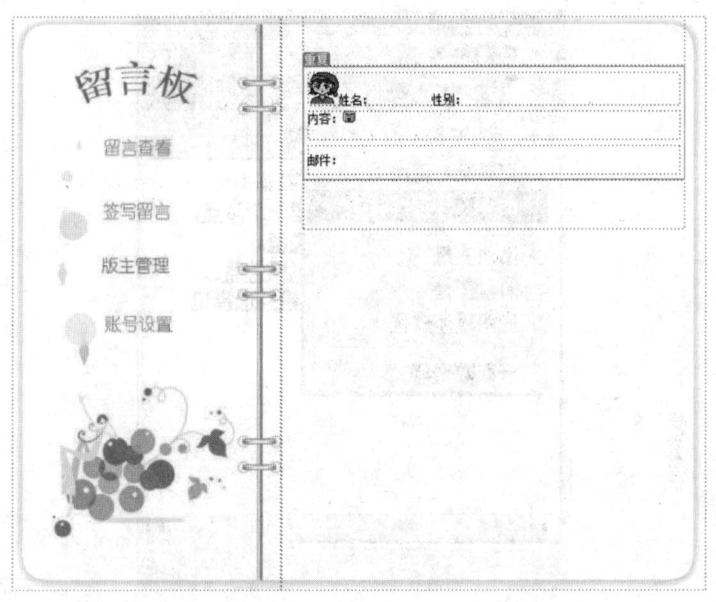

图 10-44　检索成功信息显示页面排版

④ 单击“窗口”—“绑定”命令，弹出“应用程序”对话框，如图 10-45 所示。

⑤ 单击“+”—“记录集（查询）”命令，弹出“记录集”对话框，点击“高级”按钮。在“名称”文本框中输入“rs”。在“连接”下拉列表中选择“conn”选项。在“sql”文本框中输入“SELECT * FROM tb_guest WHERE content like‘%rscontent%’”。在“参数”选项组中点击“+”号弹出“添加参数对话框”，在“名称”文本框中输入“rscontent”，在“类型”文本框中选“Text”，在“值”文本框中输入“request.querystring(“content”)”，在“默认值”文本框中输入“”，如图 10-46 所示。

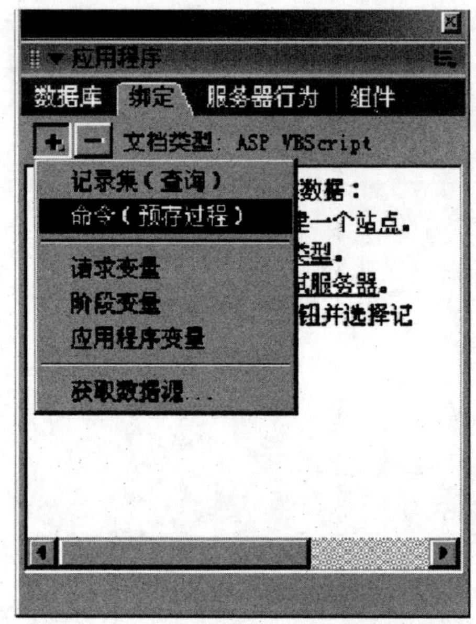

图 10–45 “应用程序”对话框(五)

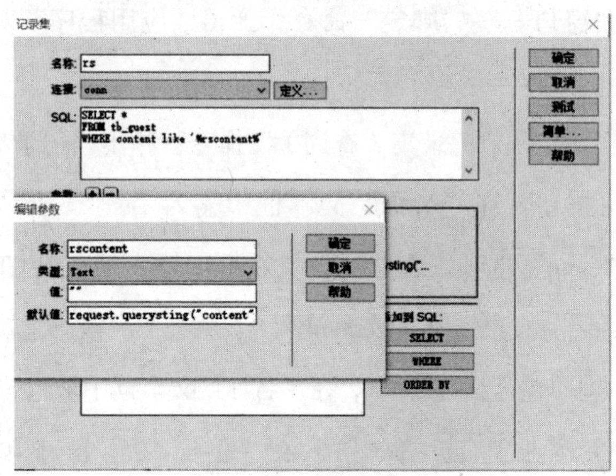

图 10–46 “记录集”对话框

⑥ 单击“确定”按钮，关闭对话框。单击“窗口”—“服务器行为”命令，弹出“应用程序”对话框，如图 10–47 所示。

⑦ 单击“窗口”—“绑定”命令，弹出“应用程序”对话框，如图 10–48 所示。

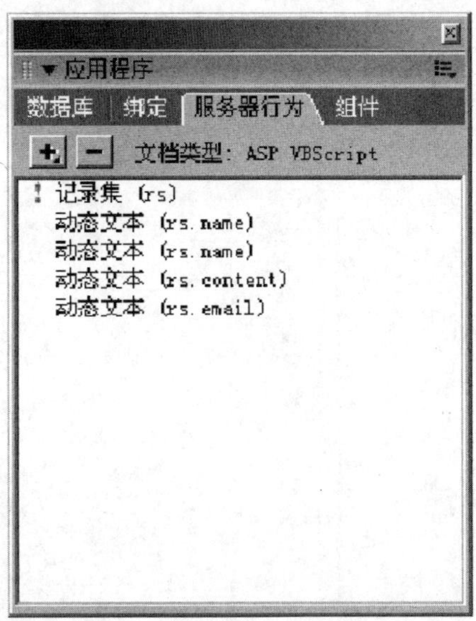

图 10-47　“应用程序”对话框（六）

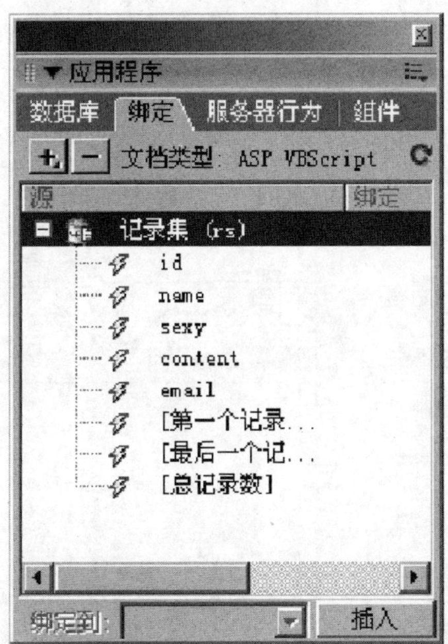

图 10-48　“应用程序”对话框（七）

⑧ 在显示“姓名”所对应的表格单元格中单击鼠标。在“应用程序”对话框中选中“记录集（rs）”—“name”选项。单击“插入”按钮，把“name”字段插入到单元格中，如图 10–49 所示。

图 10–49　插入记录集字段（四）

⑨ 用上述同样的方法，在各个字段对应的单元格中插入记录集字段。其中包括“姓名”“性别”“留言内容”“电子邮件”等，如图 10–50 所示。

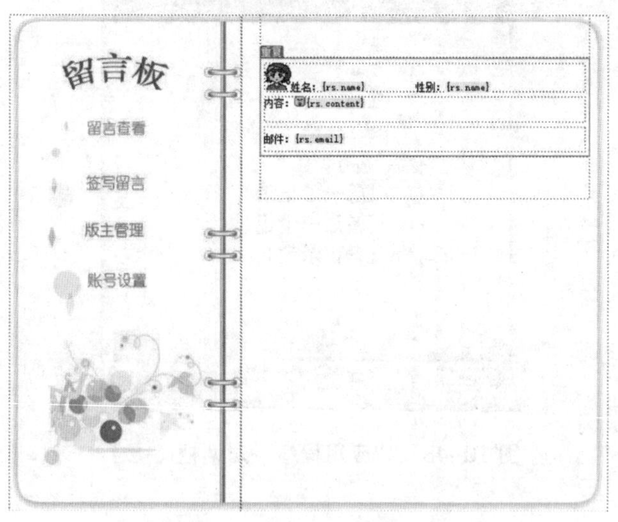

图 10–50　插入所有记录集字段（二）

⑩ 单击“窗口”—“服务器行为”命令，弹出“应用程序”对话框，如图 10–51 所示。

⑪ 通过“标签选择器”选中表格第二行用于显示数据的所有单元格，如图 10–52 所示。

⑫ 单击“+”—“重复区域”命令，弹出“重复区域”对话框。在“记录集”下拉列表中选择“rs”选项。在“显示”选项组中选中“所有记录”选项，如图 10–53 所示。

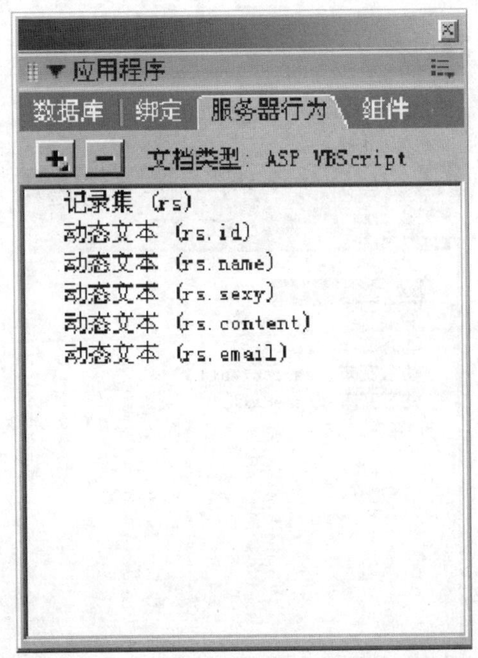

图 10–51　“应用程序”对话框（八）

图 10–52　“标签选择器”（二）

图 10-53　“重复区域”对话框(二)

⑬单击“确定”按钮,关闭对话框。单击“窗口”—“服务器行为”命令,弹出“应用程序”窗口,会看到其下拉列表中多了一项名为“重复区域(rs)”的选项，如图 10-54 所示。

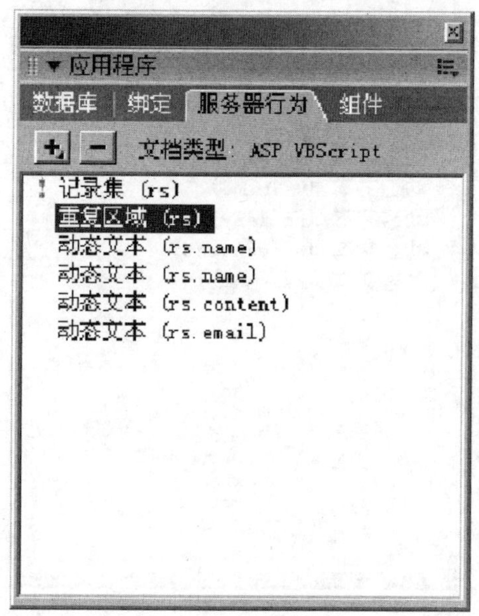

图 10-54　“应用程序”窗口(六)

10.5.3　测试检索功能

启动 Internet Explorer，在地址栏中输入“http://localhost/search.asp”。输入检索内容，如图 10-55 所示。

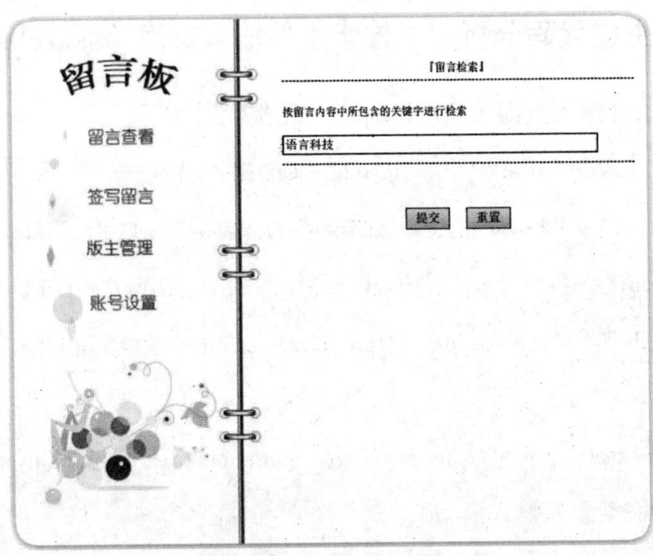

图 10-55　查看“http://localhost/search.asp”

单击“提交”按钮，转到 search_ok.asp 页面，显示所有检索结果的信息，如图 10-56 所示。

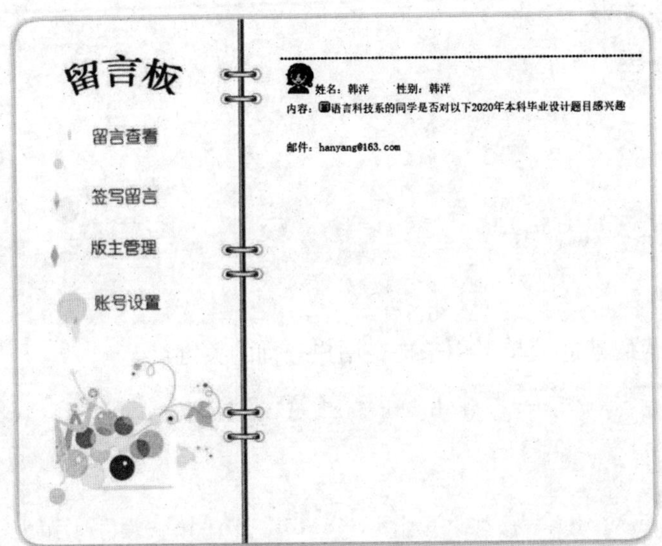

图 10-56　查看“http://localhost/search_ok.asp”

10.5.4 生成代码分析——检索条件输入页面（search.asp）

检索条件输入页面（search.asp），完整代码如下。

```
<%@LANGUAGE="VBSCRIPT" CODEPAGE="936"%>
<!DOCTYPE html PUBLIC "-//W3C//DTD XHTML 1.0 Transitional//EN" "http://www.w3.org/TR/xhtml1/DTD/xhtml1-transitional.dtd"> <html xmlns="http://www.w3.org/1999/xhtml">
<head>
<meta http-equiv="Content-Type" content="text/html; charset=gb2312" /> <title> 检索条件输入 </title>
<style type="text/css">
<!--
body, td, th {
font-family: 宋体;
font-size: 12px;
}
-->
</style></head>
<body>
```

以下代码建立表单，用来提交用户查询的关键词。

```
<form action="search_ok.asp" name="frmdata" target="_self" id="frmdata">
<table width="720" height="580" border="0" align="center" cellpadding="0" cellspacing="0" background="imgs/bg.jpg">
```

```
<tr>
<td valign="top"><table width="100%" border="0" cellspacing="0"
cellpadding="0">
<tr>
<td width="280"> </td>
<td height="580" align="center" valign="top"><table width="90%"
border="0" cellspacing="0" cellpadding="0">
<tr>
<td height="50"> </td>
</tr>
<tr>
<td><table width="100%" border="0" cellspacing="5" cellpadding="0">
<tr>
<td colspan="2" align="center">『留言检索』</td>
</tr>
<tr>
<td colspan="2" style="border-top: 1px dashed #000000;"> </td>
</tr>
<tr>
<td height="30" colspan="2">按留言内容中所包含的关键字进行检索
</td> </tr>
<tr>
<td height="30" colspan="2"><input name="content" type="text"
id="content" size="50" /></td> </tr>
```

```
<tr>
<td colspan="2" style="border-top: 1px dashed #000000;"> </td>
</tr>
<tr>
<td height="80" colspan="2" align="center"><input type="submit"
name="Submit" value=" 提交 "
/>
 
<input type="reset" name="Submit2" value=" 重置 " /></td> </tr>
</table></td>
</tr>
<tr>
<td height="50"> </td>
</tr>
</table></td>
</tr>
</table></td>
</tr>
</table>
</form>
</body>
</html>
```

10.5.5　生成代码分析——检索成功信息显示页面（search_ok.asp）

检索成功信息显示页面（search_ok.asp），完整代码如下。

```
<%@LANGUAGE="VBSCRIPT" CODEPAGE="936"%>
<!--#include file="Connections/conn.asp" --><!-- 包含数据库链接文件 -->
<%
Dim rs__rscontent                    '定义查询关键词变量
rs__rscontent =request.querystring（"content"）      '获取用户查询的关键词
%>
<%
Dim rs                               '定义记录集变量
Dim rs_numRows
Set rs = Server.CreateObject（"ADODB.Recordset"）'建立记录集对象
rs.ActiveConnection = MM_conn_STRING '指定数据库链接字符串
'指定执行的查询语句
rs.Source = "SELECT *     FROM tb_guest WHERE content like '%" + Replace（rs__rscontent，"'"，"''"） + "%'"
rs.CursorType = 0
rs.CursorLocation = 2
rs.LockType = 1
rs.Open（）                            '查询记录
```

```
rs_numRows = 0
%>
<%
Dim Repeat1__numRows                    '定义显示的行数变量
Dim Repeat1__index                      '定义行数变量
Repeat1__numRows = -1         '设置显示所有的记录
Repeat1__index = 0
rs_numRows = rs_numRows + Repeat1__numRows
%>
```

以下代码显示查询结果。

```
<!DOCTYPE html PUBLIC "-//W3C//DTD XHTML 1.0 Transitional//EN"
"http://www.w3.org/TR/xhtml1/DTD/xhtml1-transitional.dtd"> <html xmlns="http://www.w3.org/1999/xhtml"> <head>
<meta http-equiv="Content-Type" content="text/html; charset=gb2312" /> <title> 检索成功信息显示 </title>
<style type="text/css">
<!--
body，td，th {
font-family： 宋体 ;
font-size： 12px;
}
-->
</style>
```

```
</head>
<body>
<table width="720" height="580" border="0" align="center"
cellpadding="0" cellspacing="0" background="imgs/bg.jpg">
<tr>
<td valign="top"><table width="100%" border="0" cellspacing="0"
cellpadding="0"> <tr>
<td width="280"> </td>
<td height="580" align="center" valign="top"><table width="90%"
border="0" cellspacing="0" cellpadding="0">
<tr>
<td height="50"> </td>
</tr>
<%
```

以下代码循环输出查询出的记录。

```
While（（Repeat1__numRows <> 0） AND（NOT rs.EOF））
%>
<tr>
<td><table width="100%" border="0" cellspacing="5" cellpadding="0"
style="border-top：1px dashed #000000;">
<tr>
<td align="left"><img src="imgs/head.gif" width="32"
height="32" /> 姓 名 ：
<%=（rs.Fields.Item（"name"）.Value）%>    &
```

```
nbsp;   性      别      :
    <%= ( rs.Fields.Item ( "name" ) .Value ) %></td>
    </tr>
    <tr>
    <td height="30" align="left" valign="top"> 内  容 : <img src="imgs/
bq.gif" width="13" height="12" /><%= ( rs.Fields.Item ( "content" ) .
Value ) %></td>
    </tr>
    <tr>
    <td height="30" align="left"> 邮  件: <%= ( rs.Fields.Item ( "email" ) .
Value ) %></td> </tr>
    </table></td>
    </tr>
    <%
    Repeat1__index=Repeat1__index+1
    Repeat1__numRows=Repeat1__numRows-1
    rs.MoveNext ( )
    Wend
    %>
    <tr>
    <td height="50"> </td>
    </tr>
    </table></td>
    </tr>
```

```
</table></td>
</tr>
</table>
</body>
</html>
```

以下代码关闭记录集，并释放记录集对象。

```
<%
rs.Close（ ）
Set rs = Nothing
%>
```

第 11 章　新闻发布系统

一个可动态管理内容的网站的基础核心就是新闻发布系统（content manage system，CMS）。网站各类内容的新增发布和编辑等操作无不依赖于新闻发布系统来实现。新闻发布系统实现了对网站内容的有效化和合理化管理。因此，新闻发布系统是一个成型的网站不可或缺的组成部分。借助 Dreamweaver 的强大功能，设计一个新闻发布系统并不是件难事。

11.1　新闻信息库的设计

一个典型的新闻发布系统的数据库重点是其逻辑结构。在建模过程中，应尽量减少冗余数据，提高系统的可维护性。下面具体来介绍整个新闻发布数据库（Access 数据库）的设计流程。

① 单击“开始”—“程序”—“Microsoft Office”—“Microsoft Office Access 2003”命令，打开“Microsoft Access”窗口。

② 单击“新建文件”—“空数据库”命令，弹出“文件新建数据库”对话框。可以根据实际情况，保存到相应位置。并在“文件名”文本框中

输入数据库文件名，例如“news.mdb”，如图 11-1 所示。

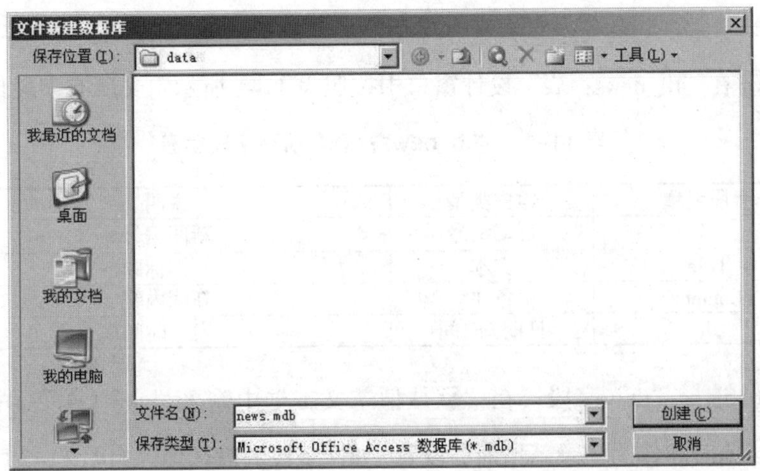

图 11-1　“文件新建数据库”对话框

③ 单击“创建”按钮，弹出“news：数据库（Access 2000 文件格式）”窗口，如图 11-2 所示。

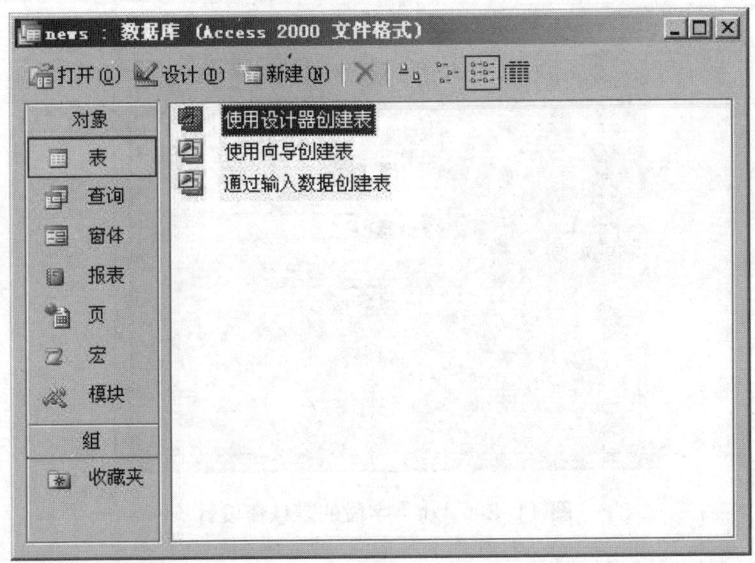

图 11-2　“news：数据库（Access 2000 文件格式）”窗口（一）

④ 单击“使用设计器创建表”按钮，弹出“表 1：表”设计窗口。单击“文件”—“保存”命令，对表进行重新命名，例如“tb_news”。

⑤ 在“tb_news：表”设计窗口中按照表 11-1 所示定义所有字段信息。

表 11-1　“tb_news：表”所有字段信息

字段名称	数据类型	说明
id	自动编号	新闻编号
Title	文本	新闻标题
Content	备注	新闻内容
dt	日期 / 时间	发布时间

⑥ 选择“dt”字段，在“默认值”文本框中输入“now ( )”。目的是把当前时间作为记录新增时，设置“dt”字段的默认值，如图 11-3 所示。

⑦ 右击“id”字段，选择“主键”命令，为表设置主键，如图 11-4 所示。

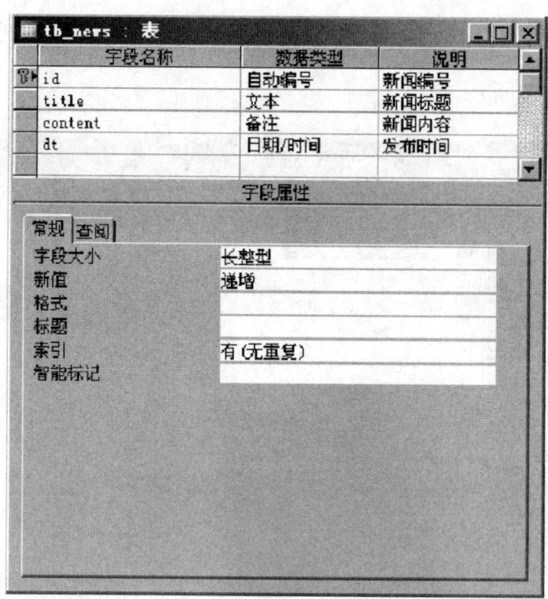

图 11-3　“dt”字段的默认值设置

图 11-4　为表设置主键

⑧ 单击窗口右上角的“关闭”按钮，系统会提示保存所做的修改。返回到“news: 数据库(Access 2000 文件格式)”窗口，会发现所设计的表“tb_news”已经存在，如图 11-5 所示。

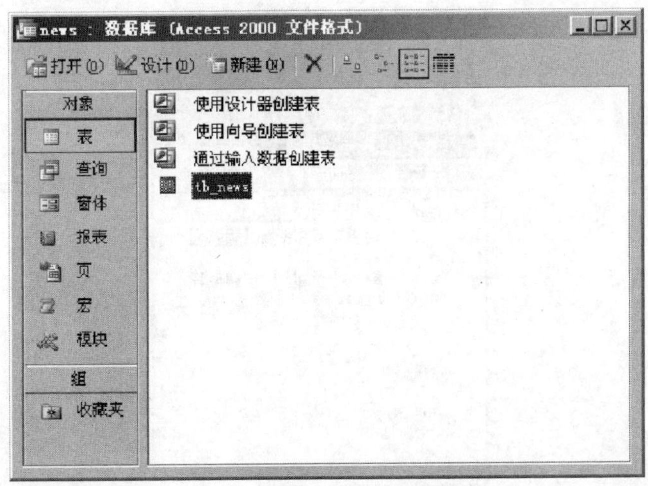

图 11-5　“news：数据库 (Access 2000 文件格式) ”窗口 (二)

⑨ 在实际操作中，可以双击打开“tb_news：表”记录管理窗口。在这个窗口中，可以选择录入、编辑或者删除一些记录信息，如图 11-6 所示。

tb_news : 表

id	title	content	dt
1	关于Dreamweaver乱码问题的解决方案	出现乱码，大致为两种情况：	2006-12-24 13:47:
2	web设计95%是排版	看到这个题目，第一感觉是耸人听闻。不管是95%或是更	2006-12-24 13:48:
3	AJAX基础教程	这篇文章将带您浏览整个AJAX的基本概貌，并展示两个简	2006-12-24 13:49:
(自动编号)			2006-12-24 13:50:

记录: 1 共有记录数: 3

图 11-6 “tb_news：表”记录管理窗口

⑩ 打开 Dreamweaver 的设计界面。单击“文件”—“新建”命令，新建一个标准 ASP 文件。

⑪ 单击“窗口”—“数据库”命令，弹出“应用程序”面板，如图 11-7 所示。

⑫ 单击“+”—“自定义连接字符串”命令，弹出“自定义连接字符串”对话框。在“连接名称”文本框中输入“conn”。在“连接字符串”文本框中输入“Driver={Microsoft Access Driver（*.mdb）};DBQ=i：\site\data\news.mdb”。选中“Dreamweaver 应连接”选项组下的“使用此计算机的驱动程序”选项，如图 11-8 所示。

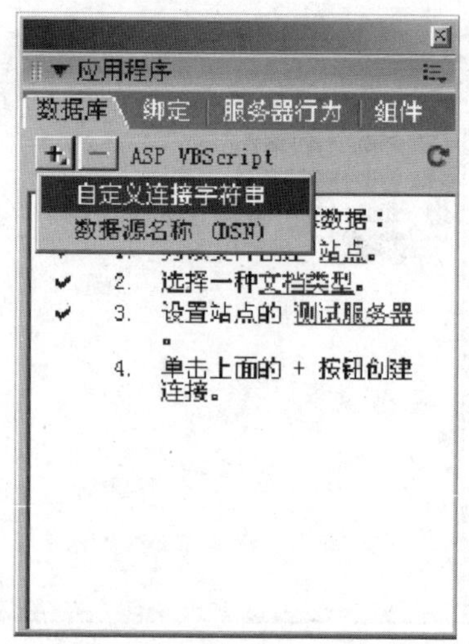

图 11-7 “应用程序”面板（一）

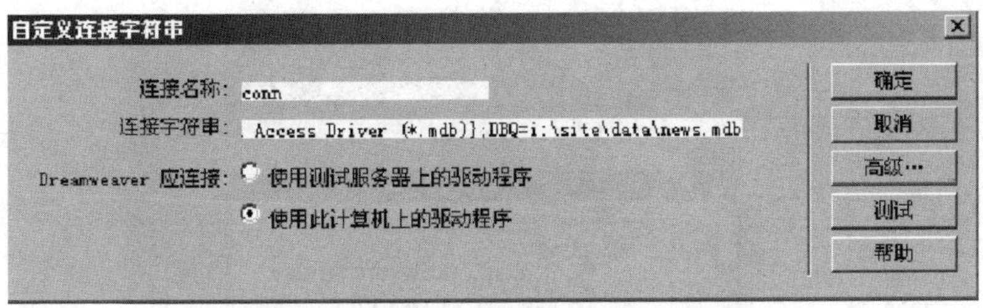

图 11–8　“自定义连接字符串”对话框

⑬ 单击“测试”按钮，如果连接创建成功，将弹出如图 11–9 所示的对话框。

图 11–9　连接创建成功提示

⑭ 单击“确定”按钮，关闭“自定义连接字符串”对话框。返回“应用程序”面板，向导将自动在其下拉列表中添加一条“conn”的列表选项，如图 11–10 所示。

⑮ 单击“窗口”—“文件”命令，弹出“文件”面板。看到在站点目录下会自动创建一个名为“Connections”的文件夹。在其下将会新增一个名为“conn.asp”的文件，如图 11–11 所示。

图 11–10 “应用程序”面板（二）

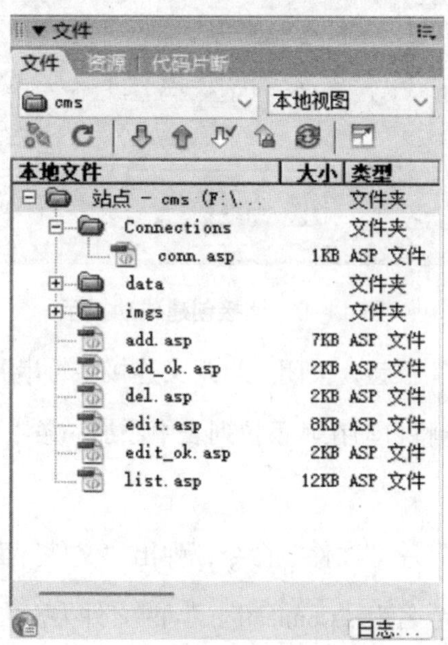

图 11–11 “文件”列表面板

11.2 新闻分页列表的实现

新闻分页列表页面以分页的形式显示每个新闻信息。这样的形式，方

便访问者获取信息。本节讲解如何构建一个新闻分页列表页面。

11.2.1　新闻分页列表页面设计

新闻分页列表页面查询所有的新闻信息，并按照分页，显示当前分页的新闻信息。该页面设计过程如下所示。

① 打开 Dreamweaver 的设计界面。单击“文件”—“新建”命令，新建一个名为“list.asp”的 ASP 文件。

② 单击 Dreamweaver“插入”工具栏中“常用”—“表格”命令。在弹出的“表格”对话框中进行相应设置，在“文档”窗口中插入了一些表格用于定位。

③ 根据实际情况，可以对特定的单元格进行宽度和背景图片的指定，修饰表格的外观。在此基础上，再对单元格进行适当的排版，录入相应的文字信息，具体效果如图 11–12 所示。

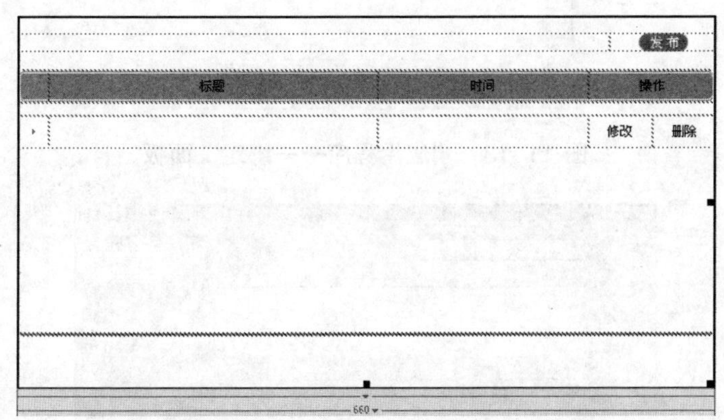

图 11–12　新闻发布系统分页列表页面排版

④ 单击“窗口”—“绑定”命令，弹出“应用程序”面板，如图 11–13 所示。

⑤ 单击“+”—“记录集（查询）”命令，弹出“记录集”对话框。

在“名称”文本框中输入“rs”。在“连接”下拉列表中选择“conn”选项。在“表格”下拉列表中选择“tb_news”选项。然后单击在其右侧的“select”按钮。Dreamweave 将会自动在“SQL”文本框中输入“SELECT * FROM tb_news”，如图 11-14 所示。

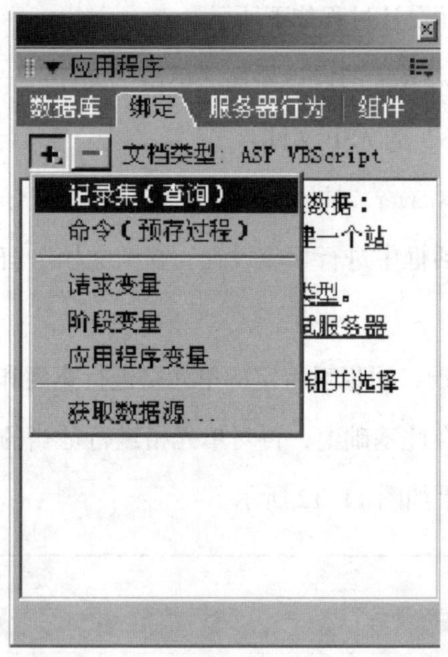

图 11-13 “应用程序——绑定”面板

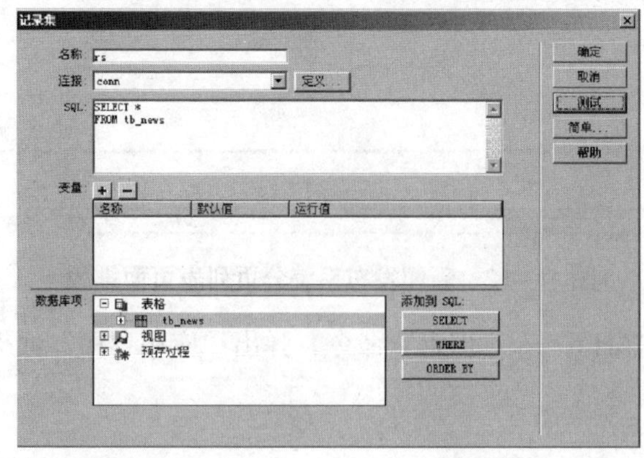

图 11-14 “记录集”对话框（一）

⑥ 单击“测试”按钮，如果记录集创建成功，将弹出如图 11–15 所示的对话框。

⑦ 单击“确定”按钮，关闭“记录集”对话框。返回“应用程序”面板，向导将自动在其下拉列表中添加一条“rs”的列表选项，如图 11–16 所示。

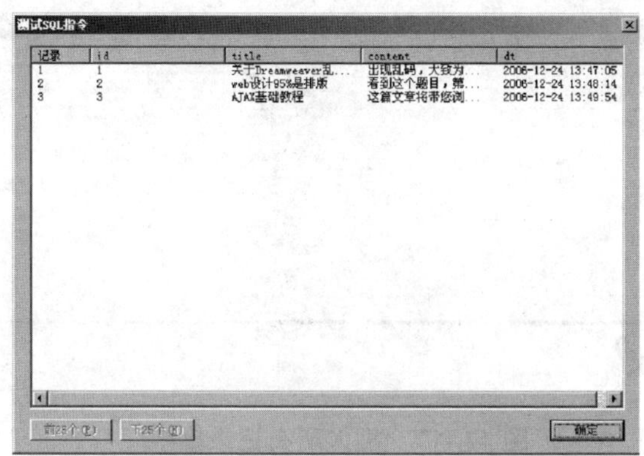

图 11–15　记录集创建测试

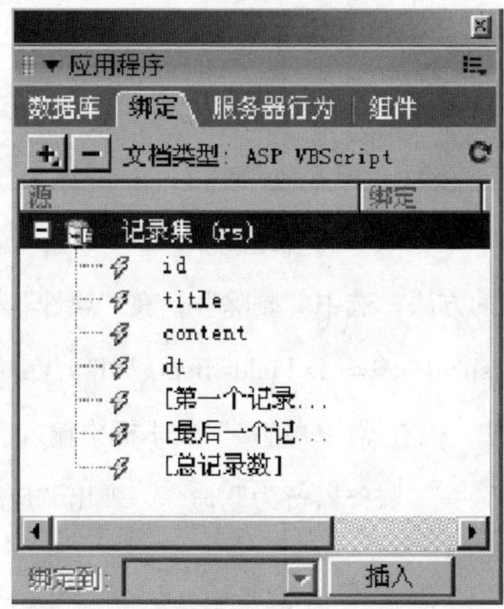

图 11–16　“应用程序”面板（三）

⑧ 在显示“标题”所对应的表格单元格中单击鼠标。在“应用程序”

面板中选中“记录集（rs）”—“title”选项。单击“插入”按钮，把“title”字段插入到单元格中。用上述同样的方法，在“时间”所对应的单元格中插入记录集字段，如图 11–17 所示。

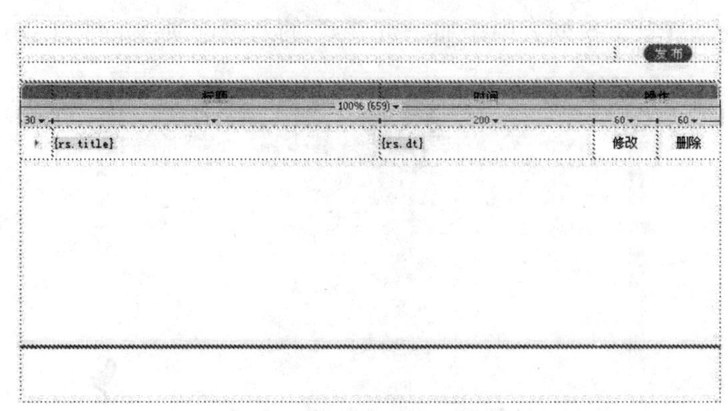

图 11–17　插入所有记录集字段

⑨ 选中“修改”，在“属性”检查器中“ 链 接 ”文本框中输入“edit.asp? id =<%=（rs.Fields.Item（"id"）.Value）%>”，如图 11–18 所示。

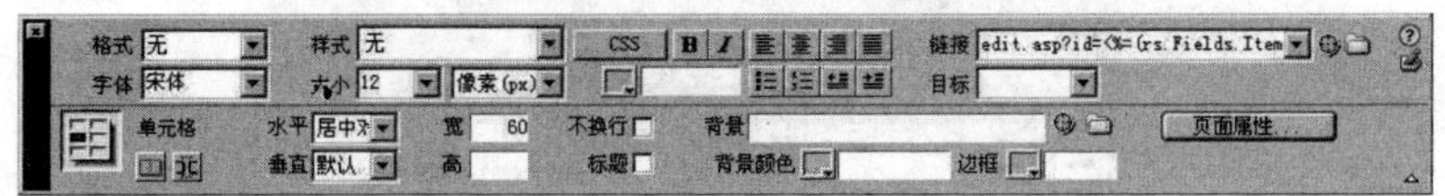

图 11–18　“属性”检查器（一）

⑩ 用上述同样的方法，选中“删除”，在“属性”检查器中“链接”文本框中输入“del.asp?id=<%=(rs.Fields.Item("id").Value)%>”。选中“发布”按钮，在“属性”检查器中“链接”文本框中输入“add.asp”。

⑪ 单击“窗口”—“服务器行为”命令，弹出“应用程序”面板，如图 11–19 所示。

⑫ 直接通过鼠标或者借助“标签选择器”选中表格内用于显示数据的所有单元格，如图 11–20 所示。

⑬ 单击“+”—“重复区域”命令，弹出“重复区域”对话框。在“记

录集”下拉列表中选择“rs”选项。在“显示”选项组文本框中输入“2”，如图 11-21 所示。

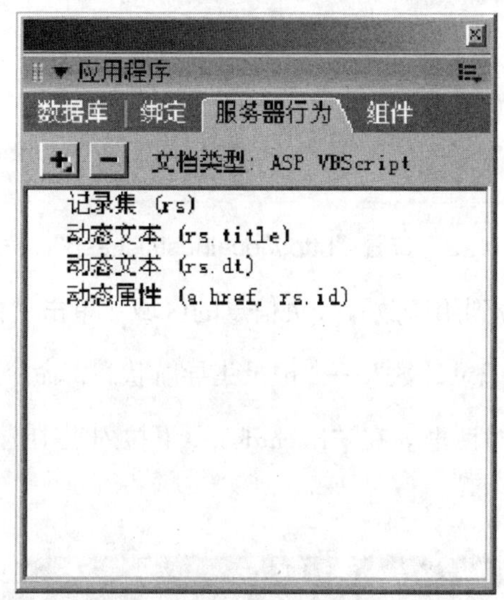

图 11-19　“应用程序”面板（四）

图 11-20　“标签选择器”（一）

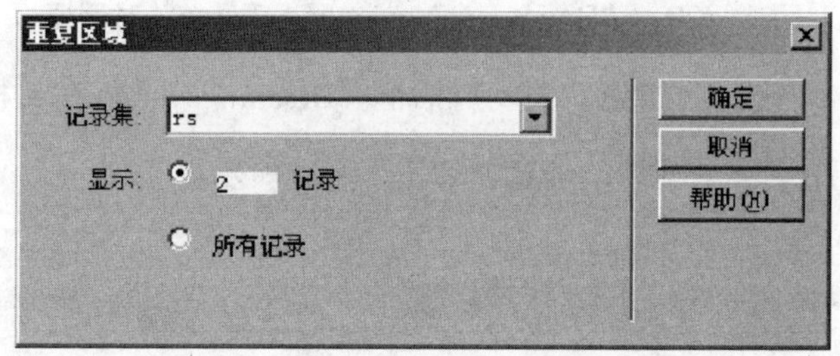

图 11-21　“重复区域”对话框

⑭ 单击“确定”按钮，关闭对话框。启动 Internet Explorer，在地址栏中输入“http://localhost/list.asp”，可以看到如图 11-22 所示的效果。

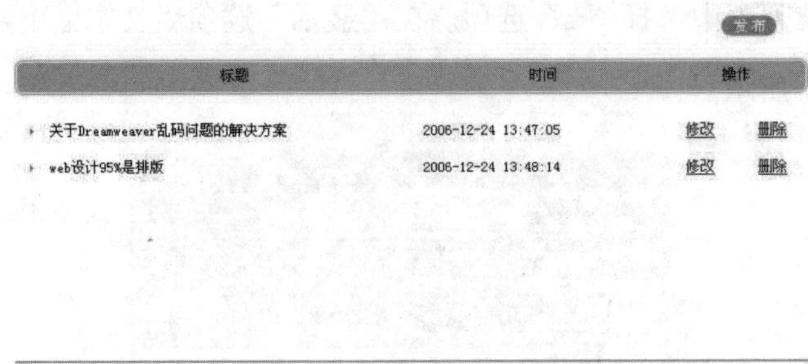

图 11–22　查看“http://localhost/list.asp”（一）

⑮ 把鼠标定位到用于放置分页信息的区域。单击“插入”—“应用程序对象”—“显示记录计数”—“记录集导航状态”命令，弹出“Recordset Navigation States”对话框。在“Recordset”下拉列表中选择“rs”选项，如图 11–23 所示。

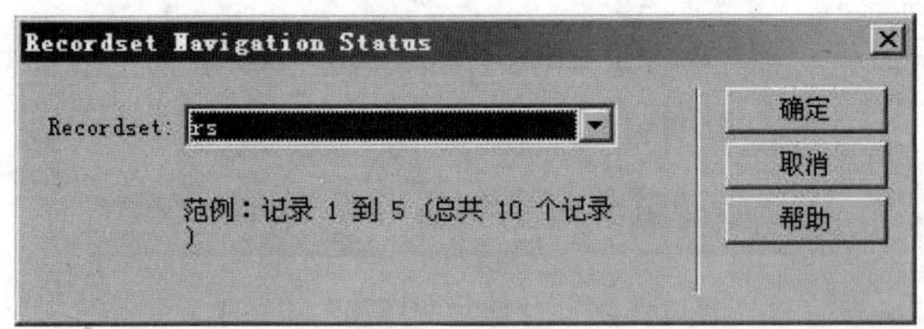

图 11–23　“Recordset Navigation States”对话框

⑯ 单击“确定”按钮，关闭对话框。Dreamweaver 将在文档窗口中自动插入一排用于记录统计的信息，如图 11–24 所示。

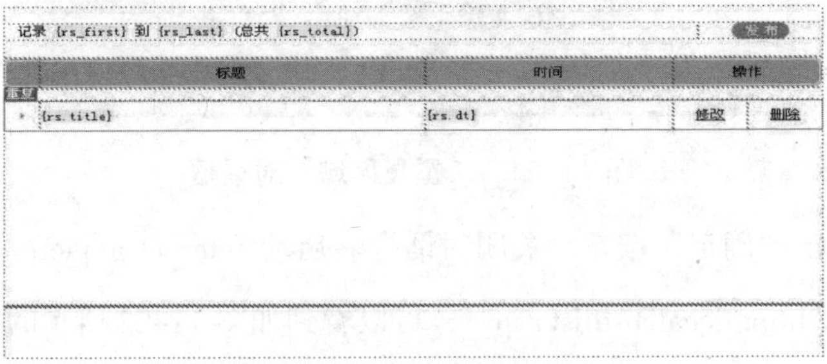

图 11–24　插入记录集导航状态

⑰ 把鼠标定位到用于放置分页控制的按钮区域。单击“插入”—“应用程序对象”—“记录集分页”—“记录集导航条”命令，弹出“记录集导航条”对话框。在“记录集”下拉列表中选择“rs”选项。在“显示方式”选项组中选中“文本”选项，如图 11–25 所示。

图 11–25　“记录集导航条”对话框

⑱ 单击“确定”按钮，关闭对话框。Dreamweaver 将在文档窗口中自动插入一排用于翻页控制的导航条，如图 11–26 所示。

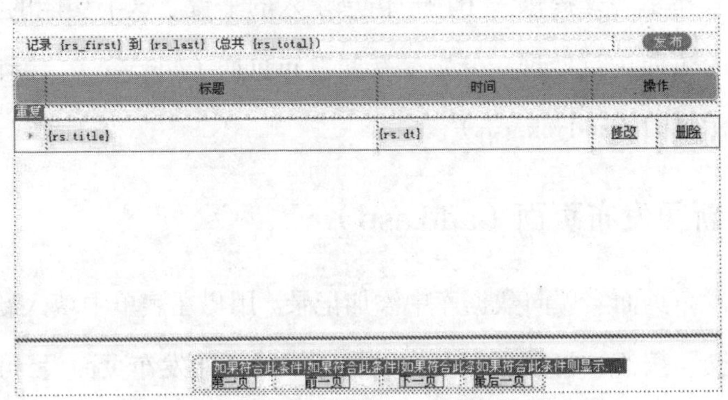

图 11–26　插入记录集导航条

11.2.2　测试分页显示功能

启动 Internet Explorer，在地址栏中输入“http://localhost/list.asp”，可以看到如图 11–27 所示的效果。

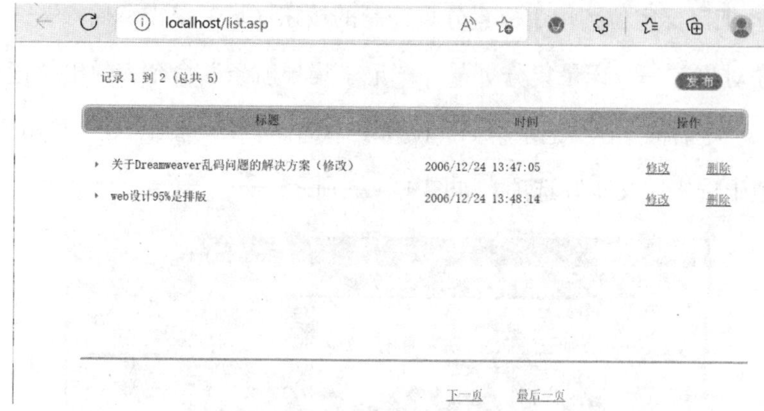

图 11-27　查看“http://localhost/list.asp”（二）

11.3　新闻发布功能的实现

新闻发布主要是提供一个用户信息录入的平台。这个功能的实现，可以通过 2 个页面进行处理，分别是新闻发布页面（add.asp）、新闻发布成功信息提示页面（add_ok.asp）。

11.3.1　新闻发布页面（add.asp）

新闻发布页面实现向数据库中添加记录。用户在表单中填入新闻信息，单击“提交”按钮，将数据保存在数据库中。新闻发布页面设计过程如下所示。

① 打开 Dreamweaver 的设计界面。单击“文件”—“新建”命令，新建一个名为“add.asp”的标准 ASP 文件。

② 单击 Dreamweaver“插入”工具栏中“常用”—“表格”命令。在弹出的“表格”对话框中进行相应设置，在“文档”窗口中插入了一些表格用于定位。

③ 根据实际情况，可以对特定的单元格进行宽度和背景图片的指定，来修饰表格的外观。在此基础上，再对单元格进行适当的排版，录入相应的文字信息，具体效果如图 11–28 所示。

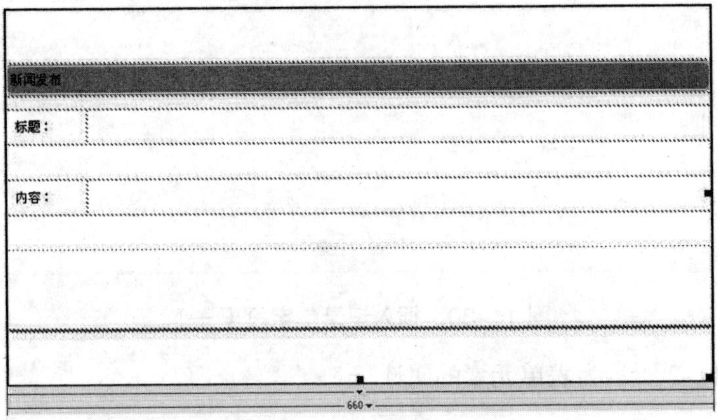

图 11–28　新闻发布页面排版

④ 单击 Dreamweaver“插入”工具栏中“表单”—“表单”命令，在文档最前头插入表单。通过“标签选择器”选中该表单。在“属性”检查器中“表单名称”文本框中输入“frmdata”。在“目标”下拉列表中选择“_self”选项，如图 11–29 所示。

图 11–29　“属性”检查器（二）

⑤ 根据上面的表格布局，插入各项对应的表单元素，包括文本字段、按钮等，如图 11–30 所示。

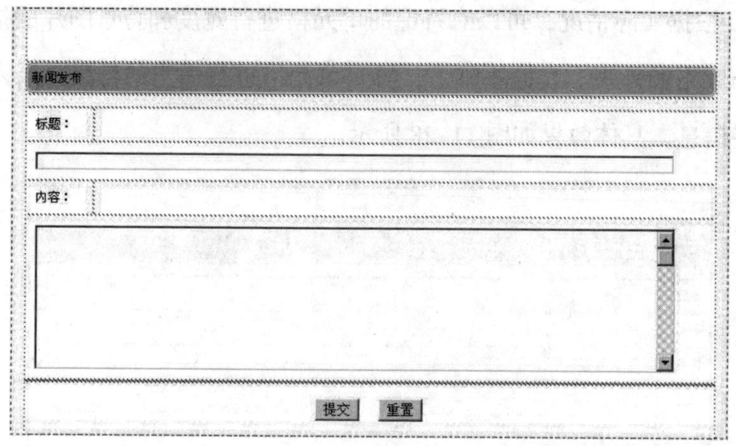

图 11-30　插入记录集字段（一）

表 11-2 所示为表单元素的属性。

表 11-2　表单元素的属性

对应标签名	表单元素 id
标题	title
内容	content

⑥ 通过“标签选择器”选中“frmdata”表单，如图 11-31 所示。

图 11-31　“标签选择器”（二）

⑦ 单击“窗口”—“行为”命令，弹出“标签 <form>”面板，如图 11-32 所示。

⑧ 单击“+”—“检查表单”命令，弹出“检查表单”对话框。在“命名的栏位”列表中分别选择不同的栏位，选中其对应的“值”选项组下的“必需的”选项，如图 11-33 所示。

图 11–32　“标签 <form>”面板（一）

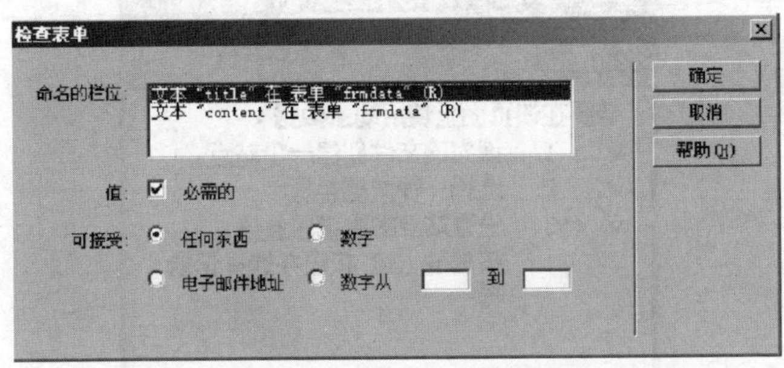

图 11–33　“检查表单”对话框（一）

⑨ 单击“确定”按钮，关闭“检查表单”对话框。返回“标签 <form>”面板，向导将自动在其下拉列表中添加一条在“onSubmit”事件时发生的行为“检查表单”的列表选项，如图 11–34 所示。

⑩ 单击“窗口”—“服务器行为”命令，弹出“应用程序”面板，如图 11–35 所示。

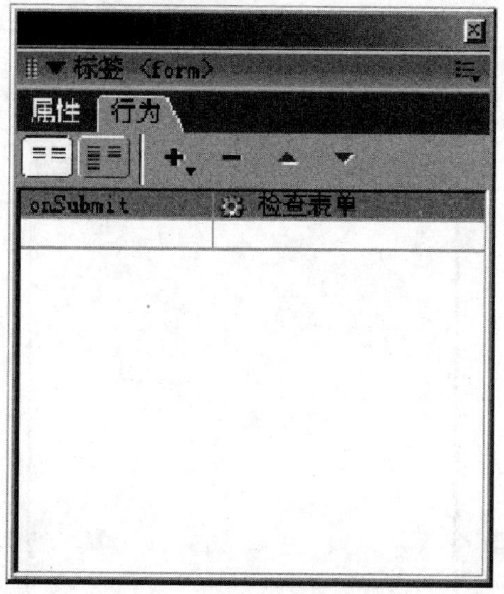

图 11-34 “检查表单”行为（一）

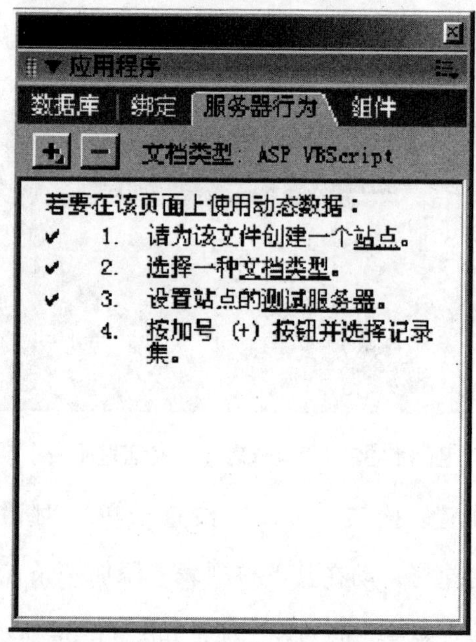

图 11-35 “应用程序”面板（五）

⑪ 单击“+”—“插入记录”命令，弹出“插入记录”对话框。在“连

接”下拉列表中选择“conn”选项。在“插入到表格”下拉列表中选择“tb_news”选项。在“插入后，转到”文本框中输入“add_ok.asp”。在“获取值自”下拉列表中选择“frmdata”选项，如图 11–36 所示。

⑫ 单击“确定”按钮，关闭“记录集”对话框。返回“应用程序”面板，向导将自动在其下拉列表中添加一条“插入记录（表单“frmdata”）”的列表选项，如图 11–37 所示。

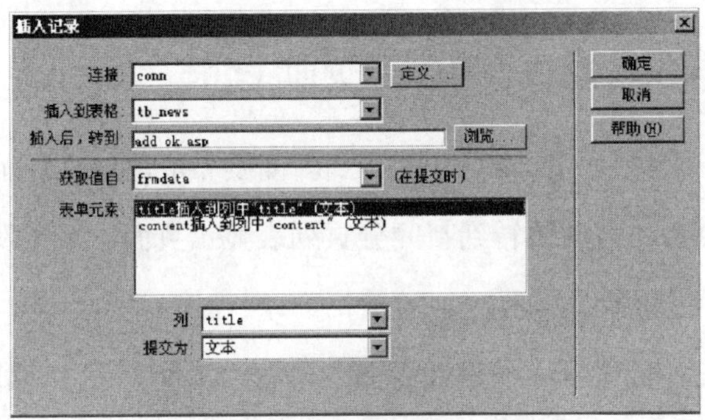

图 11–36　“插入记录”对话框

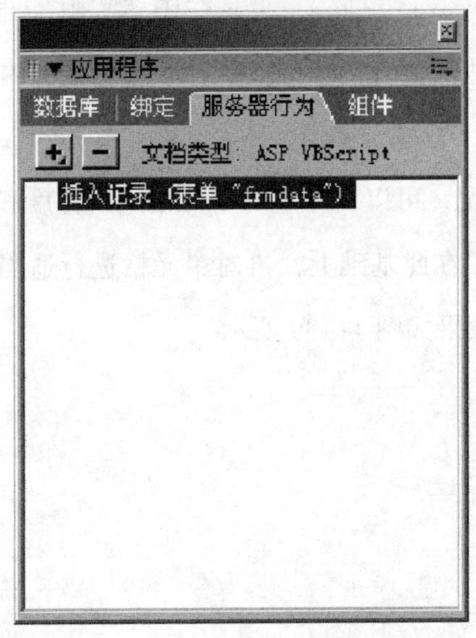

图 11–37　“应用程序”面板（六）

⑬ 通过标签“标签选择器”选中该表单(frmdata)。在“属性”检查器中,在“动作”文本框中会看到系统自动写入“<%=MM_editAction%>”的值,如图 11-38 所示。

图 11-38 “属性”检查器(三)

11.3.2 新闻发布成功信息提示页面(add_ok.asp)

新闻发布成功后,页面自动跳转到新闻发布成功信息提示页面。在该页面停留 2 秒后,自动跳转到新闻分页列表显示页面。新闻发布成功信息提示页面设计过程如下所示。

① 打开 Dreamweaver 的设计界面。单击“文件”—“新建”命令,新建一个名为“add_ok.asp”的标准 ASP 文件。

② 单击 Dreamweaver“插入”工具栏中“常用”—“表格”命令。在弹出的“表格”对话框中进行相应设置,在“文档”窗口中插入了一些表格用于定位。

③ 根据实际情况,可以对特定的单元格进行宽度和背景图片的指定,来修饰表格的外观。在此基础上,再对单元格进行适当的排版,录入相应的文字信息,具体效果如图 11-39 所示。

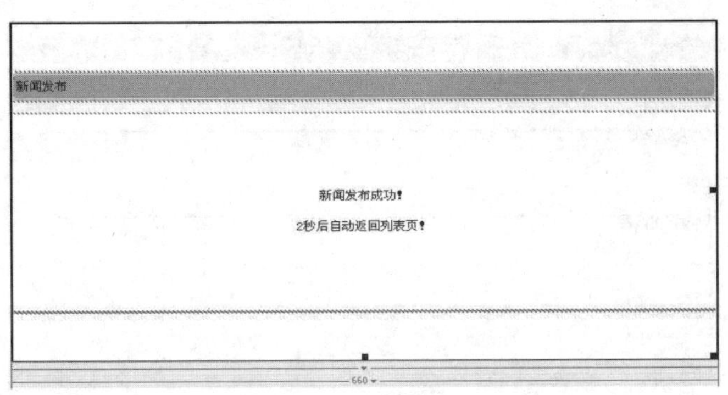

图 11-39　新闻发布成功信息提示页面排版

④ 单击 Dreamweaver“插入”工具栏中“HTML”—“文件头：刷新”命令。在弹出的“刷新”对话框中“延迟”文本框中输入“2”。在“操作”选项组中选中“转到 URL：”选项，并在其对应的文本框中输入“list.asp”，如图 11-40 所示。

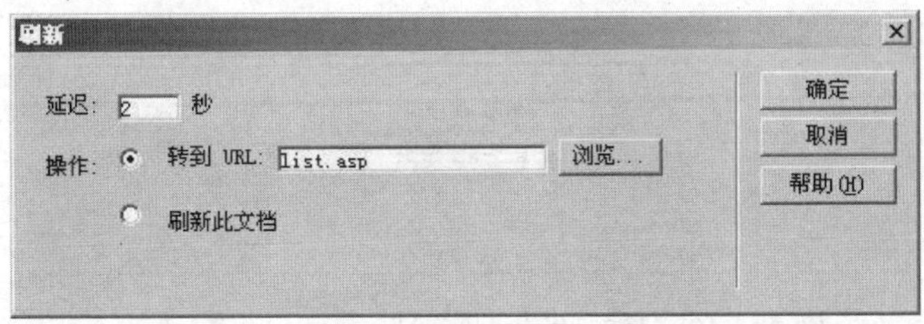

图 11-40　“刷新”对话框（一）

⑤ 单击“确定”按钮，关闭对话框。

11.3.3　测试新闻发布功能

启动 Internet Explorer，在地址栏中输入“http://localhost/add.asp”。输入用户注册信息，如图 11-41 所示。

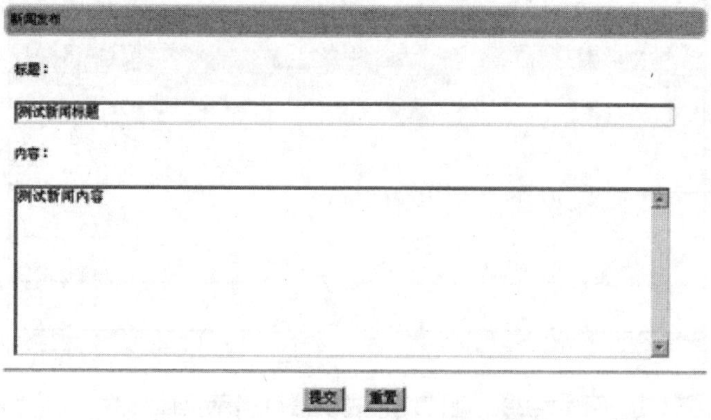

新闻发布
标题：
测试新闻标题
内容：
测试新闻内容
提交
重置

图 11-41　查看“http://localhost/add.asp”

单击“提交”按钮，新闻信息会自动录入到数据库，转到“add_ok.asp”页面，如图 11-42 所示。

新闻发布
新闻发布成功！
2秒后自动返回列表页！

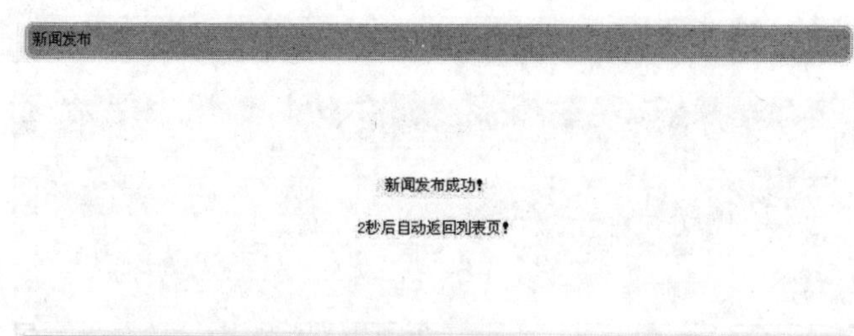

图 11-42　查看“http://localhost/add_ok.asp”

经过 2 秒的防恶意刷新处理，系统会自动转到“list.asp”页面，如图 11-43 所示。

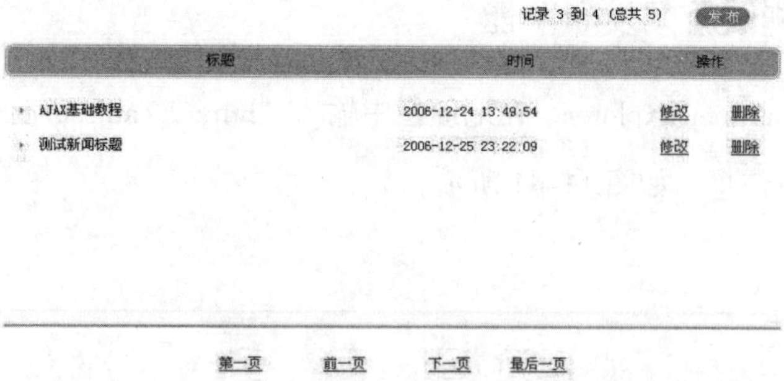

记录 3 到 4（总共 5）
发布
标题
时间
操作
AJAX基础教程
2006-12-24 13:49:54
修改
删除
测试新闻标题
2006-12-25 23:22:09
修改
删除
第一页
前一页
下一页
最后一页

图 11-43　查看“http://localhost/list.asp”（三）

11.4　新闻编辑功能的实现

要实现新闻信息修改功能，也就是根据链接参数中传递的新闻记录编号（id）来修改记录。这个功能通过两个页面进行处理，分别是新闻信息编辑页面（edit.asp）、编辑成功信息提示页面（edit_ok.asp）。

11.4.1　新闻信息编辑页面（edit.asp）

新闻页面根据 URL 传递的新闻编号读取数据，然后显示在表单中。当用户修改后，单击【提交】按钮，提交修改后的记录。新闻信息编辑页面设计如下所示。

① 打开 Dreamweaver 的设计界面。单击“文件”—“新建 " 命令，新建一个名为“edit.asp”的标准 ASP 文件。

② 单击 Dreamweaver“插入”工具栏中“常用”—“表格”命令。在弹出的“表格”对话框中进行相应设置，在“文档“窗口中插入了一些表格用于定位。

③ 根据实际情况，可以对特定的单元格进行宽度和背景图片的指定，来修饰表格的外观。在此基础上，再对单元格进行适当的排版，录入相应的文字信息，具体效果如图 11-44 所示。

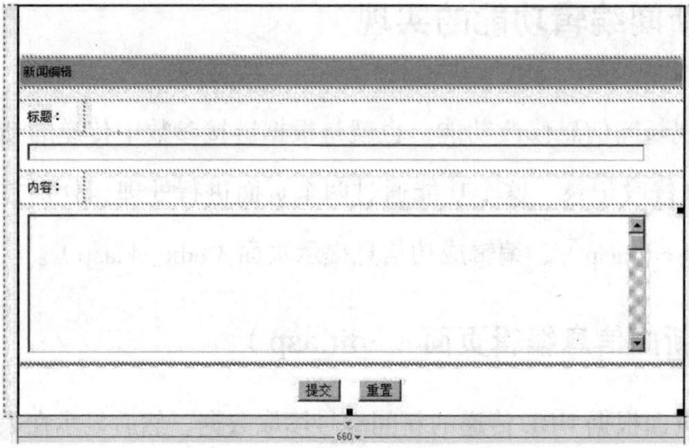

图 11-44　新闻信息编辑页面排版

④ 单击 Dreamweaver“插入”工具栏中“表单”—“表单”命令，在文档最前头插入表单。通过“标签选择器”选中该表单。在“属性”检查器中“表单名称”文本框中输入“frmdata”。在“目标”下拉列表中选择“_self”选项，如图 11-45 所示。

图 11-45　【属性】检查器（四）

⑤ 依照表 11-2 插入各项对应的表单元素。单击 Dreamweaver“插入”工具栏中“表单”—“隐藏域”命令。在表单（frmdata）内的任意位置插入一个隐藏域。在“属性”检查器中“表单名称”文本框中输入“id”。在“值”文本框中输入“<%=request（“id”）%>”，如图 11-46 所示。

图 11-46　“属性”检查器（五）

⑥ 单击“窗口”—“绑定”命令，弹出“应用程序”面板，如图 11-

47 所示。

⑦ 单击“+”—“记录集（查询）”命令，弹出“记录集”对话框，点击“高级”按钮。在“名称”文本框中输入“rs”。在“连接”下拉列表中选择“conn”选项。在“sql”文本框中输入“SELECT * FROM tb_news WHERE id=rsid”。在“参数”选项组中点击“+”号弹出“添加参数对话框”，在“名称”文本框中输入“rsid”，在“类型”文本框中选“Numeric”，在“值”文本框中输入“request.querystring（“id”）”，在“默认值”文本框中输入“1”，如图 11-47 所示。

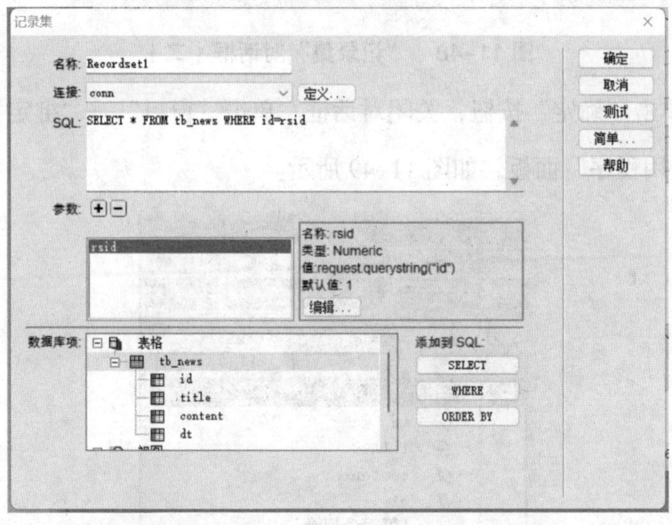

图 11-47　“应用程序”面板（七）

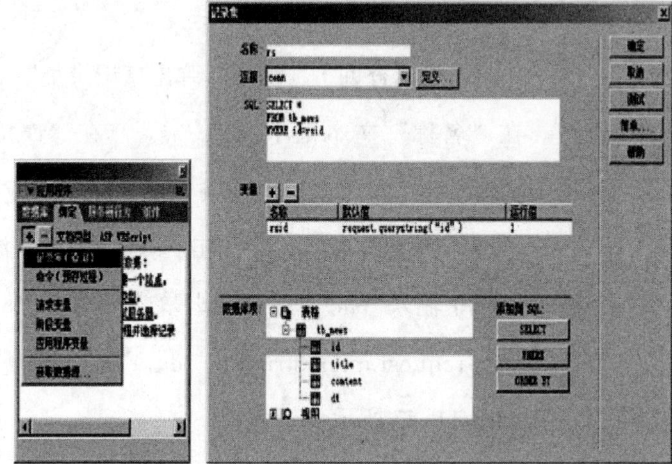

图 11-48　“记录集”对话框（二）

⑧ 单击“确定”按钮，关闭对话框。单击“窗口”—“绑定”命令，弹出“应用程序”面板，如图 11-49 所示。

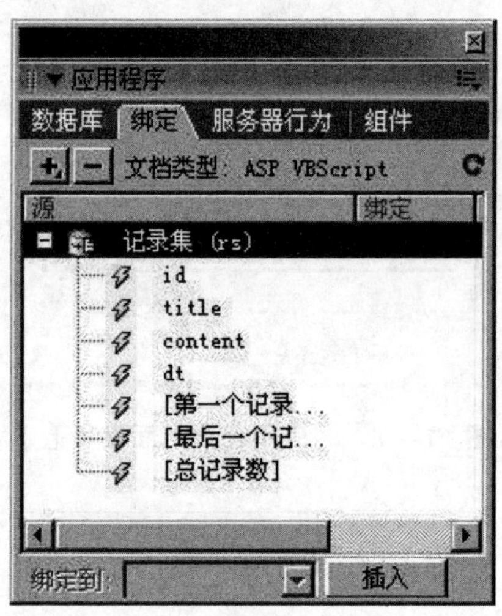

图 11-49　“应用程序”面板（八）

⑨ 在显示“标题”所对应的文本框中单击鼠标。在“应用程序”面板中选中“记录集（rs）”—“title”选项。单击“插入”按钮，把“title”

字段插入到文本框中。按照上面的做法，把“content”字段插入到“内容”所对应的文本框中，如图 11–50 所示。

图 11–50　插入记录集字段（二）

⑩ 单击“+”—“更新记录”命令，弹出“更新记录”对话框。在“连接”下拉列表中选择“conn”选项。在“要更新的表格”下拉列表中选中“tb_user”选项。在“在更新后，转到”文本框中输入“edit_ok.asp”。在“获取值自”下拉列表中选择“frmdata”选项。在“表单元素”列表框中分别设置“title 更新列“title”（文本）”以及“content 更新列“content”（文本）”，如图 11–51 所示。

⑪ 单击“确定”按钮，关闭“记录集”对话框。返回“应用程序”面板，向导将自动在其下拉列表中添加一条“更新记录（rs，表单“frmdata”）”的列表选项，如图 11–52 所示。

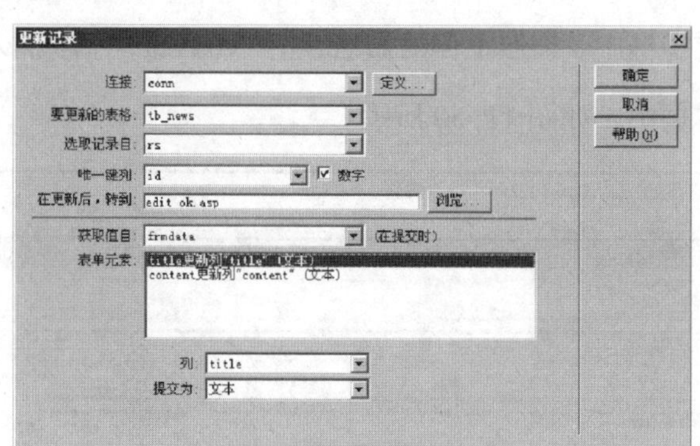

图 11–51　“更新记录”对话框

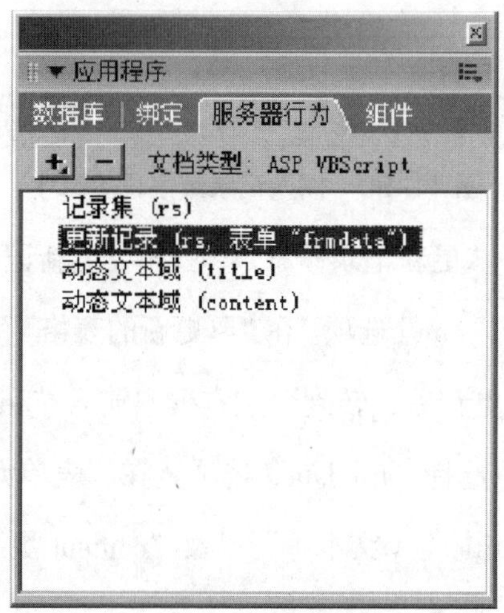

图 11–52　“应用程序”面板（九）

⑫ 通过标签“标签选择器”选中该表单（frmdata）。在“属性”检查器中，在“动作”文本框中会看到系统自动写入“<%=MM_editAction%>”的值，如图 11–53 所示。

图 11–53　“属性”检查器（六）

⑬ 单击“窗口”—“行为”命令，弹出“标签 <form>”面板，如图 11–54 所示。

⑭ 单击“+”—“检查表单”命令，弹出“检查表单”对话框。在“命名的栏位”列表中分别选择不同的栏位，选中其对应的“值”选项组下的“必需的”选项，如图 11–55 所示。

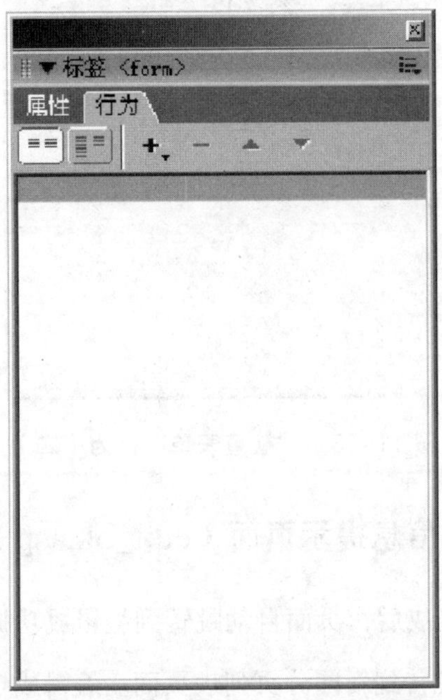

图 11–54　“标签 <form>”面板（二）

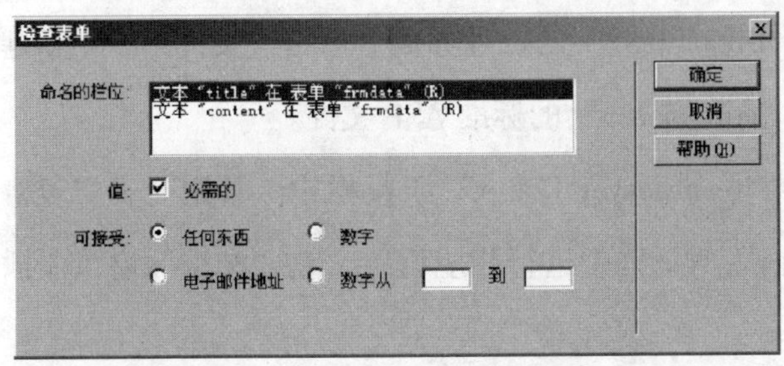

图 11–55　“检查表单”对话框（二）

⑮ 单击“确定”按钮，关闭“检查表单”对话框。返回“标签<form>”面板，向导将自动在其下拉列表中添加一条在“onSubmit”事件时发生的行为“检查表单”的列表选项，如图 11-56 所示。

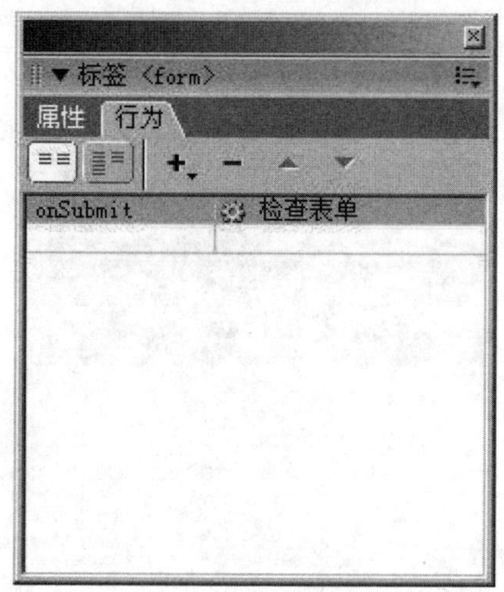

图 11-56 “检查表单”行为（二）

11.4.2 编辑成功信息提示页面（edit_ok.asp）

新闻信息修改完成后，页面自动跳转到编辑成功提示页面。在该页面停留 2 秒后，自动跳转到新闻分页列表页面。编辑成功信息提示页面设计过程如下所示。

① 打开 Dreamweaver 的设计界面。单击“文件”—“新建”命令，新建一个名为“edit_ok.asp”的标准 ASP 文件。

② 单击 Dreamweaver“插入”工具栏中“常用”—“表格”命令。在弹出的“表格”对话框中进行相应设置，在“文档”窗口中插入了一些表格用于定位。

③ 根据实际情况，可以对特定的单元格进行宽度和背景图片的指定，

来修饰表格的外观。在此基础上，再对单元格进行适当的排版，录入相应的文字信息，具体效果如图 11–57 所示。

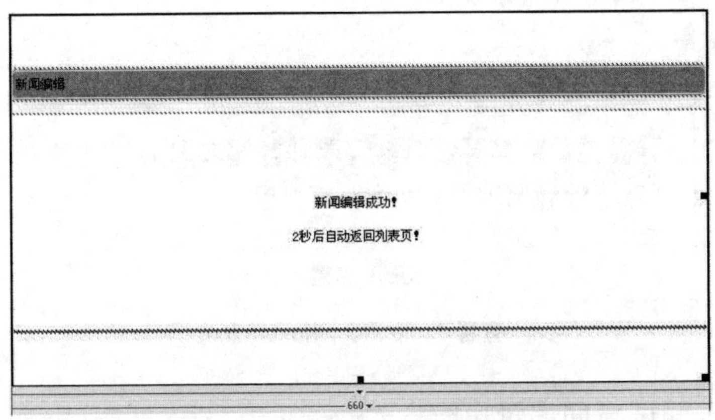

图 11–57　编辑成功信息提示页面排版

④ 单击 Dreamweaver “插入” 工具栏中 “HTML” — “文件头：刷新” 命令。在弹出的 “刷新” 对话框中 “延迟” 文本框中输入 “2” 。在 “操作” 选项组中选中 “转到 URL：” 选项，并在其对应的文本框中输入 “list.asp”，如图 11–58 所示。

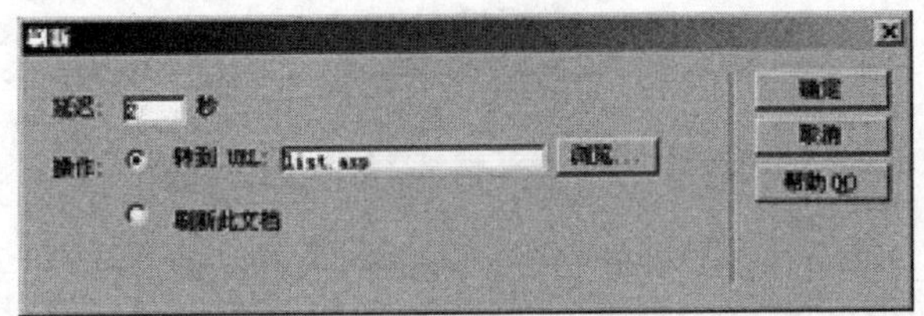

图 11–58　“刷新” 对话框（二）

启动 Internet Explorer，在地址栏中输入 “http://localhost/edit.asp?id=1” 。“id” 后面的参数值必须是数据库表中所存在的记录编号。输入用户资料，如图 11–59 所示。

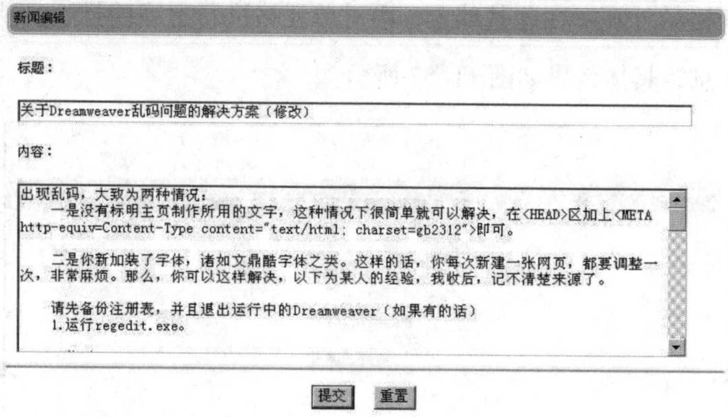

新闻编辑

标题：

关于Dreamweaver乱码问题的解决方案（修改）

内容：

出现乱码，大致为两种情况：
一是没有标明主页制作所用的文字，这种情况下很简单就可以解决，在<HEAD>区加上<META http-equiv=Content-Type content="text/html; charset=gb2312">即可。

二是你新加装了字体，诸如文鼎酷字体之类。这样的话，你每次新建一张网页，都要调整一次，非常麻烦。那么，你可以这样解决，以下为某人的经验，我收后，记不清楚来源了。

请先备份注册表，并且退出运行中的Dreamweaver（如果有的话）
1.运行regedit.exe。

提交　重置

图 11-59　查看“http://localhost/edit.asp?id=1”

11.4.3　测试新闻编辑功能

单击“提交”按钮，留言数据会自动录入到数据库，转到 edit_ok.asp 页面，如图 11-60 所示。

新闻编辑
新闻编辑成功！
2秒后自动返回列表页！

图 11-60　查看“http://localhost/edit_ok.asp”

经过 2 秒的防恶意刷新处理，系统会自动转到“list.asp”页面，如图 11-61 所示。

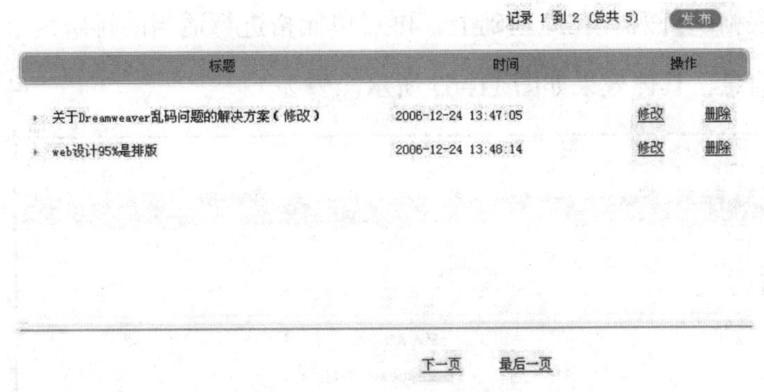

图 11-61　查看“http://localhost/list.asp”（四）

11.5　新闻清理功能

新闻清理功能可以帮助网站管理人员管理网站新闻，删除一些错误和过时的新闻，从而保证网站数据的有效性。本节讲解如何实现新闻清理功能。

11.5.1　新闻清理页面设计

新闻清理页面根据 URL 传递的 id 值，删除指定的新闻。删除后，停留 2 秒后，自动跳转到新闻分页列表显示页面。新闻清理页面设计过程如下所示。

① 打开 Dreamweaver 的设计界面。单击“文件”—“新建”命令，新建一个名为“del.asp”的标准 ASP 文件。

② 单击 Dreamweaver“插入”工具栏中“常用”—“表格”命令。在弹出的“表格”对话框中进行相应设置，在“文档”窗口中插入了一些表格用于定位。

③ 根据实际情况，可以对特定的单元格进行宽度和背景图片的指定，

来修饰表格的外观。在此基础上，再对单元格进行适当的排版，录入相应的文字信息，具体效果如图 11-62 所示。

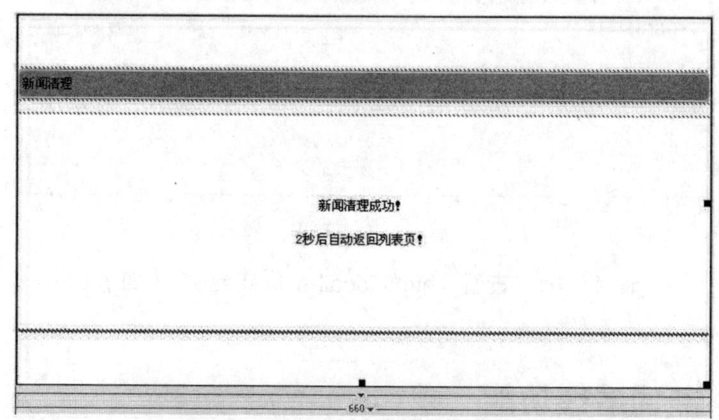
新闻清理
新闻清理成功！
2秒后自动返回列表页！
660

图 11-62　新闻清理页面排版

④ 单击“窗口”—“绑定”命令，弹出“应用程序”面板，如图 11-63 所示。

⑤ 单击“+”—“命令（预存过程）”命令，弹出“命令”对话框。在“名称”文本框中输入“rs”。在“连接”下拉列表中选择“conn”选项。在“类型”下拉列表中选择“删除”选项。在“SQL”文本框中输入“DELETE FROM tb_news WHERE id=rsid”。在“变量”选项组中添加一条选项。在“名称”文本框中输入“rsid”。在“运行值”文本框中输入“request.querystring（“id”）”，如图 11-64 所示。

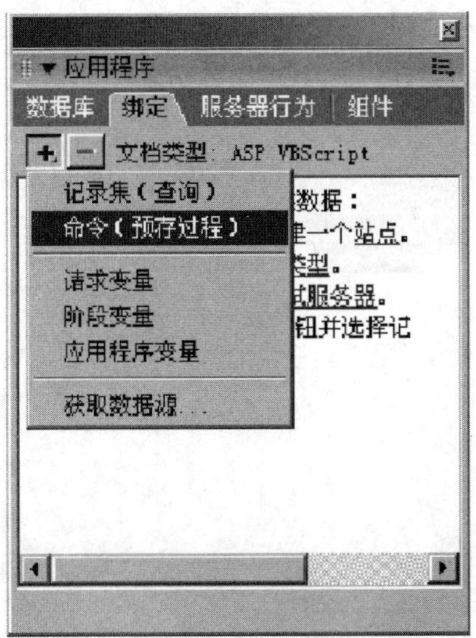

图 11-63　“应用程序”面板（十）

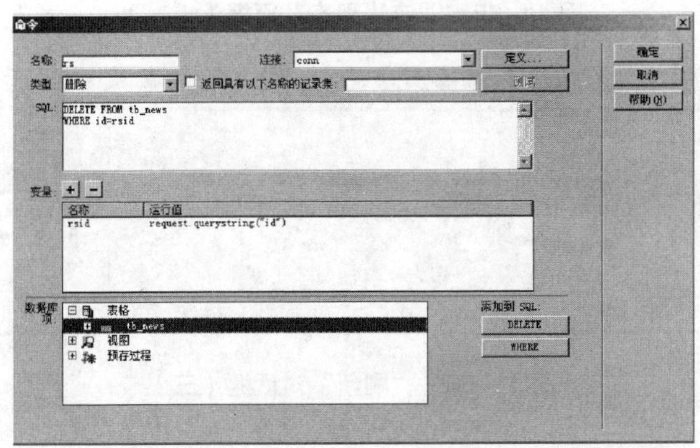

图 11-64　“命令”对话框

⑥ 单击“窗口”—“服务器行为”命令，弹出“应用程序”面板，如图 11-65 所示。

⑦ 单击 Dreamweaver“插入”工具栏中“HTML”—“文件头：刷新”命令。在弹出的“刷新”对话框中“延迟”文本框中输入“2”。在“操作”选项组中选中“转到 URL：”选项，并在其对应的文本框中输入“list.

asp”，如图 11-66 所示。

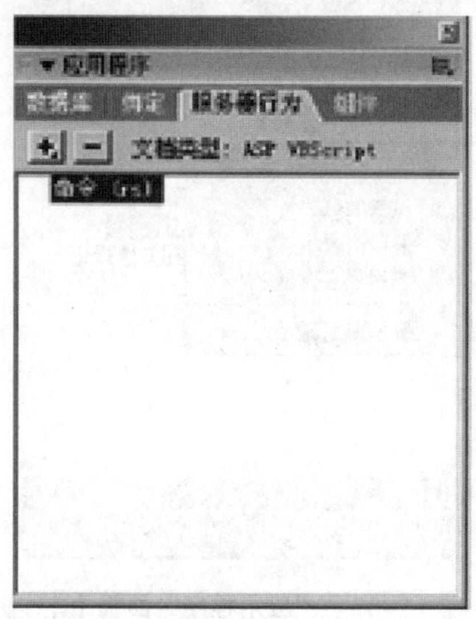

图 11-65 “应用程序”面板（十一）

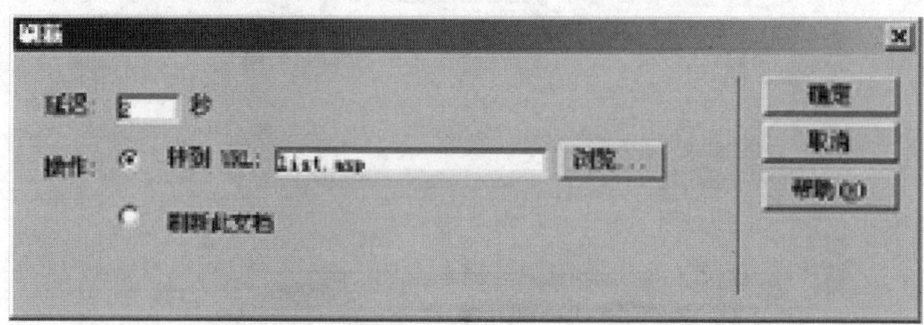

图 11-66 “刷新”对话框（三）

11.5.2 测试新闻清理功能

启动 Internet Explorer，在地址栏中输入“http://localhost/del.asp?id=1”。“id”后面的参数值必须是数据库表中所存在的记录编号，如图 11-67 所示。

新闻清理

新闻清理成功!

2秒后自动返回列表页!

图 11-67　查看“http://localhost/del.asp?id=1”

第 12 章　网站后台管理

12.1　网站后台简介

对于一家企业或单位来说，拥有一个完整的网站是很重要的事情。网站包括前端设计和后台的信息管理。简单来说，前端就是当我们打开一个网站的时候，肉眼所能看到的一切，而后台则是我们看不到的一个信息管理系统。前端地址就是我们网站的网址，比如南京师范大学的网址是 www.njnu.edu.cn。后台地址是网站管理员进入后台的网址，一般在前端地址基础上加上一些内容就会得到后台地址。比如校团委的网址后台地址：http://www.njnu.edu.cn/xtw/admin/admin_login.asp.

网站后台管理系统主要是用于对网站前台的信息管理，如文字、图片、影音和其他日常使用文件的发布、更新、删除等操作，同时也包括会员信息、订单信息、访客信息的统计和管理。简单来说就是对网站数据库和文件的快速操作，以使得前台内容能够得到及时更新和调整。鉴于网站后台管理系统功能的强大和便捷，其几乎用于所有的动态网站系统中，如

ASP、JSP、PHP 构建的网站中。后台管理系统的功能包括新闻发布、图片及其他文件上传、新闻定时发布和定时自动更新、内容采集、图片及影音文件加水印、新闻审核、新会员审核、邮件群发、域名绑定和解析……以及对上述所有信息的修改删除等操作。

根据不同的需求，网站后台管理系统有几种不同的分类方法。比如，根据应用层面的不同，可以被划分为：

① 重视后台管理的网站后台管理系统；

② 重视风格设计的网站后台管理系统；

③ 重视前台发布的网站后台管理系统。

网站后台管理系统开发者的出发点是为了让不熟悉网站的用户和各种网络编程语言用户可以通过简单的方式来开发个性化的网站。让不同的用户在懂得少许 HTML 语言的基础上，就能够快速构建一个风格个性化且功能强大的专业企业网站。

为何不在主页上添加到后台的链接呢？因为黑客入侵网站时一个重要环节就是定位后台地址，在主页上加上到后台的链接就会直接暴露后台地址，这是一个危险的行为。同样，在一台公用电脑上收藏一个到后台的链接也是不安全的。

12.2　常见网站后台管理系统

做网站最好使用现成的网站后台管理系统。如果全新开发一套高性能的网站后台管理系统，需要花费大量的时间和精力，而现成的网站后台管理系统根据市场的需求开发，操作简单、灵活、性能高，而且内置高性能的搜索引擎推广（SEO）技术，可以为企业带来新的网络业务途径，自身具有强大、完备的网站后台管理功能，操作简单。成熟的网站后台管理系统前台的栏目、菜单、功能入口等全部实现后台控制，用户只需在后台进行简单的设置即可制作出适合于自身的网站系统。因此，在制作网站时基本都会选择现成的网站后台管理系统，可以节省很多开发程序的时间和成本。但是大大小小的网站系统很多，需要反复权衡，功能、执行效率、安全性、后续升级服务都是要考虑的关键要素。根据百度指数和阿里云提供的安装数据，下面介绍几个受欢迎的网站后台管理系统。

① 建站系统 PageAdmin。基本上不需要什么基础都可以很好地掌握这款程序，除了易用外，其扩展性也很不错，而且内置一些类似 OA 的功能，比如签发、签收、工作流等等，在学校、政府和企业建站方面应用非常广泛，用户众多。

② 论坛系统 discuz。是目前覆盖率最大的论坛程序之一，具有较高的安全性、丰富的功能、强大的整合能力。

③ 资讯网站系统 DedeCms。具有资讯、图书连载、图片、下载和分类信息等多种功能，简单易用，很容易上手，用户群庞大，能够很容易找到相关资源。

④ 论坛系统 PHPWind。拥有淘客、新闻聚合等非常有特色的功能，同时有健全的推广和赢利机制，更注重营销效果，展现出独特的创新能力。

⑤ 博客系统 WordPress。简单易用、安全、高效，不仅可以做博客，还可以做企业网站、资讯网站、下载网站、图片网站、视频网站等。

⑥ 门户网站建站系统帝国。功能丰富，可以轻松地搭建地方门户、垂直门户网站，扩展性很好，堪称万能建站程序。

⑦ ASP 系统 Z-Blog。优秀的国产博客程序，支持插件和模板的在线安装，同时具有小投入、大功效的特点，一个几十元的空间都可以良好支持

它的运行，并且它可以用来做博客、资讯门户、下载、图片网站。

12.3　使用 PageAdmin 系统自建网站

PageAdmin 是一款基于 ASP.NET MVC 开发的自助建站系统，是集内容发布、信息发布、自定义表单、自定义模型、会员系统、业务管理等功能于一体的企业级网站内容管理系统。于 2008 年发布，从最开始的 2.0 版本到目前的 4.0 版本，强大的后台管理功能、良好的用户操作体验、开发式的功能扩展，让各种类型网站制作更加便捷和灵活。PageAdmin 在国内拥有超过 100 万的用户，广泛用于政府、企业、学校教育和资讯门户等各个行业领域。

12.3.1　PageAdmin 环境配置及安装要求

PageAdmin 系统基于微软 ASP.NET 2.0 技术开发，在使用前需要将服务器配置好 ASP.NET 环境后网站才能正常运行。

12.3.1.1　环境配置

（1）操作系统要求

Win7/Win8/Win2008/Win2012 及以上版本都可以，建议用 64 位的操作系统，服务器建议选择 Win2012 以上版本。

（2）Net Framework 版本要求

Net Framework 4.5 或以上版本，如果使用 Win7 或 Win8 系统，需要安装 Framework 4.6，因为 Win7 和 Win8 自带的 Framework 版本过低。

（3）数据库要求

Msql Server 2005/2008/2012/2014 及以上版本，由于目前个人电脑基本都使用 Win7，Win8 系统，所以本地安装 SQL2008 即可，但是服务器建议安装 SQL2012 或以上版本。

（4）IIS 服务组件

以上操作系统都默认带有 IIS，每种操作系统配置 IIS 教程大同小异，请参考 IIS 配置教程。

12.3.1.2 本地安装顺序说明

① 安装 IIS。

② 安装 Net Framework 2.0。

③ 下载 PageAdmin 系统并配置 Web 站点。

④ 配置 PageAdmin，登录网站后台开始修改网站。

⑤ 如果你租用虚拟主机，虚拟主机支持 ASP.NET 2.0 或以上版本即可安装 PageAdmin 系统。

12.3.2 后台登录及管理密码修改

① 用户可以通过在浏览器地址栏中输入 http:// 你的域名 /e/install 来运行安装并按提示进入后台，例如：http://localhost/e/install。也可以直接输入 http:// 你的域名 /e/master 来进入网站后台，如图 12–1 所示。

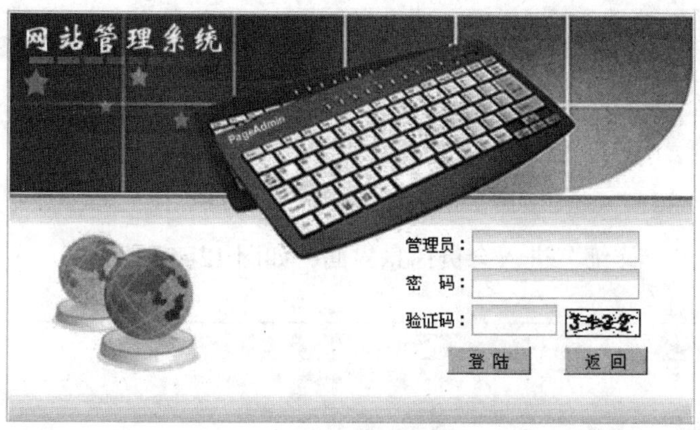

图 12–1　进入网站管理系统

PageAdmin 默认的管理员和密码都是：admin。

② 登录后台后，左边是管理菜单，点击会员中心展开有一个“管理员组”，如图 12–2 所示。

图 12–2　选择“管理员组”

③ 点击“管理员组”右边出现会员管理界面，如图 12–3 所示。

图 12-3 “会员管理”界面

④点击“详细”进入会员信息界面，如图 12-4 所示。

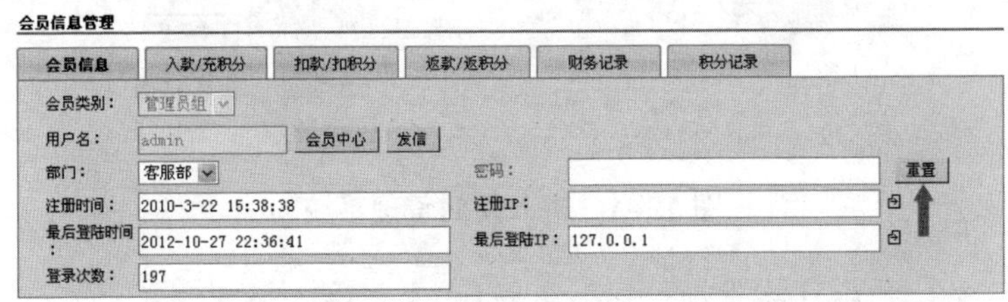

图 12-4 “会员信息”界面

⑤在密码输入框中输入新的密码，然后点击重置按钮即可。

12.4 PageAdmin 的修改制作

12.4.1 后台站点的增加及管理

①进入后台后可以看到如图 12-5 所示界面。

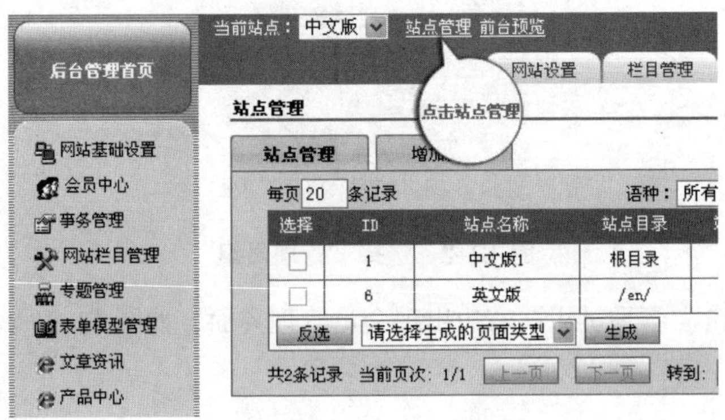

图 12-5 选择“站点管理”

② 点击“站点管理”就可以增加新分站点，如图 12–6 所示。

站点管理　增加站点

站点名称　英文版本 *

站点目录　en *留空则默认根目录

站点语种　英文

生成静态　否

绑定子域名　*(需要独立iis站点绑定，否则请留空)

序号　1

增加　返回

图 12–6　“增加站点”界面

站点目录：表示站点文件生成目录，留空则文件生成在根目录下（即输入域名默认打开的站点）

站点语种：这里如果不是选择中文，新增加其他语种站点后，进入 /e/js/ 目录会自动生成一个语种对应的目录，如 /e/js/en/ 里面包含对应的 js 文件，进入后用记事本打开，把里面的中文翻译成对应语言。

生成静态：建议在网站制作过程中关闭静态，可以方便调试和更改，网站做好后再开启统一生成静态。

绑定子域名：不开启子域名请不要填写，如果需要用 en.yourdomain.cn 类似子域名，那么在 IIS 中必须新建一个站点，这个站点需绑定域名 en.yourdomain.cn，并且把 PageAdmin 文件复制一份到对应站点目录下。

③ 增加站点后进入“站点管理”界面，在这里可以对已增加的站点进行修改、删除等操作。如图 12–7 所示。

站点管理　增加新站

每页 20 条记录　语种：所有语种　静态：所有类型　搜索：选择搜索字段

选择	ID	站点名称	站点目录	站点语种	生成静态	绑定子域名	序号
□	1	中文版	根目录	zh-cn	否		1
□	6	英文版	/en/	en	否		2

反选　请选择生成的页面类型　生成

共2条记录　当前页次：1/1　上一页　下一页　转到：1 页

图 12–7　“站点管理”界面

“站点管理”左下角有一个批量生成静态的功能，如果站点开启了静态，可以在这里统一生成所有的静态文件（如栏目页、子栏目页、文章页面、产品页面等）。

12.4.2 网站参数设置

网站参数设置可以设置的信息有：

① 网站的名称、标题、关键词、描述、网站 Logo、Banner、底部信息基础设置。

② 图片上传设置，比如图片缩略图、水印的设置。

③ 邮件的设置，比如邮件服务器、发件箱、邮件签名等。

④ 其他设置，比如页码格式、非法关键词设置等。

进入方式见图 12-8。

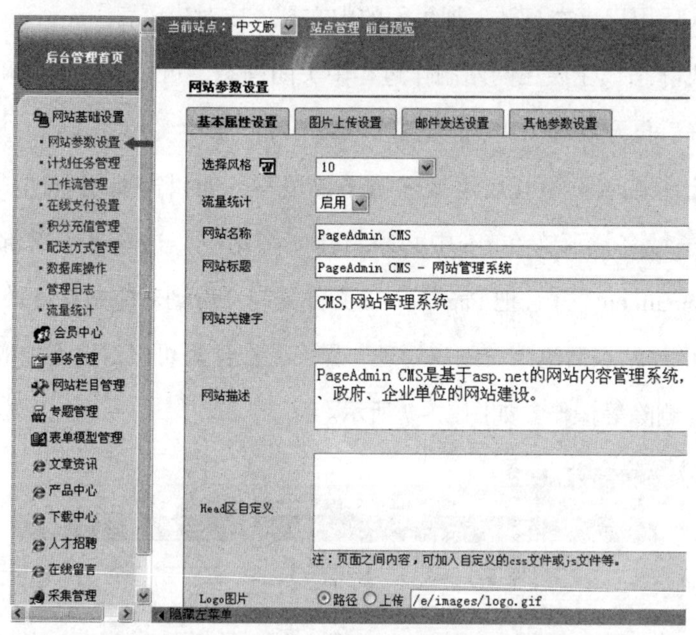

图 12-8 选择“网站参数设置”

12.4.3　网站栏目的增加及管理

① 进入“栏目管理”界面，见图 12-9。

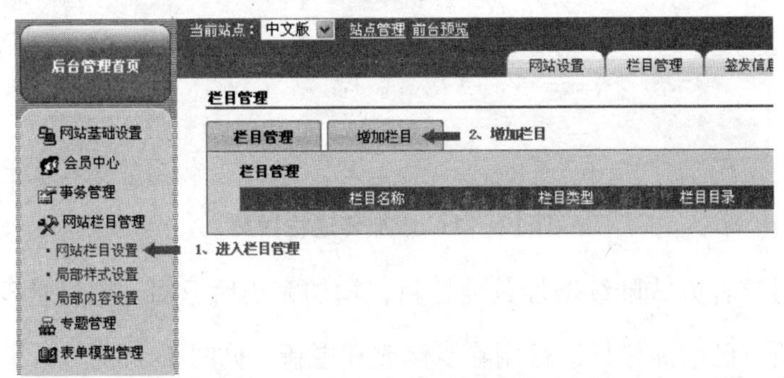

图 12-9　选择“网站栏目设置”

② 点击进入“增加栏目”界面，见图 12-10。

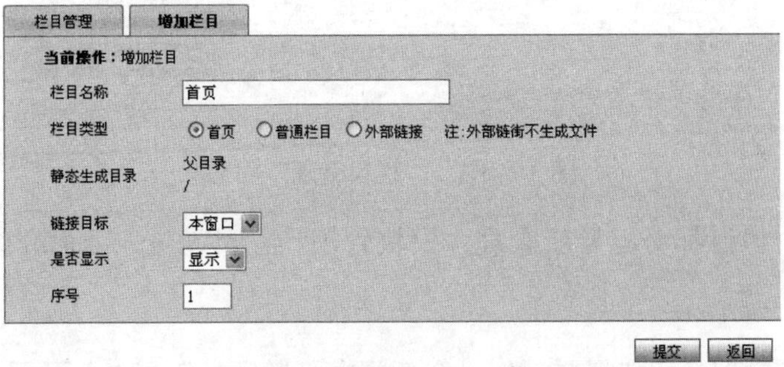

栏目管理　增加栏目

当前操作：增加栏目

栏目名称　首页

栏目类型　⊙首页　○普通栏目　○外部链接　注：外部链衔不生成文件

静态生成目录　父目录 /

链接目标　本窗口

是否显示　显示

序号　1

提交　返回

图 12-10　“增加栏目”界面

每个网站都有一个首页，所以第一个增加的栏目类型为首页，序号设置为 1，接下来增加普通栏目页，见图 12-11。

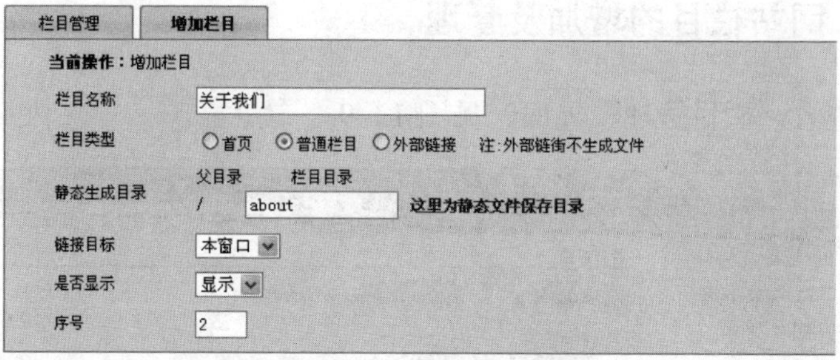

图 12-11　增加普通栏目页

通过这种方式陆续增加其他栏目，增加完毕后返回“栏目管理”界面可以对所有已增加栏目进行删除、修改和更新，见图 12-12。

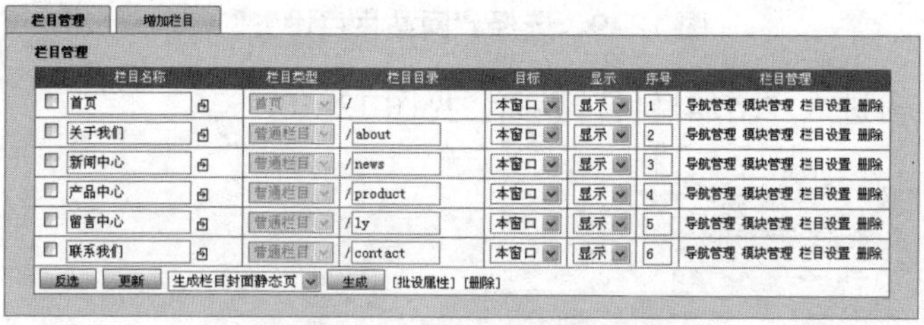

图 12-12　“栏目管理”界面

每个栏目都对应导航管理、模块管理和栏目设置，下面介绍这三个功能：

导航管理：比如需要制作一个新闻中心栏目，新闻中心下面又需要包括公司新闻、行业新闻等子栏目，这些子栏目就在导航管理里面来增加和管理。

模块管理：一般首页会把每个栏目版块下的部分信息先展示给用户，比如最新新闻、最新通知、最新产品、公司简介等等，这些信息需要在模块管理里面来增加和管理。

栏目设置：对栏目的标题、关键词、顶部、底部等局部信息的设置。

12.4.4 模块的增加和管理

模块主要用在首页或栏目封面页，可以用来显示一些最新的信息，类似一个杂志的封面页，下面介绍如何增加模块。

① 点击“栏目管理”，进入后可以看到每个栏目都对应一个模块管理，如图 12–13 所示。

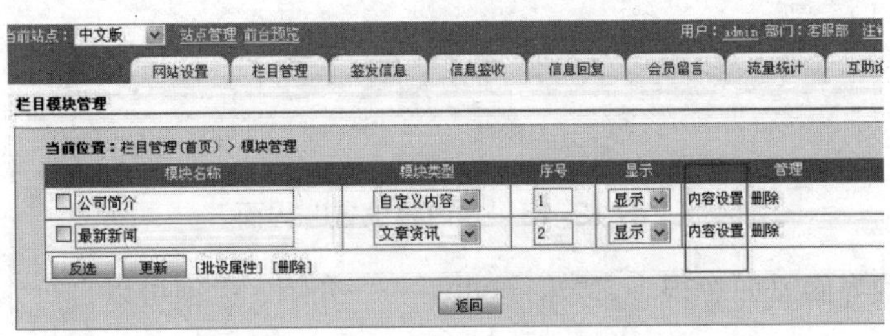

图 12–13 “栏目管理”界面

② 以首页栏目为例，点击首页右侧的模块管理后就可以增加模块，如图 12–14 所示。

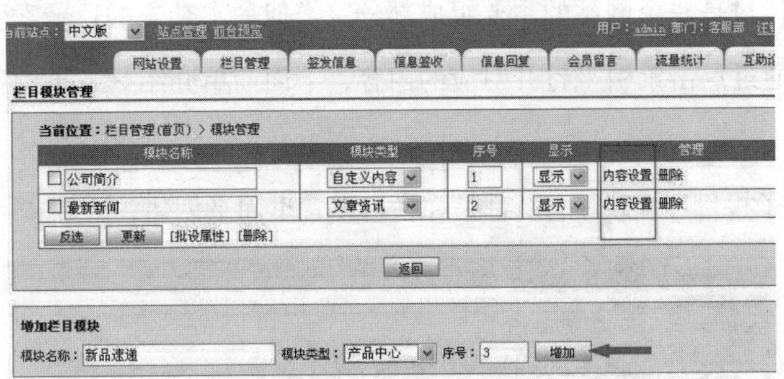

图 12–14 增加模块

③ 增加后可以通过点击右侧的“内容设置”来填写或设置内容，以最新新闻为例，点击“内容设置”后如图 12–15 所示。

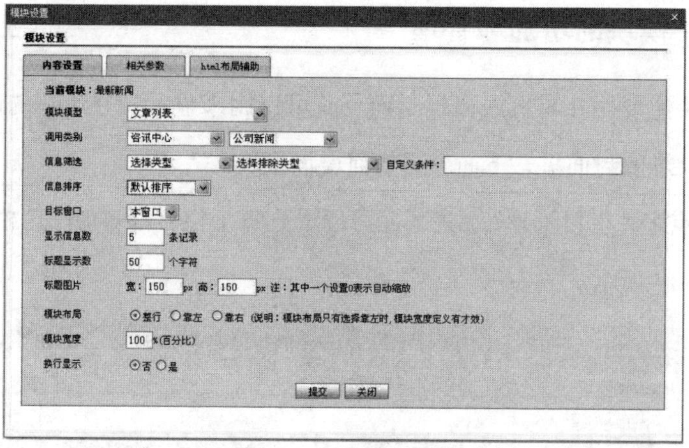

图 12-15 “内容设置”界面

设置界面里面有很多参数，这里不一一介绍，大家可以自行修改参数，打开对应前台界面看实际效果，这样很容易就能理解每个参数的作用。

12.4.5 子栏目的增加与管理

子栏目是一个网站的主要组成部分，类似一本杂志的目录索引页，用户可以通过点击索引来打开对应的内容，下面简单介绍一下子栏目的增加步骤。

① 子栏目和模块一样，都是在栏目设置里面来创建，如图 12-16 所示。

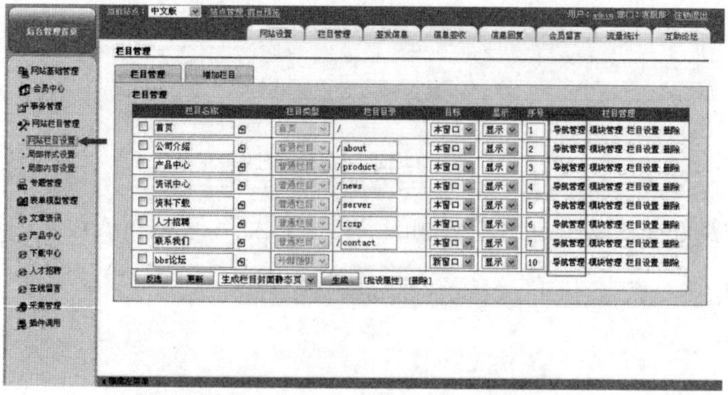

图 12-16 选择“网站栏目设置”

② 每个栏目都有一个导航管理，点击“导航管理”后就进入如图 12–17 所示“导航管理”界面；首页不建议增加子栏目，下面以公司介绍这个栏目为例，点击公司介绍栏目右侧的导航管理进入如图 12–17 所示界面。

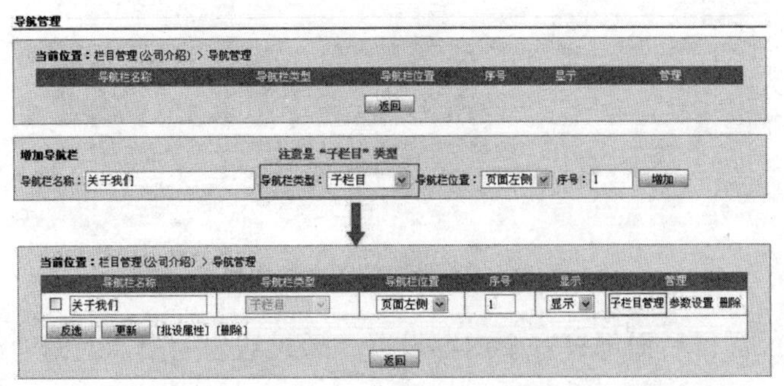

图 12–17　“导航管理”界面

③ 增加一个“关于我们”的导航后，看到右侧有一个子栏目管理，点击子栏目管理后就可以进行子栏目的增加，如图 12–18 所示。

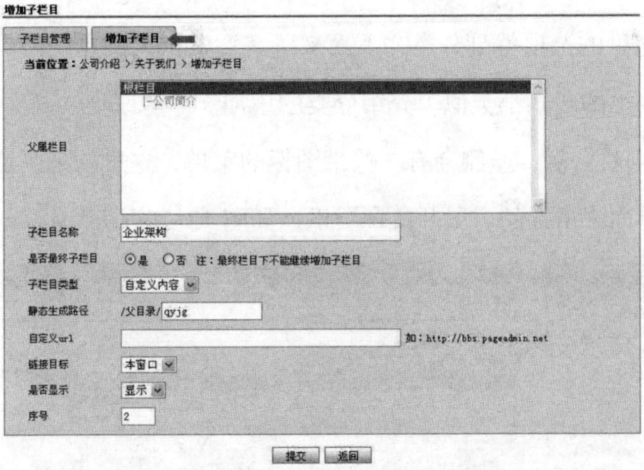

图 12–18　“增加子栏目”界面

重点介绍一下“是否最终子栏目”这个属性，选择“否”就可以建立二级子栏目。子栏目类型根据需要选择，文字介绍类（如公司介绍）类型一般选择自定义内容，新闻类一般选择文章资讯，大家练习的时候可以通过增加不同类型的子栏目来熟悉不同类型的区别。增加好的子栏目后如图 12-19 所示。

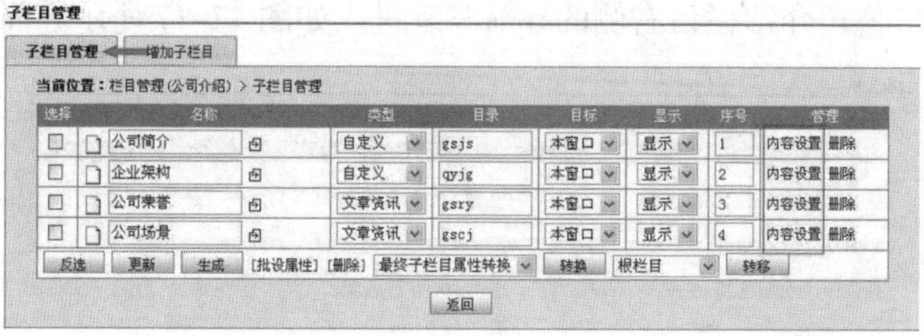

子栏目管理

子栏目管理　增加子栏目

当前位置：栏目管理(公司介绍) > 子栏目管理

选择	名称	类型	目录	目标	显示	序号	管理
	公司简介	自定义	gsjs	本窗口	显示	1	内容设置 删除
	企业架构	自定义	qyjg	本窗口	显示	2	内容设置 删除
	公司荣誉	文章资讯	gsry	本窗口	显示	3	内容设置 删除
	公司场景	文章资讯	gscj	本窗口	显示	4	内容设置 删除

反选　更新　生成　[批设属性] [删除]　最终子栏目属性转换　转换　根栏目　转移

返回

图 12-19　完成增加子栏目

每个子栏目后面都有一个内容设置，通过这里就可以对每个子栏目进行具体的设置或信息调用。

12.4.6　信息及信息分类的增加和管理

在增加文章模块或新闻子栏目后，进入设置界面都会有一个调用分类的选项，这里的选项就是分类，下面来以文章资讯为例（产品、下载、留言等增加分类的步骤都类似）介绍分类的增加。

① 进入后台后，左侧会有一些带图标的菜单，这里的菜单是通过表单模型管理界面来增加的，展开文章资讯，如图 12-20 所示。

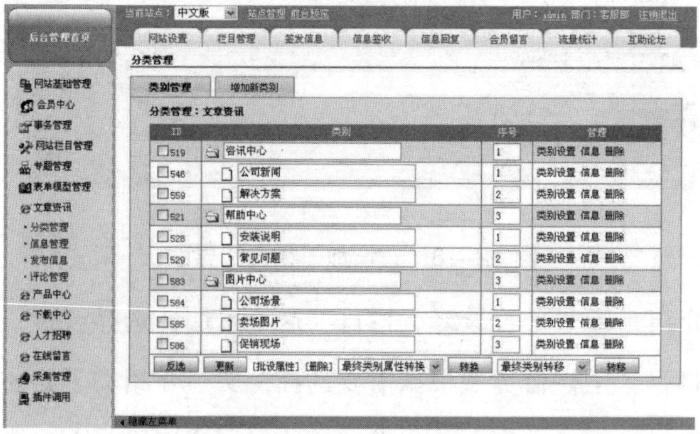

后台管理首页　当前站点：中文版　站点管理　前台预览　用户：admin 部门：客服部　注销退出

网站设置　栏目管理　签发信息　信息签收　信息回复　会员留言　流量统计　互助论坛

网站基础管理　会员中心　事务管理　网站栏目管理　专题管理　表单模型管理　文章资讯　·分类管理　·信息管理　·发布信息　·评论管理　产品中心　下载中心　人才招聘　在线留言　采集管理　插件调用

分类管理

类别管理　增加新类别

分类管理：文章资讯

ID	类别	序号	管理
519	咨讯中心	1	类别设置 信息 删除
546	公司新闻	1	类别设置 信息 删除
559	解决方案	2	类别设置 信息 删除
521	帮助中心	3	类别设置 信息 删除
528	安装说明	1	类别设置 信息 删除
529	常见问题	2	类别设置 信息 删除
583	图片中心	3	类别设置 信息 删除
584	公司场景	1	类别设置 信息 删除
585	卖场图片	2	类别设置 信息 删除
586	促销现场	3	类别设置 信息 删除

反选　更新　[批设属性] [删除]　最终类别属性转换　转换　最终类别转移　转移

隐藏左菜单

图 12-20　“文章资讯”界面

展开后里面有分类管理、信息管理、发布信息和评论管理 4 个子菜单，下面分别介绍。

分类管理：在这里可以建立信息的分类，如图 12-20 所示，需要增加新类型可以通过点击“增加新类别”选择卡来实现，如图 12-21 所示。

增加类别

类别管理　增加新类别

增加类别：文章资讯

类别名称　媒体报道

父属类别　根类别
|-资讯中心
|-公司新闻
|-解决方案
|-帮助中心
|-安装说明
|-常见问题
|-图片中心
|-公司场景
|-卖场图片
|-促销现场

是否最终类别　⊙是　○否

序号　3

提交　返回

图 12-21　“增加新类别”界面

信息管理：可以对发布的信息进行查看、删除、修改等操作，如图 12-22 所示。

信息列表

当前表：文章资讯

每页 20 条　|-公司新闻　所有来源　所有属性　默认排序　搜索：选择搜索字段　确定

标题	发布人	提交时间	点击	评论	状态	管理
[公司新闻]Net FrameWork安装 [签收查看]	admin	2012-11-20	6	0	通过审核	编辑 删除
[公司新闻]Net FrameWork安装	admin	2012-11-20	1	0	通过审核	编辑 删除
[公司新闻]公司新闻测试发布	admin	2012-11-20	0	0	被退回	编辑 删除
[公司新闻]会员中心投稿测试	admin	2012-11-19	0	0	待审核	编辑 删除
[公司新闻]栏目管理增加了批量设置和删除等便捷化功能...	admin	2012-08-16	23	0	已审核	编辑 删除
[公司新闻]增加字段参数设置、投稿限制和美化附件发布界面	admin	2011-11-03	74	0	已审核	编辑 删除
[公司新闻]发布或调用处的类别选项更改为ajax方式	admin	2011-11-03	25	0	已审核	编辑 删除
[公司新闻]增加了列表页和内容页的伪静态选项	admin	2011-11-03	13	0	已审核	编辑 删除
[公司新闻]增加置顶信息天数设置、会员页和搜索页模板自定义	admin	2011-11-03	8	0	已审核	编辑 删除
[公司新闻]增加工作流步骤的邮件通知功能	admin	2011-11-03	57	0	已审核	编辑 删除

反选 [批设属性] [审核/取消] [置顶 1 天/取消] [推荐/取消] [最新/取消] [热门/取消] [删除]　目标类别　转移　复制

仅选中信息生成静态　生成　共10条记录　当前页次：1/1　上一页　下一页　转到：1 页

图 12-22　“信息管理”界面

发布信息：顾名思义，就是发布信息的地方，如图 12–23 所示。

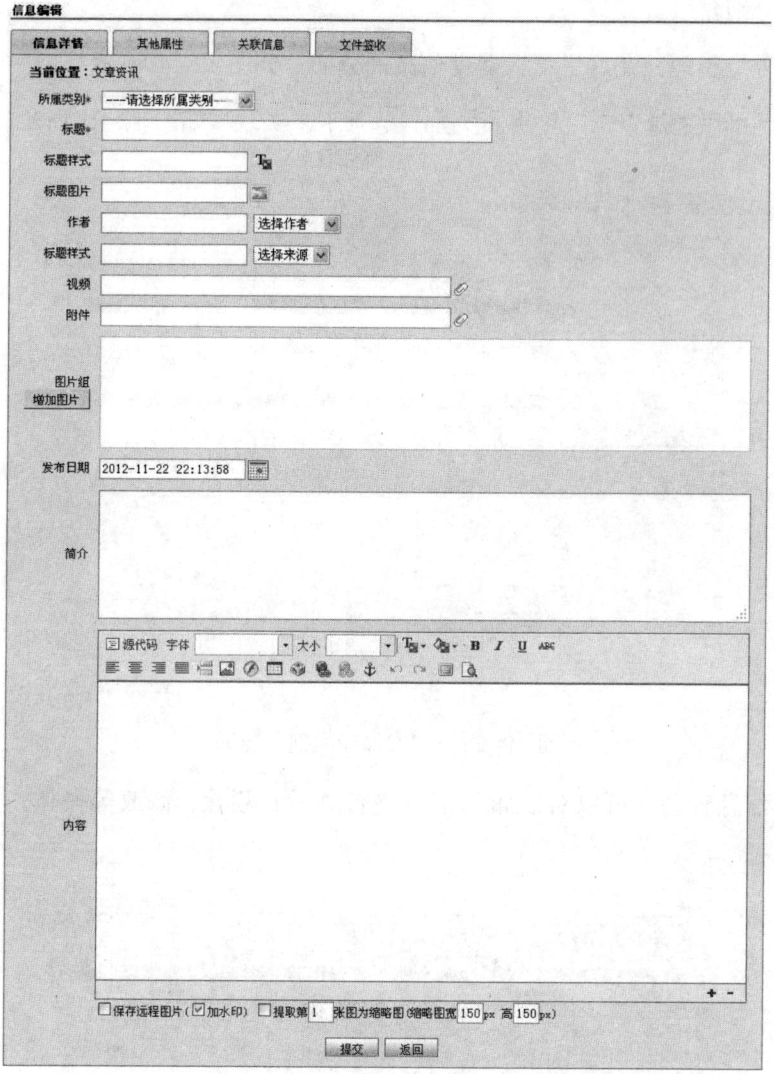

信息编辑

信息详情 其他属性 关联信息 文件签收

当前位置：文章资讯

所属类别* ---请选择所属类别---

标题*

标题样式

标题图片

作者 选择作者

标题样式 选择来源

视频

附件

图片组 增加图片

发布日期 2012-11-22 22:13:58

简介

源代码 字体 大小 B I U ABC

内容

保存远程图片（加水印） 提取第 1 张图为缩略图（缩略图宽 150 px 高 150 px）

提交 返回

图 12–23 “信息发布”界面

提示：每个表单都有自己的发布信息界面，比如产品表和文章表肯定就不一样，因为每个表都有不同的字段，详细说明请参考相关文档。

评论管理：可以对用户评论进行审核、删除、回复等操作。

12.4.7　会员功能

12.4.7.1　会员系统设置

会员系统设置可以设置的信息有：

① 会员注册是否开启、禁止注册的会员名、注册时间限制设置、注册协议设置等。

② 会员邮件的模板设置，包括注册邮件、激活邮件和找回密码邮件。

进入方式如图 12–24、图 12–25 所示。

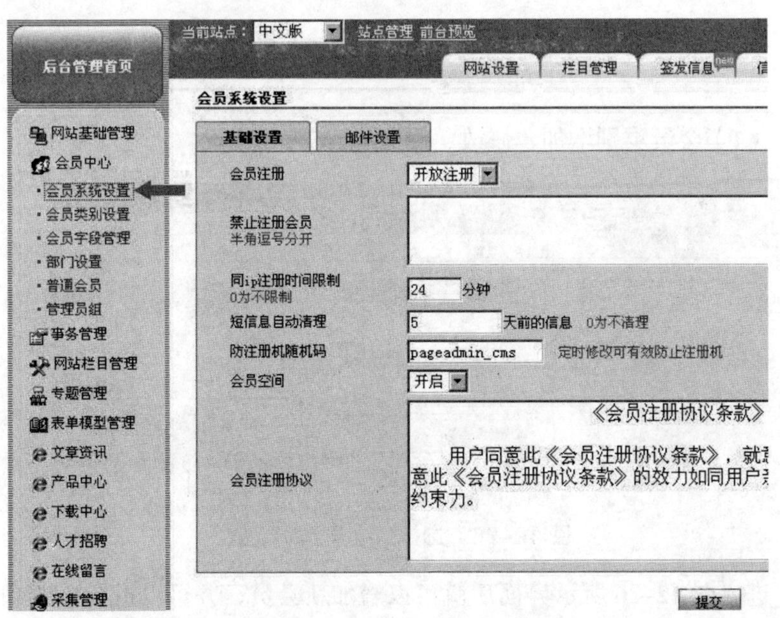

图 12–24　选择“会员系统设置”

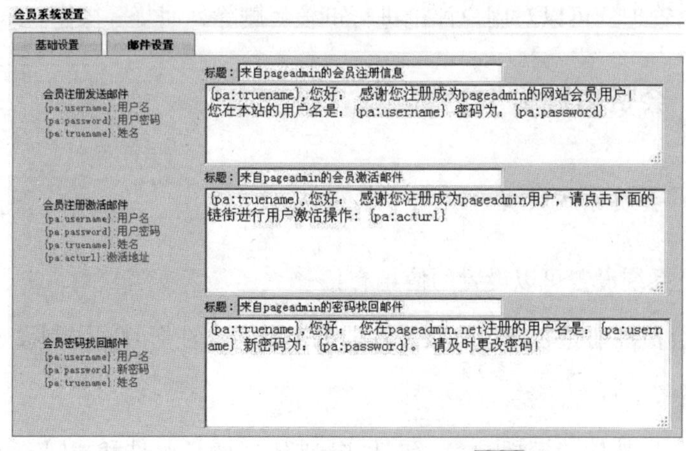

图 12-25　“会员系统设置”界面

12.4.7.2　会员类别增加、修改及会员中心信息发布设置

（1）会员类别增加、修改、删除

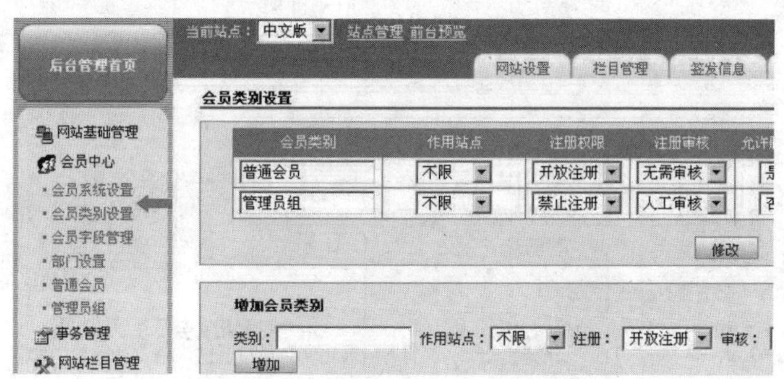

图 12-26　选择“会员类别设置”

进入图 12-26 所示界面后就可以增加新会员，并可以进行修改和删除操作，下面对几个重要属性进行说明：

① 作用站点：如果设置了作用站点，那么前台登录后将跳转到对应站点的会员中心。

② 注册权限：表示是否允许前台注册界面注册本分类会员。

③ 注册审核：无需审核，注册后就可以登录；右键验证：会员注册后系统发送一封激活邮件，用户点击右键中链接后会员自动通过审核；人工审核：注册后需要管理员进行审核才可以登录。

④ 允许删除：表示会员管理界面是否显示删除按钮，此功能主要为了避免误删一些重要的会员组用户。

⑤ 初始积分：会员注册后账户中自动充入的积分数值。

（2）前台会员功能及信息发布权限设置

① 点击普通会员的类别设置，如图 12–27 所示。

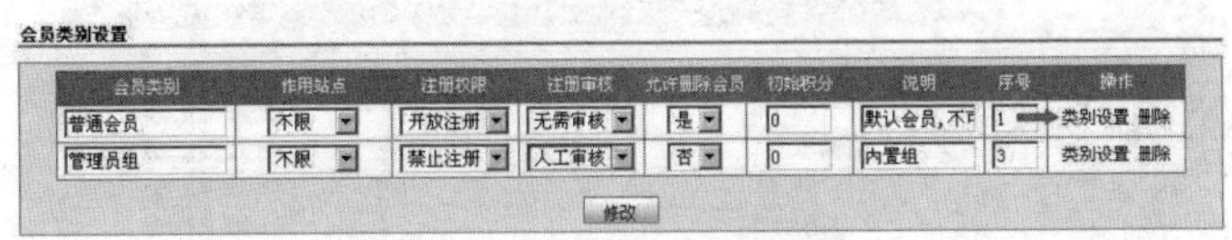

图 12–27　选择“类别设置”

② 普通会员类别设置界面如图 12–28 所示。

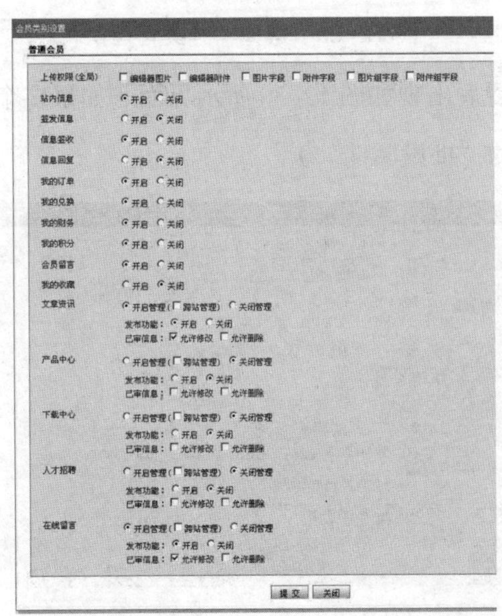

图 12–28　“会员类别设置”界面

以上都是会员中心的功能，大家可以把所有功能开启后登录会员中心去熟悉每种功能的作用，这里主要讲解信息发布权限设置（以文章资讯为例）。如果需要让此会员组在会员中心发布文章，必须选中“开启管理”，并且发布功能设置为“开启”，通过以上操作后用户就可以在会员中心管理和发布信息。

但是通常文章中有很多分类，如何设置会员只能发布指定的分类呢？这就要切换到文章分类管理中去设置，如图 12–29 所示。

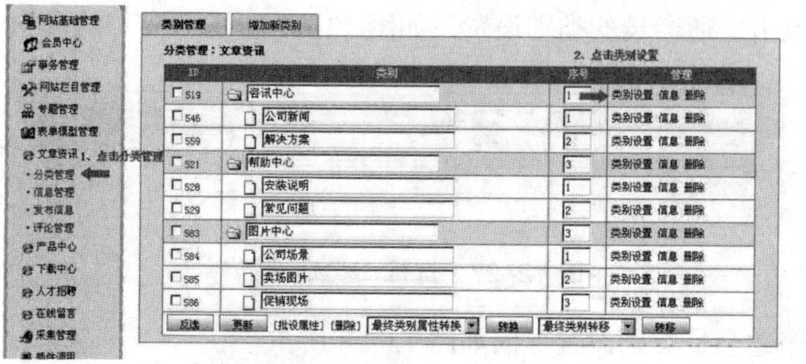

图 12–29 选择“分类管理”

点击类别设置后出现如图 12–30 所示界面（如果多个分类同时设置，可以点击左下角的“批设属性”）。

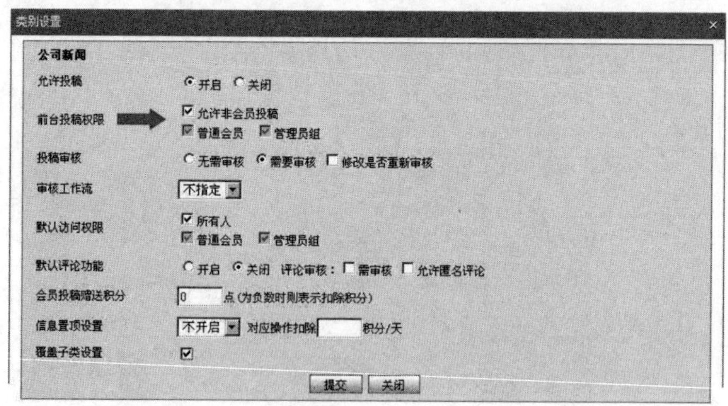

图 12–30 “类别设置”界面

“前台投稿权限”部分默认为所有会员组可发布此分类信息，如果只需要部分会员组可发布，把不允许发布的会员组取消选择即可，这里有几个参数重点说明一下：

投稿审核：设置会员发布信息是否需要审核。

审核工作流：如果指定了工作流，会员发布信息就按对应工作流程来审核（注：投稿审核设置为“需要审核”时，工作流才能生效）。

12.4.7.3　部门的增加和修改

部门主要用于对会员进行归类，主要用于政府、学校类网站，比如信息的签收、签发、信息回复这些功能都涉及部门的选择，部门的增加比较简单，如图 12–31 所示。

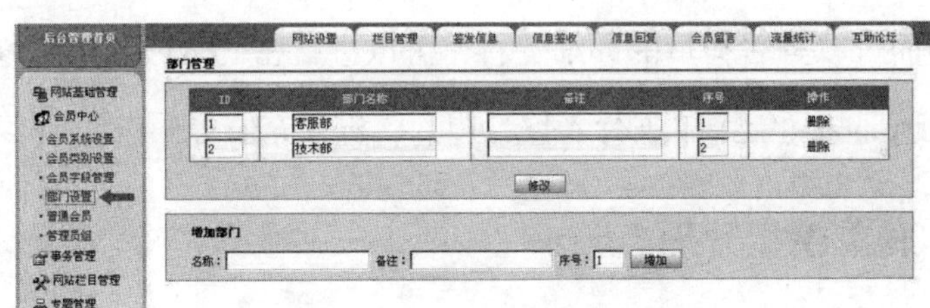

图 12–31　选择“部门设置”

增加好部门后，如何给会员设置部门请参考相关教程。

12.4.7.4　会员的增加、管理及资料修改

进入会员管理界面（以普通会员为例），如图 12–32 所示。

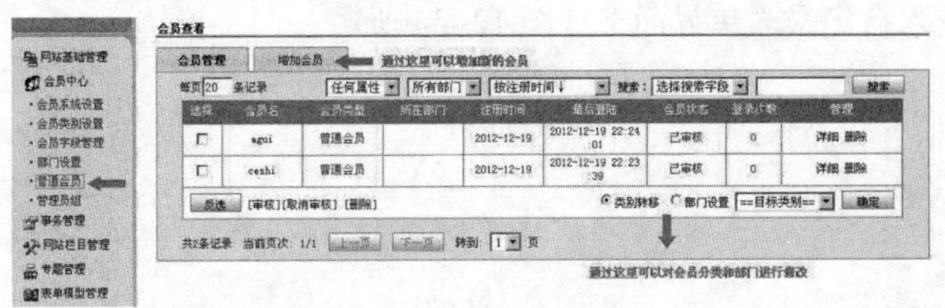

图 12–32　选择“普通会员”

进入管理界面可以对会员进行审核、删除、类别转换和部门设置等操作，点击会员名或“详细”进入会员信息资料页面，如图 12–33 所示。

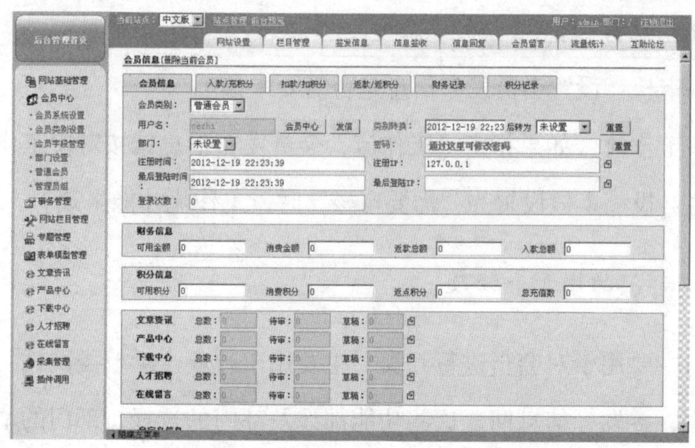

图 12–33　“会员信息”界面

此界面可以查看会员的详细资料，可以进行密码修改、资料修改，也可以通过顶部的功能菜单进行入款、扣款、积分充值等操作。

12.4.8　表单模型管理

12.4.8.1　数据表的增加及管理

登录 PageAdmin 后台时会在左侧菜单中看到文章、产品、留言这些功能，这些功能都需要一个储存对应信息的表，称为数据表，下面介绍如何增加表：

① 进入自定义表单界面，如图 12–34 所示。

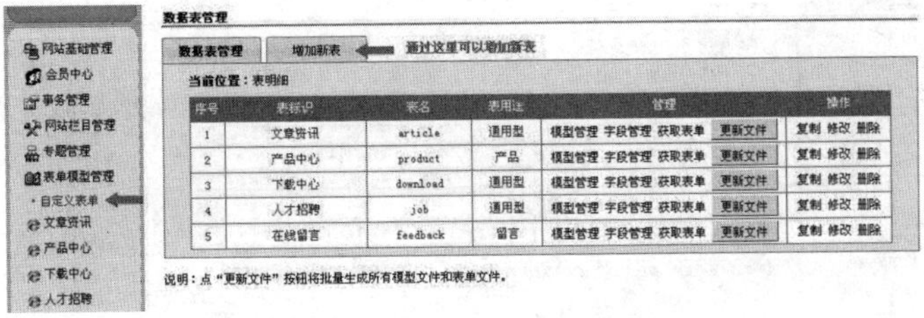

图 12–34　选择“自定义表单”

在这里可以对表进行修改、删除、增加字段、增加模型、获取表单等操作。

② 点击“增加新表”后进入如图 12–35 所示界面。

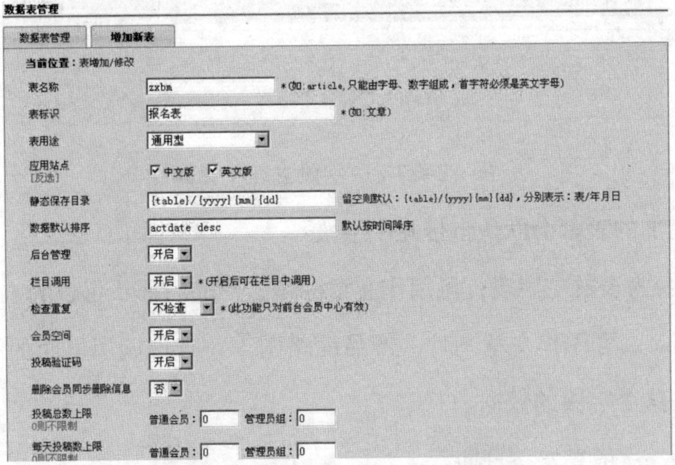

图 12–35　“增加新表”界面

按需要及提示填写好资料，点击“增加”按钮即可增加新表。

12.4.8.2　字段的增加及管理

增加完数据表后，接下来要为表增加字段，首先进入字段管理界面，如图 12–36 所示。

图 12-36　选择"字段管理"

每个表对应一个字段管理，这里以 article 表为例，点击字段管理进入字段管理界面，这里可以对字段进行增加、编辑和删除，如图 12-37 所示。

字段管理

当前位置：字段管理(文章资讯)　　　　[增加新字段]

字段名	字段	字段类型	必填项	后台项	会员项	可增加	可修改	投稿项	采集项	排序项	搜索	序号	管理
标题	title	单行文本(nvarchar)	☑	☑	☑	☑	☑	☐	☑	☐	模糊	1	编辑 删除
标题图片	titlepic	图片(nvarchar)	☐	☑	☑	☑	☑	☑				3	编辑 删除
发布日期	thedate	单行文本(datetime)	☐	☑	☑	☑	☑	☑	☑	☑	模糊	10	编辑 删除
内容	content	编辑器(ntext)	☑	☑	☑	☑	☑	☑	☑			12	编辑 删除

更新　返回

图 12-37　"字段管理"界面

新增加的表都会默认自带几个字段：

title：为表的主字段，可用作文章标题、产品名称、留言的主题等。

titlepic：可用作文章图片、产品缩略图等，查件调用里面的幻灯片调用的就是这个字段的数据。

thedate：信息发布日期。

content：内容字段，可用作文章内容、产品介绍、留言内容等。

上面几个字段不可以删除，如果不需要用到，可以在后台项（后台发布表单中显示）、会员项（会员中心发布表单中显示）、投稿项（获取投稿表单里面显示）这些属性中取消勾选即可。

表的用途不同，所需要的字段也不同，比如一般的文章功能，可能需要一个作者字段，那么点击图 12-37 右上角箭头所指的"增加新字段"就可以打开"增加字段"界面，如图 12-38 所示。

增加字段(文章资讯)

字段属性 | 字段自定义

字段名称：作者 * 比如：姓名

字段：pa_author * 字段只能为字母、数字和下划线组成；为避免字段冲突，字段

表单类型：单行文本(text)

字段值类型：字符串 整数 小数 日期

默认值：

文本框样式：

必填项：是 否

可增加：是 否

可修改：是 否

后台项：是 否

会员项：是 否

匿名投稿项：是 否

搜索字段：精确匹配 模糊匹配 否 注：模糊匹配只对文本类型有效

精确匹配必搜项：是 否 注：选择否时字段值为空则不进行匹配。

采集项：是 否

排序项：是 否

表单属性：

提交验证js：

字段提示：

排列序号：2

提交 关闭

图 12-38 “增加字段”界面

按需求和说明填写好字段资料，点击提交按钮就可以增加新的字段。

注：当增加完所有字段后，务必返回字段管理界面点击一下“更新”按钮（或表单管理界面点击“更新文件”按钮）来重新生成表单文件，否则会导致后台和会员中心发布表单中没有新增加的字段。

12.4.8.3 发布表单和搜索表单的使用说明

① 首先进入自定义表单界面，每个表都有一个“获取表单”，如图12–39所示。

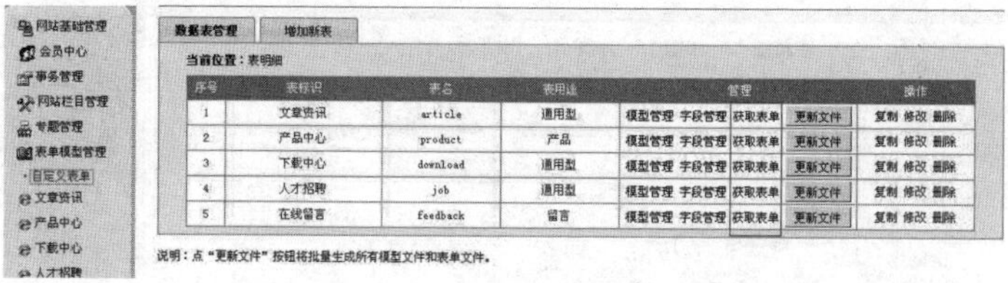

图 12–39 选择“获取表单”

② 以 article 表为例，点击“获取表单”后就弹出获取表单界面，如图12–40所示。

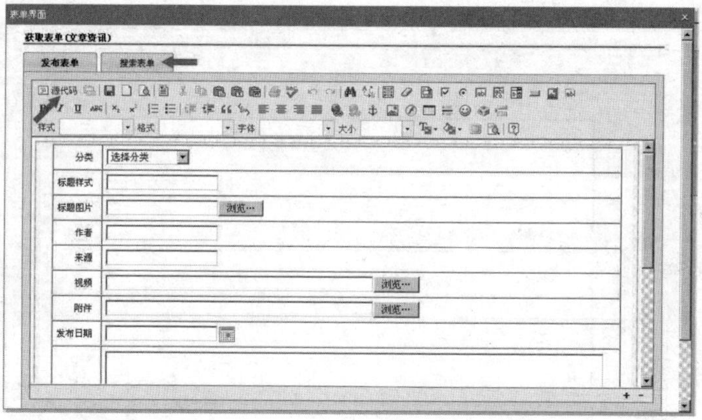

图 12–40 “获取表单”界面

这个界面有两个表单，一个是发布表单，一个是搜索表单，点击编辑器左上角的源代码按钮后可以获取到 HTML 源代码。只需要把源代码复制到栏目中就可以实现信息的发布和搜索功能。

这里要说明的是字段要在发布表单中显示，字段的“匿名投稿项”属性必须选“是”；如果字段需要在搜索表单中显示，字段的“搜索字段”

属性必须设置为：“精确匹配”或“模糊匹配”，如图 12–41 所示。

字段属性　字段自定义

字段名称：标题　* 比如：姓名

字段：title　* 字段只能为字母、数字和下划线

表单类型：单行文本(text)

字段值类型：字符串　整数　小数　日期

默认值：

文本框样式：width:400px

必填项：是　否

可增加：是　否

可修改：是　否

后台项：是　否

会员项：是　否

匿名投稿项：是　否

搜索字段：精确匹配　模糊匹配　否　注：模糊匹配只对文本类型有效

图 12–41　“字段属性”界面

发布表单复制到栏目中就可以实现信息发布，搜索表单还需要在模型中设计一个搜索模型才能实现搜索的功能，具体请参考相关资料。

12.4.8.4　功能模型的增加及管理

首先，什么是模型？模型可以称作内容模板，比如打开一个网站点击新闻标题可以打开一个新闻页面，这个新闻页面里面一般都会有新闻标题、发布时间、点击数、作者、来源、新闻内容等信息，如何把这些信息按需要的结构组合起来呢？这个就需要制作一个内容页模型，模型中可以通过 HTML、CSS、JavaScript 和 ASP.NET 这些网站设计语言来对新闻的每个信息进行排版，比如标题字体大小、新闻内容的行距等。下面来介绍一下模型的制作流程。

① 进入自定义表单界面，每个表都有一个“模型管理”，如图 12-42 所示。

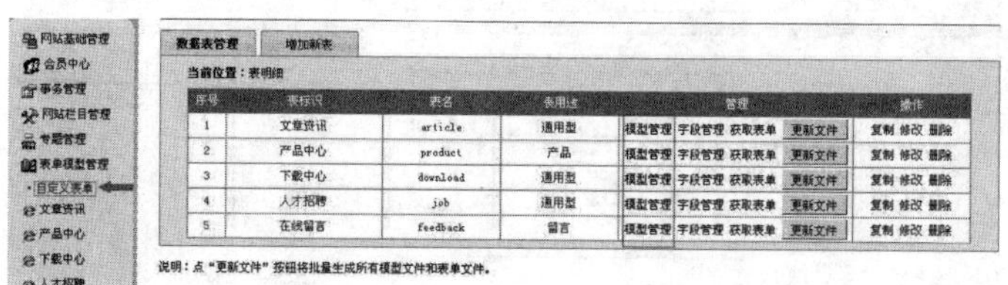

图 12-42 选择“模型管理”

② 以 article 表为例，点击对应的模型管理进入如图 12-43 所示界面。

模型管理

导航模型 | 模块模型 | 子栏目模型 | 内容页模型 | 搜索模型 | ajax列表模型 | 自定义文件模型

当前表：文章资讯　　根据语种显示：中文

模型id	模型名称	模型语种	序号	操作
44	文章列表(带日期)	不限	1	模型设置 复制 删除
45	文章列表(无日期)	不限	2	模型设置 复制 删除
79	图片展示	不限	3	模型设置 复制 删除
81	图文混排	不限	4	模型设置 复制 删除

更新　返回

增加模型

模型名称：　语种：中文　序号：5　增加

图 12-43 “模型管理”界面

在这里可以增加新的模型，也可以通过已存在的模型复制生成新的模型，如果需要修改模型内容，点击模型对应的“模型设置”即可。

下面对系统的 7 种模型做一个简单的介绍：

导航模型：只能用在栏目的导航中。

模块模型：只能用在栏目的模块中和专题中。

子栏目模型：只能用在子栏目中。

内容页模型：只能用在子栏目中，内容页模型和子栏目模型是在子栏目的内容设置界面中同时设置的。

搜索模型：用于对信息的搜索结果进行排版，这个需要和搜索表单

结合使用（每个搜索表单的 HTML 源代码中都有一句 <input type="hidden" value=" 这里必须填写为搜索模型的模型 id" name="modelid" />）。

ajax 列表模型：通过 JavaScript 的 ajax 来读取信息的模型，模型设置界面有调用说明。

自定义文件模型：这个相当于一个独立的 aspx 文件，用户可以在这里根据需求自行设计，对应的模型设置界面有调用说明。

③ 新增一个子栏目模型后，点击模型设置出现图 12-44 所示界面。

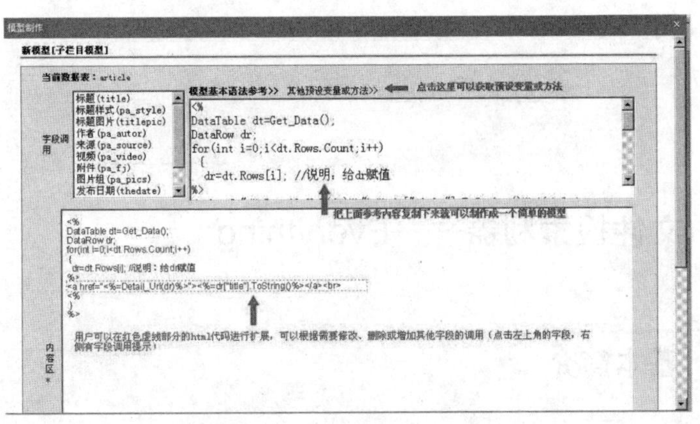

图 12-44　“模型制作”界面

上面程序意思是：通过 Get_Data（）获取需要的数据，然后通过 ASP.NET 的 for 语句循环读取每条信息的标题。

模型制作涉及较多的知识，包括 NET 编程，还有 HTML，CSS 和 JavaScript 等基本脚本知识，一般来讲只要掌握一点脚本知识就可以制作出模型了，因为 ASP.NET 部分（<%……%> 中间代码）基本不需要变动。

第 13 章　磁盘资源检索

13.1　文件检索利器——Everything

13.1.1　基本简介

每个人的电脑都保存着大量的软件、mp3、照片、游戏、文档、电子书等文件。Everything 可以在闪电般的瞬间从海量的硬盘中找到你需要的文件，速度快到让你难以置信。Everything 在第一次运行时，会建立索引数据库，百 G 硬盘几十万个文件，可以在几秒钟之内完成索引；文件名搜索瞬间呈现结果。它小巧免费，支持中文，支持正则表达式，可以通过 HTTP 或 FTP 分享搜索结果。同时占用极低的系统资源，实时跟踪文件变化。

13.1.2　Everything 软件特点

① 轻量安装文件。

② 干净简洁的用户界面。

③ 快速文件索引。

④ 快速搜索。

⑤ 最小资源使用。

⑥ 便于文件分享。

⑦ 实时更新。

注意：

① 只搜索文件名，不能搜索文件内容。

② 只适用 NTFS 文件系统，不适合 FAT32。

③ 完美支持中文（自 V1.2.x 开始）。

13.1.3　Everything 安装步骤

① 下载 Everything 安装包，将压缩包解压后，使用鼠标左键双击打开安装文件，见图 13–1。

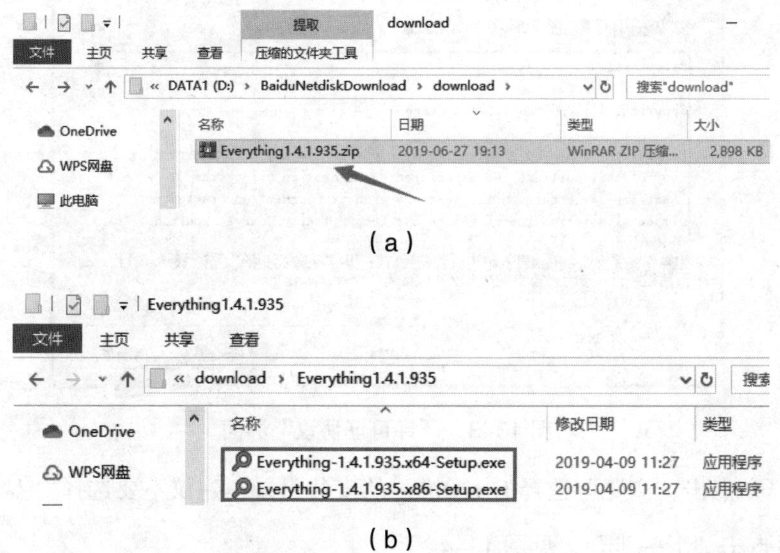

图 13–1　Everything 安装文件

② 选择安装向导语言，使用默认的“简体中文”即可，然后点击“OK”，见图 13-2。

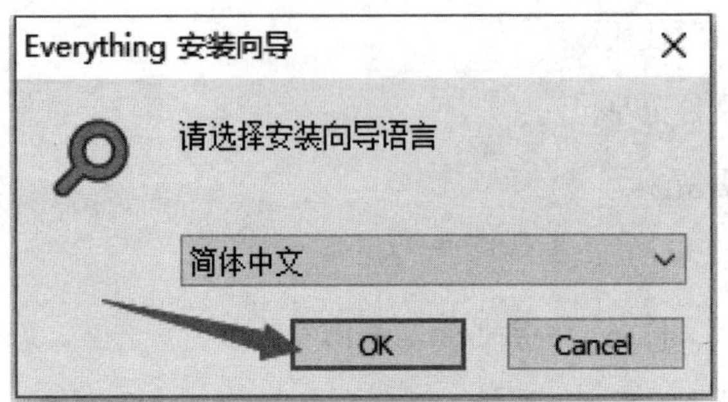

图 13-2　选择安装向导语言

③ 阅读软件相关许可协议，如无异议的话，则点击下方的“我接受”，见图 13-3。

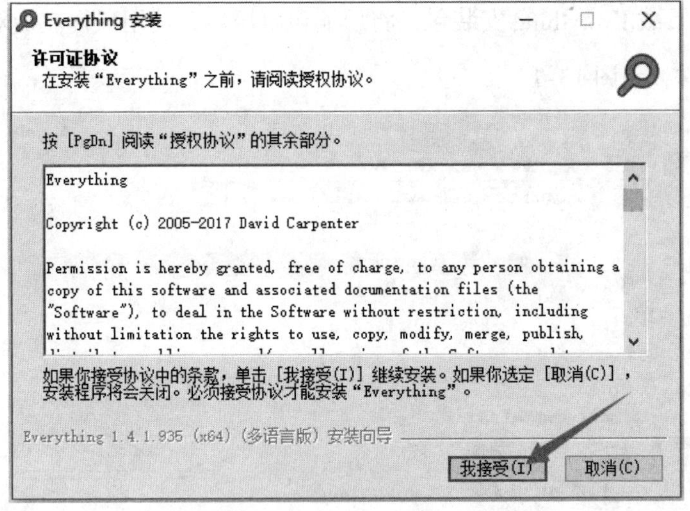

图 13-3　“许可证协议”界面

④ 点击“浏览”选择 Everything 的安装目录，建议不要选择 C 盘，选好后点击“下一步”，见图 13-4。

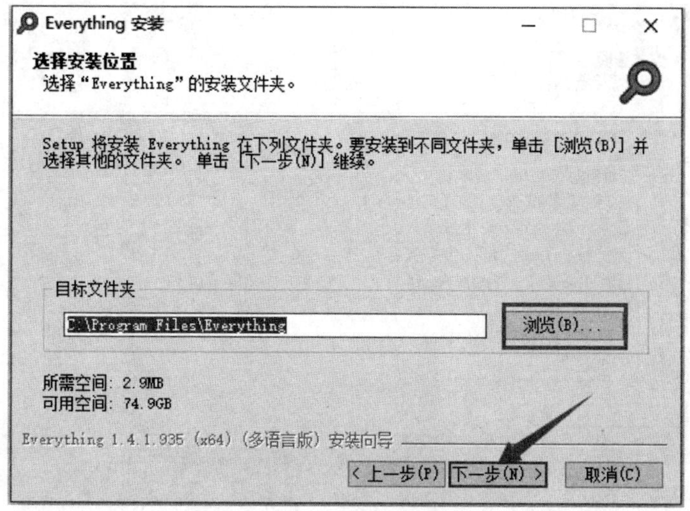

图 13–4　选择安装位置

⑤ 根据习惯选择数据保存目录和 NTFS 索引选项，然后点击“下一步”，见图 13–5。

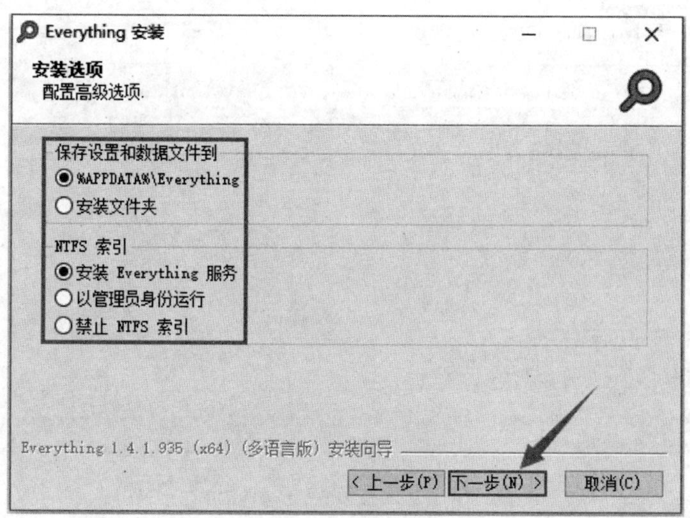

图 13–5　“安装选项”界面（一）

⑥ 根据需要选择对应的安装选项，然后点击“安装”，见图 13–6。

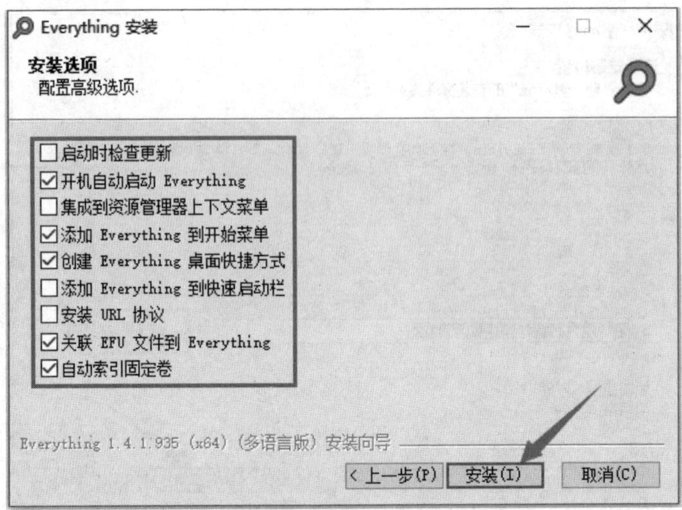

图 13–6 “安装选项”界面（二）

⑦ Everything 的安装过程大约需要 2 分钟，见图 13–7。

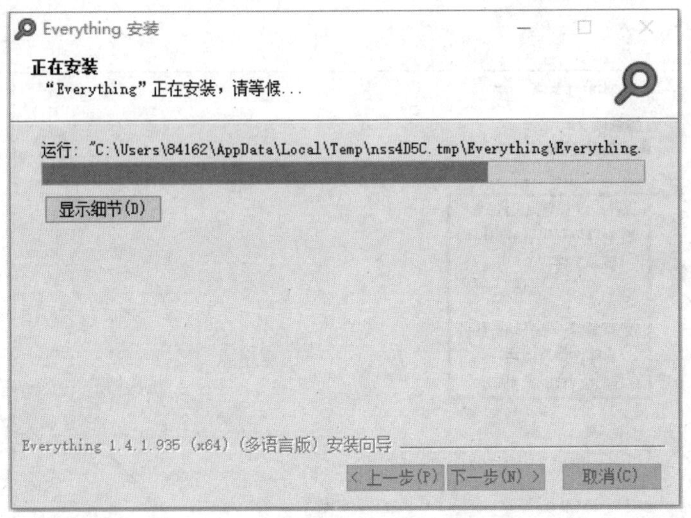

图 13–7 正在安装 Everything

⑧ 安装完成，如果需要立即使用的话，则单击勾选上“运行 Everything”选项，再点击“完成”即可，见图 13–8。

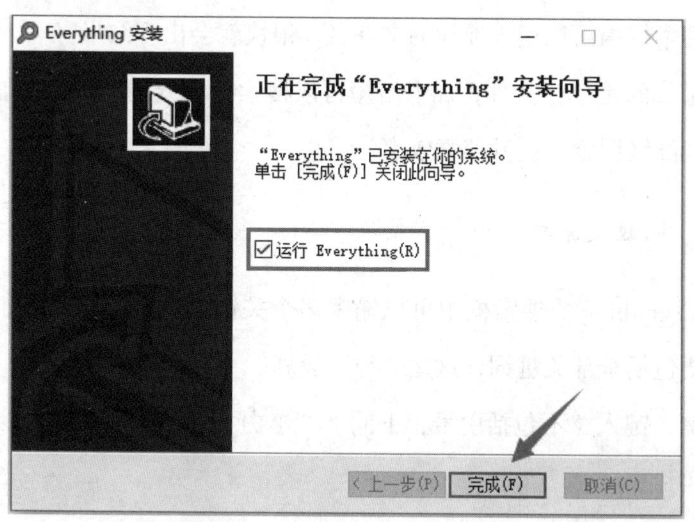

图 13–8　Everything 安装完成

13.1.4　Everything 使用方法

Everything 在第一次运行时，会建立索引数据库，其速度极快，生成的索引文件极小。索引之后，简洁的程序界面呈现在你的面前，程序状态栏中还会显示索引的文件数量，见图 13–9。

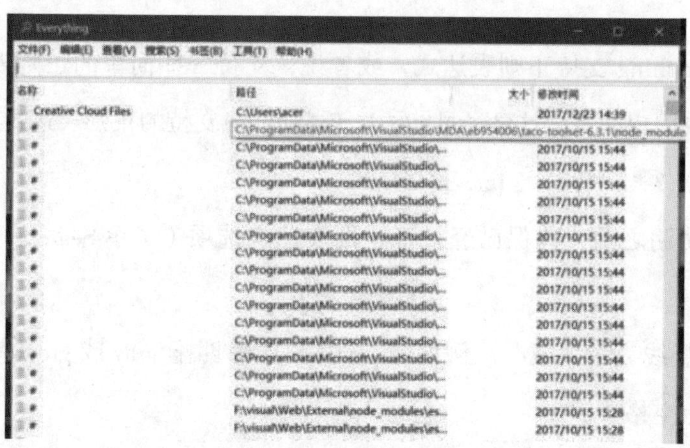

图 13–9　运行 Everything

在搜索框内可以键入要找的文件名，很快就会出现结果。

如果找的是单个文件，加上后缀可以搜索得十分精确。在功能栏中，可以打开高级搜索，提升搜索效率。

13.1.4.1 高效搜索之“与”“或”

在 Everything 的搜索框中可以输入多个关键词，以空格分开，表示搜索结果要包括全部关键词，这是“与”运算。

举例：键入（不包括引号，下同）“李白 北京 08 jpg”，可以快速找出某些照片。

对应“与”的还有“或”（OR）运算，用半角竖线表示：|。当你不确信关键词的准确描述时，这种方式非常有用。

举例：“jpg 李白 |libai 北京 08”“免费 |freeware”……。

引申：既然空格表示“与”，那么如何表示真正的空格呢？很简单，加英文半角引号，比如“program files”。

13.1.4.2 正则表达式

Everything 支持正则表达式，或者说，支持一些简单的正则表达式。对大多数用户而言，这已经足够了！ Everything 支持的正则表达式有：

|（）? * + . [] [^] ^ $ {m，n}

在使用之前，确保已经打开正则表达式选项（菜单 Search → Enable Regex）

|：竖线表示“或”。例如：gray|grey 能够匹配 gray 或 grey（注：在 | 两侧没有空格）。

（）：小括号用于确定范围。例如：gr（a|e）y 表示在 gr 和 y 之间有

一个字母 a 或 e，将匹配 gray 或 grey，与 gray|grey 意义相同。

?：问号表示其前一个字符可能出现，也有可能不出现。例如：colou?r 将匹配 color 和 colour。

*：星号表示其前一个字符可能不出现，也可能出现一次或多次。例如：ab*c 将匹配 ac、abc、abbc、abbbc 等。

+：加号表示其前一个字符出现一次或多次。例如：ab+c 将匹配 abc、abbc、abbbc 等，但不能匹配 ac。

.：点号可用于匹配任何单个非新行字符。（事实上，把哪个字符称为新行却是不一定的，可能是编码特别或位置特别，但是可以肯定的是这个行中一定包含其他字符。）在 POSIX 括号表达式规则中，点号只匹配一个点。例如：a.c 可以匹配 abc 等字符，但是 [a.c] 只匹配 a、. 或 c。

[ ]：中括号表示能够匹配其括号内出现的一个字符。例如：[abc] 能够匹配 a、b 或 c。[a–z] 将能够匹配 a 到 z 之间的任意一个字符。[abcx–z] 能够匹配 a、b、c、x、y 或 z，也可以表示成 [a–cx–z]。

[^]：表示可以匹配任何一个没有出现在其括号内的字符，与 [ ] 刚好相反。例如：[^abc] 能够匹配任何一个不是 a、b、c 的字符。[^a–z] 能够匹配任何一个非小写字母之外的字符。

^：匹配名称开始的位置。在以行为基础的工具中，匹配任意行的开始位置。

$：匹配名称结束的位置，或者匹配字符串结尾新行的结束位置。在以行为基础的工具中，匹配任意行的结束位置。

{m，n}：表示其前面的字符至少重复 *m* 次，但是重复次数少于 *n*。例如：a{3，5} 匹配 aaa、aaaa 以及 aaaaa，但是不能匹配 aa 或 aaaaaa。

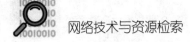

13.1.4.3　指定搜索范围

默认情况下，Everything 索引、搜索所有本地 NTFS 磁盘的所有目录。但是可以通过如下方式限定搜索范围，以得到更易用的结果列表。

① 希望 Everything 永不索引某个磁盘，在“选项”—“NTFS 磁盘”中，选定相应盘符，取消“搜索本卷”或“包含在数据库中”。（注：可以取消前一项，这样后一项就自动变灰）

② 希望永远排除某些目录，可以在“选项”—“排除列表”中设定。和上条方法一样，确认之后 Everything 会重新生成索引。

③ 希望 Everything 只搜索某个目录，可以在资源管理器或 Total Commander 中，右击该目录，在弹出菜单上选“Search Everything…”，见图 13-10。这时 Everything 的搜索框中出现了带引号的目录名。（需要在 Everything Options 的 General Tab 上选中“Show shell context menu”）

图 13-10　选择“Search Everything”

④ 与上一方法相同，只是不用右击目录，而是直接输入带引号的目录名，再输入搜索关键词。需要注意的是：目录名一定是完整路径，且用半角双引号括起来，不能选中“使用正则表达式”。

13.1.4.4　网络分享

Everything 内置了 HTTP、ETP/FTP 服务器。这意味着，可以把它当作简单的服务器来用。它的 HTTP 分享提供了强大的搜索功能。

HTTP 分享：点击菜单“工具”—“HTTP 服务器”后，就可以在浏览器访问 http://localhost 或输入本机 IP 进行访问了，见图 13–11。在 HTTP 中，它的搜索功能一样强大，可以把它加入 Firefox 等浏览器的自定义搜索中，更加方便地进行搜索。（可以在 Everything Option 的 Http Tab 上进行相关设置）

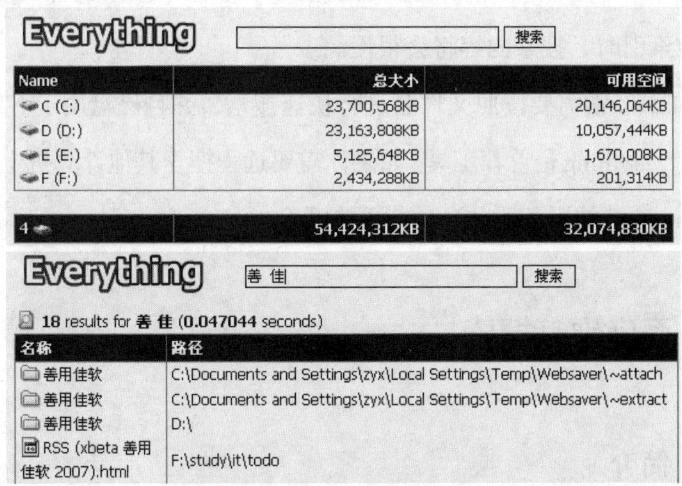

图 13–11　Everything 搜索

FTP 功能类似，但不具备搜索功能。

相比而言，因为浏览器更为常用，并且支持搜索，默认的 UTF–8 编码识别率更高，所以推荐 HTTP 方式分享。无论是 HTTP 还是 FTP，其端口、用户名、密码都是可以设定的。这样，就可以在局域网内更放心地分享文件了。

除了与朋友分享之外，在文件服务器上运行 Everything，用户就可以通过浏览器快速搜索了。这是一个很好的应用。

13.1.4.5 Everything 常见问题

① Everything 索引全部文件需要多长时间？

Everything 仅索引文件和文件夹名，一般仅需几秒便可建立其数据库。全新安装的 Windows10（大约 120000 个文件）仅需 1 秒即可索引完成。索引 1000000 个文件需要大约 1 分钟。

② Everything 能否搜索文件内容？

可以，Everything 可以通过搜索函数 content：来搜索文件内容。文件内容未被索引时，搜索内容将会很慢。

③ 如果经常需要按照文件名进行快速搜索，并且磁盘用了 NTFS 文件系统，则 Everything 是首荐工具。如果你需要远程搜索其他计算机上的文件，那么 Everything 的服务器共享功能更为适合。

13.2 百度硬盘搜索

13.2.1 简介

百度硬盘搜索是百度推出的一款硬盘搜索软件，它将搜索业务从网络扩展到用户个人电脑中，帮助用户从个人电脑海量的资料中快速地查找到想要的信息，包括文件、电子邮件、即时通信信息以及网页浏览历史记录等。具有如下特点：即时查找用户的电子邮件、文档、网页浏览历史记录等；无论在线与否，你都可以查看浏览过的网页； 搜索方式与百度线上搜索一样简单。

百度硬盘搜索是全球第一款可检索中英文双语的硬盘搜索软件，可以根据硬盘中文件的类型、时间等信息自动生成目录，让用户轻松管理硬盘。

13.2.2　功能介绍

① 目前支持文档、影音、图片、邮件及附件、网页历史、聊天记录、文本文件、源代码等各种文件。

② 有效缩小搜索范围：可以使用图片高级搜索、当前目录下找。

③ 开放接口，支持插件，索引更多文件类型：Foxmail、CHM 等。

④ 生成目录，帮用户轻松管理硬盘。

⑤ 管理数码照片，分享照片，生成相册。

13.2.3　使用指南

下载完成后，双击安装文件，根据提示即可完成安装。可以将百度硬盘搜索软件安装到计算机的任何位置。出于安全考虑，安装百度硬盘搜索软件需要计算机的管理员权限。

安装成功后，百度硬盘搜索软件会自动运行并对本地硬盘中的文件进行索引。此后，每次启动计算机，百度硬盘搜索软件也会自动运行。安装完成后，就可以使用百度硬盘搜索软件搜索本机中的文件，但为了获得更好的搜索效果，推荐在百度硬盘搜索软件完成初始索引后再进行搜索，见图 13–12。

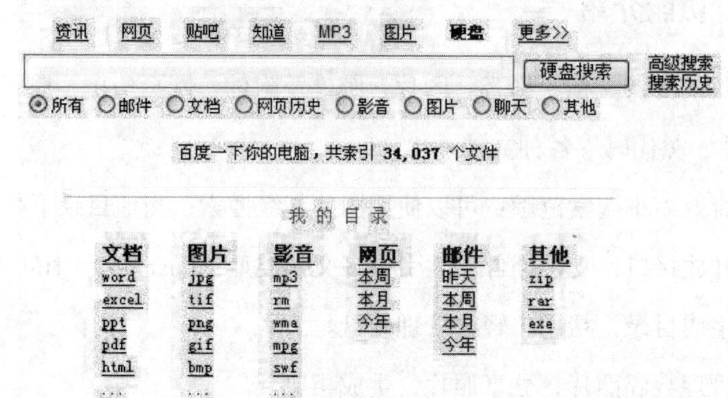

图 13–12　百度硬盘索引

百度硬盘搜索的使用方法和搜索方式与百度线上搜索一样，只需要在搜索框内输入需要查询的内容，敲回车键，或者鼠标点击搜索框右侧的“硬盘搜索”按钮，就可以得到最符合查询需求的内容，见图 13–13。

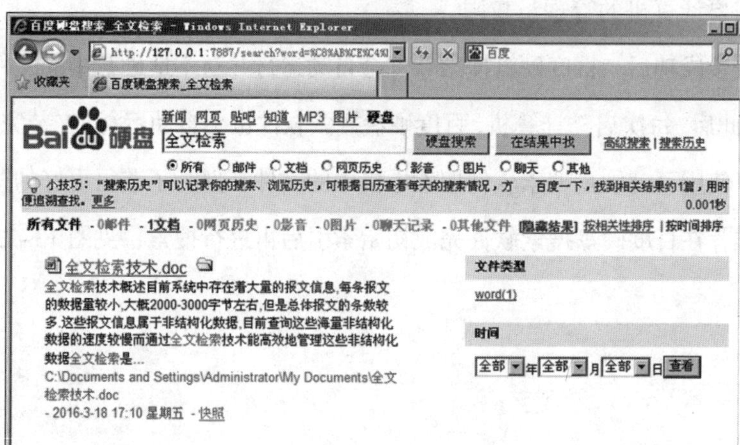

图 13–13　百度硬盘搜索

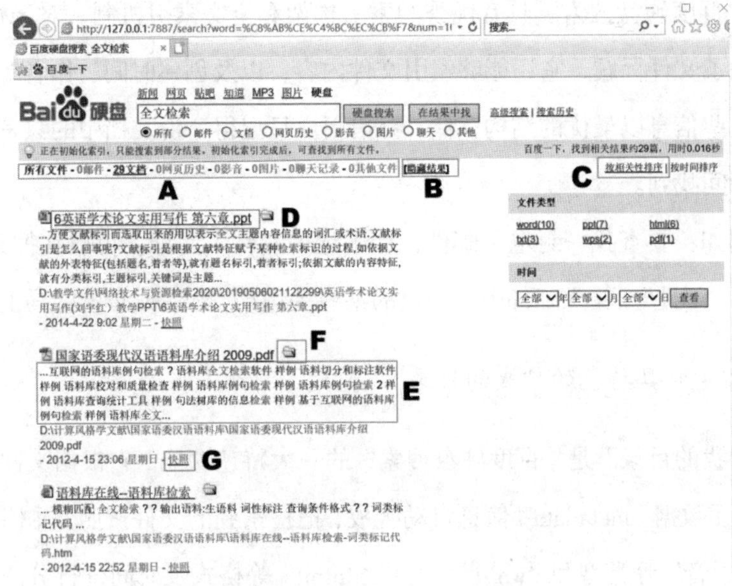

图 13–14　百度硬盘搜索结果

图 13–14 所示是“百度”的搜索结果页，选中区域含义如下：

A：搜索结果统计。按类型对搜索结果进行统计，点击相应链接可以查看该类型的搜索结果。

D：搜索结果标题。点击标题，可以直接打开该结果网页。

E：搜索结果摘要。通过摘要，可以判断这个结果是否满足你的需要。

G：快照。“快照”是该网页的备份，如果原网页历史打不开，可以查看快照浏览页面内容。

13.2.3.1　快速搜索电脑文件

相信大多数用户选择“百度硬盘搜索”的原因，就在于硬盘搜索能够快速而且准确地找到需要的文件。不论是文档、邮件、图片或 MP3，只要输入关键词然后回车，通常几秒就能看到搜索结果。而如果使用 Windows 系统自带的搜索工具，则会花上几分钟甚至更长时间。

“百度硬盘搜索”具有优秀的索引构架和全文索引机制。对于每个文件，除了文件标题，它还能够索引文件内容，以及创建时间、作者等信息，并将这些信息以最优的结构存储。哪怕用户只记得一份文档中的只言片语，也能瞬间找到。

例如：要查找一封电子邮件，却不记得发件人是谁。可以在搜索类型中选择“邮件”，输入邮件中出现过的某些关键词，然后回车就能马上找到。

13.2.3.2 独具特色的“我的目录”

“我的目录”是“百度硬盘搜索”的一大特色功能。它根据文件类型、时间、元数据（metadata）信息自动生成，把检索到的文件按照“文档”“图片”“影音”等类型和“word”“ppt”“html”等格式及时间进行分门别类，只需点击相应的链接就可以进入该类型文件的目录中。比如要查看最新的word文档，只需在“我的目录”中点击“word”链接，而不用在资源管理器中挨个目录查找，如图13-15所示。

索引中，已完成 **528,177** 个文件，目前可能仅呈现部分结果。查看状态

我 的 目 录

文档	**图片**	**影音**	**网页**	**邮件**	**其他**
word	jpg	mp3			zip
excel	tif	wma			rar
ppt	png	swf			exe
pdf	gif	wav			
wps	bmp	wmv			
...	...				

正在生成我的目录...刷新当前页可查看进程

图 13-15 “我的目录”

13.2.3.3 专业的数码图片管理

对于广大摄影爱好者来说，对硬盘上保存的大量数码照片的管理是一个难题，如何在海量的文件中快速找出需要的照片呢？下面介绍“百度硬盘搜索”的相关功能。

“百度硬盘搜索”完成索引后，在搜索主页中点击“我的目录”下的“jpg”格式，进入相应页面。在该目录中，可以看到其中把硬盘上的所有数码照片按照图片尺寸、光圈、相机型号、拍摄者、拍摄时间等参数分门别类，列出了一份非常详尽的目录，如图 13–16 所示。

Baidu 硬盘

新闻 网页 贴吧 知道 MP3 图片 硬盘

硬盘搜索 当前目录下找 高级搜索 | 搜索历史

○所有 ○邮件 ○文档 ○网页历史 ○影音 ◉图片 ○聊天 ○其他

我的目录 > 图片 > jpg 共6779篇

按图片尺寸分类：

小图片(4268)	中图片(1487)	大图片(1024)	

按拍摄时间分类：

今年(2)	2021年(3)	2020年(28)	2019年(126)
2018年(22)	2017年(3)	2015年(1)	2014年(10)
2013年(7)	2012年(4)	2011年(5)	2010年(2)
2009年(2)	2008年(4)	2004年(5)	

按相机型号分类：

Apple-iPhone 8(2)	Apple-iPhone X(7)	Canon-Canon EOS ...(5)	Canon-Canon EOS ...(1)
Canon-Canon EOS ...(2)	Canon-Canon EOS ...(4)	Canon-EOS 7D(2)	FUJI PHOTO FILM ...(2)
HUAWEI-CLT-AL00(53)	HUAWEI-HUAWEI G5...(1)	HUAWEI-NAM-AL00(2)	NIKON CORPORATIO...(2)
NIKON CORPORATIO...(3)	NIKON CORPORATIO...(32)	NIKON CORPORATIO...(2)	OLYMPUS OPTICAL ...(2)
OPPO-Find5(1)	OPPO-Find5?(2)	Xiaomi-MI 5X(1)	Xiaomi-MiTwo(3)

显示全部>>

按拍摄者分类：

Corbis(2)	hIS(4)	Picasa(2)	

按保存时间分类：

今天(73)	昨天(190)	本周(649)	本月(2570)
今年(3750)	2021年(177)	2020年(443)	2019年(586)
2018年(198)	2017年(81)	2016年(7)	2015年(114)
2014年(101)	2013年(367)	2012年(348)	2011年(138)

图 13–16 图片详细分类

点击相应的链接即可进入到符合该参数的目录中。如选择数码相机型号“NIKON CORPORATION–NIKON D50”，那么使用该相机拍摄的数码照片就可以全部呈现在眼前。

进一步点击某张照片缩略图旁边的“更多”链接，还可以获得该照片详细的 EXIF 信息：颜色深度、曝光控制、色彩模式等属性一目了然，如图 13-17 所示。

p_big2.jpg

D:\源码库\智汇答题Plus-20-05-29\源码\backend\public\system\frame\img\p_big2.jpg

尺寸:1000 x 563　　文件大小:440.7K

拍摄日期:2014:04:05 13:10:46　　颜色深度:24

设备制造商:NIKON CORPORATION　　相机型号:NIKON D5100

文件的更新时间:2019-4-13 9:43 星期六　　曝光控制:光圈优先

色彩模式:RGB　　曝光时间:1/640 s

DPI:72 Pixel/Inches　　曝光模式:自动曝光

感光度:800　　焦距:48.0 mm

光圈值:f/4.8　　测距模式:分区测光

闪光灯:无　　光源:UNKNOWN

编辑软件:Adobe Photoshop CS5 Windows　　白平衡:自动白平衡

色彩空间:sRGB

图 13-17　照片详细的 EXIF 信息

“百度硬盘搜索”对照片的强大管理功能不仅体现在“我的目录”功能中，同时在高级搜索中也有很好的表现。

在硬盘搜索主页中点击“高级搜索”链接，进入界面后可以看到图片的高级搜索功能。点击“图片高级搜索”，这里提供了非常丰富的高级搜索条件选择：拍摄时间、相机型号、尺寸、光圈、拍摄者等，均可以在做限制后，再进行搜索，有效缩小搜索范围，快速、准确地找到照片。

13.2.3.4　全面的影音管理

在百度硬盘首页点击影音类目录的链接，mp3、wma、mpg、rm 等各种格式的影音文件便尽收眼底，如图 13–18 所示。

图 13–18　影音详细分类

点击进入 mp3 目录，可以看到所有 mp3 音乐已经按照艺术家、专辑、流派、保存时间 4 种方式进行分类，如图 13–19 所示。用户可以根据自己的喜好查看属于某个艺术家或者某个专辑的 mp3 音乐。

Baidu硬盘 新闻 网页 贴吧 知道 MP3 图片 硬盘
硬盘搜索 当前目录下找 高级搜索 | 搜索历史
所有 邮件 文档 网页历史 影音 图片 聊天 其他
我的目录 > 影音 > mp3
按艺术家分类：
(?)(2) ?`?ùà??ó(1) Bandari(1) c(1)
flash8(1) FLTRP(2) the daydream(1) 阿鲲(1)
可可英语(2) 可可英语网~www.k...(32) 老刘帮手(5) 新东方考试研究中...(38)
有声读物(1) 站长素材(sc.chin...(1)
按专辑分类：
(?)+(?)(2) 329(1) ?´á?ê¢?á(1) One Day In Sprin...(1)
《小学生必背古诗...(1) µ$?ú(1) 白日梦游 (little...(1) 大学英语六级考试...(2)
大学英语四级考试...(1) 大学英语四级考试...(31) 大学英语四级考试...(6) 舌尖上的中国 原...(1)
站长素材(sc.chin...(1)
按流派分类：
Blues(361) Dance(34) NewAge(1) Other(51)
新东方(33)
按时间分类：
本周(1) 本月(297) 今年(574) 2021年(76)
2020年(5) 2019年(2) 2018年(8) 2016年(1)
2015年(6) 2014年(2) 2013年(2) 2005年(5)
2001年(10)

图 13–19　mp3 详细分类

在影音类目录中，还有一个非常便捷的功能——歌曲播放。点击分类目录后面的播放按钮，就会调用默认播放器播放该目录下的全部音乐。

13.2.3.5 简单实用的生成相册功能

电脑上保存了大量的图片，如何把这些图片与好友共享呢？可以使用“百度硬盘搜索”的生成相册功能，制作 HTML 相册。

在硬盘搜索首页文本框中输入关键词，选择搜索类型为“图片”后回车或者点击进入“我的目录”下，进入任意一个图片分类，接着逐层渐进到要生成相册的目录。在结果页面中，可以在页面上方发现“生成相册”链接，如图 13-20 所示。

图 13-20 选择“生成相册”

点击进入该功能，勾选要生成相册的图片后点击页面右上方的“下一步”按钮进入相册设置界面，如图 13-21 所示。这里提供了 3 种相册样式，选择自己喜欢的样式并输入相册名称、选择保存路径后点击“生成相册”按钮即可。生成完成后页面下方会有提示，点击链接就可以查看。

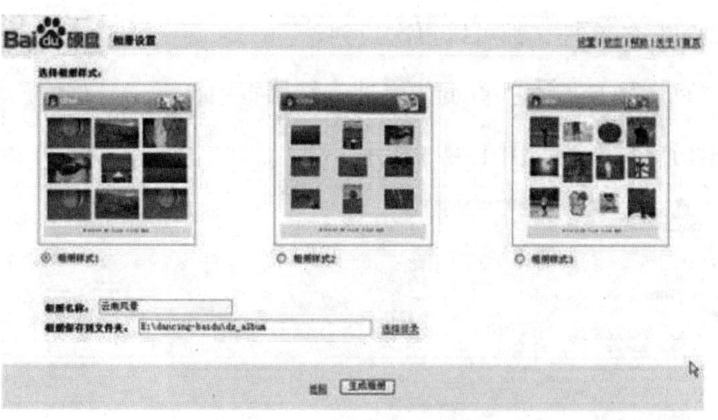

图 13-21　“相册设置”界面

整个相册保存到了设置的目录中，可以随时查看，并且能够非常方便地传到网络与好友分享，如图 13-22 所示。

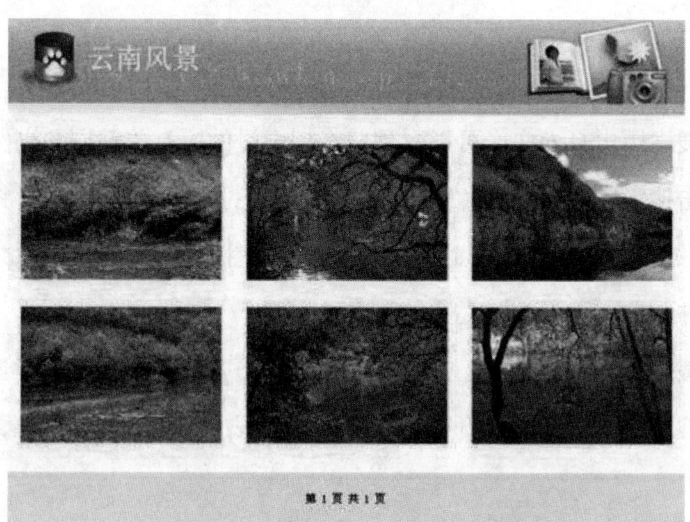

图 13-22　生成相册效果

13.2.3.6　“搜索历史”追溯查找文件

“百度硬盘搜索”还提供了“搜索历史”功能，它会记录用户的搜索、浏览历史。可以根据日历查看每天的搜索情况，方便追溯查找。凡是用硬

盘搜索浏览过的文件，都可以再次找到。

在“百度硬盘搜索”首页或者搜索结果页中，点击“搜索历史”即可进入搜索历史页面，如图 13–23 所示。

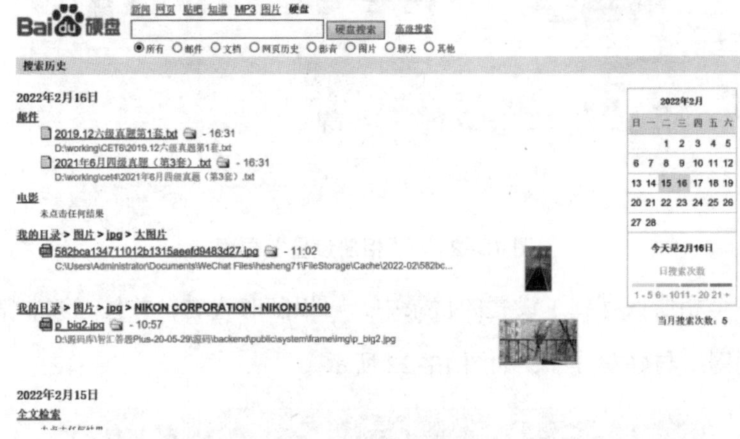

图 13–23　搜索历史

在搜索历史页面中，可以看到曾经搜索过的所有关键词和浏览过的文件。点击搜索过的关键词（如“图片”“羽毛”“电影”等），将打开该关键词的搜索结果页面。点击文件名（如“图片 005.JPG”）则会直接打开该文件。

在搜索历史页面右侧，还有可以通过日历查看某一天的搜索记录。根据每天搜索次数的不同，日期的背景也会呈现出深浅不同的颜色，非常人性化。

13.2.4　注意事项

（1）如何避免一些文件被搜索到？

如果不想让部分文件被百度硬盘搜索软件索引和检索，可以在“百度硬盘搜索设置”页面中进行设置，有以下两种设置方法：

方法一：在“百度硬盘搜索设置”页面中进行设置，取消相应的文件类型。

方法二：在“百度硬盘搜索设置”页面中，输入要过滤的文件路径，百度硬盘搜索软件将不会对这些路径中的文件进行索引。相应地，也不能够搜索到这些文件。

百度公司保证用户的所有个人信息不会被发送回百度公司或其他网站上，并提供高的安全性保证用户的个人信息安全。

（2）如何停止索引？

如果要停止百度硬盘搜索软件对电脑文件的索引，可以在百度硬盘搜索软件托盘区菜单中选择“暂停索引”。如果要恢复对电脑文件的索引，选择“继续索引”，百度硬盘搜索会继续对硬盘中的文件进行索引。

（3）如何从计算机中删除百度硬盘搜索软件？

在开始菜单，选择“程序”→“百度硬盘搜索”，单击“卸载程序”即可从计算机中删除百度硬盘搜索。也可以在“控制面板”中使用添加/删除程序来卸载百度硬盘搜索软件。

13.3　Archivarius 3000

13.3.1　软件简介

Archivarius 3000 是一款很优秀的全文检索工具，可以搜索计算机、局域网和可移动驱动器（包括 CD，DVD 和其他）上的全部应用程序。文档可以通过关键字或使用查询语言搜索，和在 Internet 搜索引擎中类似。在搜索持续时，会字段计算所有表单的词语；提供的全文本文档搜索可以支持十几种不同的语言。

程序会提取和保存关于文档的完整信息。文档实际上并不能够访问，通过关键字查找，并检查文件位于哪个磁盘中。软件有一系列省时的解决方案：查询建立器可以无须知道任何特别的知识即可建立复杂的查询；搜索向导可以在很少的步骤中通过大小、日期和类型等搜索文本；快速查看功能提供加亮查询词组的文档的大纲浏览方式。

程序几乎支持所有普通的文档类型，如 MS Office、PDF、TXT，还可以在压缩文档（ZIP、ACE、RAR、ARJ 和其他）中，在 Outlook Express 和 The Bat！的电子邮件消息和电子邮件中嵌入的文档中进行搜索。

13.3.2 软件特色

① 实时的文档和电子邮件的全文本搜索。

② 18 种语言的带语法的上下文搜索。

③ 支持 LAN（局域网）和可移动驱动器（CD，DVD 和其他）。

④ 支持常用的格式。

⑤ 在压缩文档格式（ZIP，ACE，RAR 和其他）中进行搜索。

⑥ 在 Outlook Express，MS Exchange，Netscape，PocoMail 和 The Bat! 电子邮件消息和它们的附件中搜索。

⑦ 通过 Internet 远程搜索和文档访问。

⑧ 完整的 Unicode 支持。

13.3.3 使用向导

Archivarius 3000 开启后，需要先建立索引，相当于给电脑里面的文件建立它自己的目录，见图 13-24。从这一步骤就可以看到 Archivarius 3000

的一些特性。首先它支持的文件类型非常多，Word、Excel、PowerPoint 等办公文稿自不必说，邮箱邮件、图像文件、电子书、数据库等都予以支持。

图 13-24　“创建新索引”界面

Archivarius 3000 建立索引需要一定时间，使用 SSD 会快很多，见图 13-25。如果知道想要找的文件放在哪个位置，也可以将索引范围限定在该目录，可以节省很多等待时长。建立完成索引后，该索引是可以实时更新的，也就是说如果添加了文档到建立索引的目录，Archivarius 3000 可以及时将其纳入索引便于寻找。用户可以在软件中随时更改、删除、添加索引，见图 13-26。

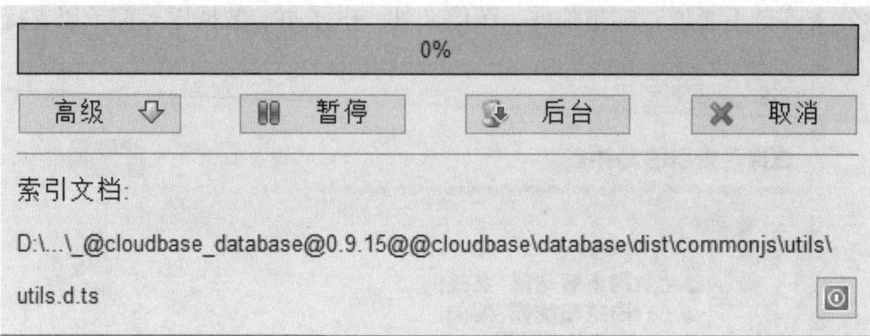

图 13-25　建立索引

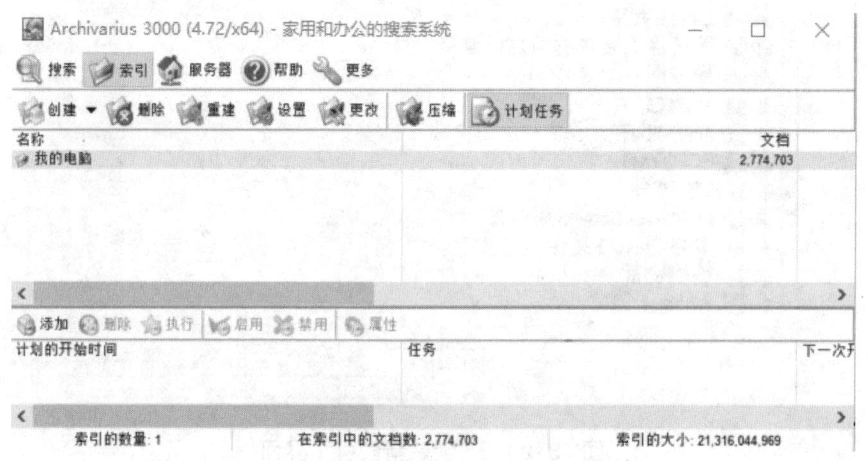

图 13-26　修改索引

索引建立后，就可以使用 Archivarius 3000 来搜索文档了。只要输入关键字，Archivarius 3000 马上就可以呈现出内容中含有这些关键字的文档，并且将相应位置标注高亮，见图 13-27。

（a）

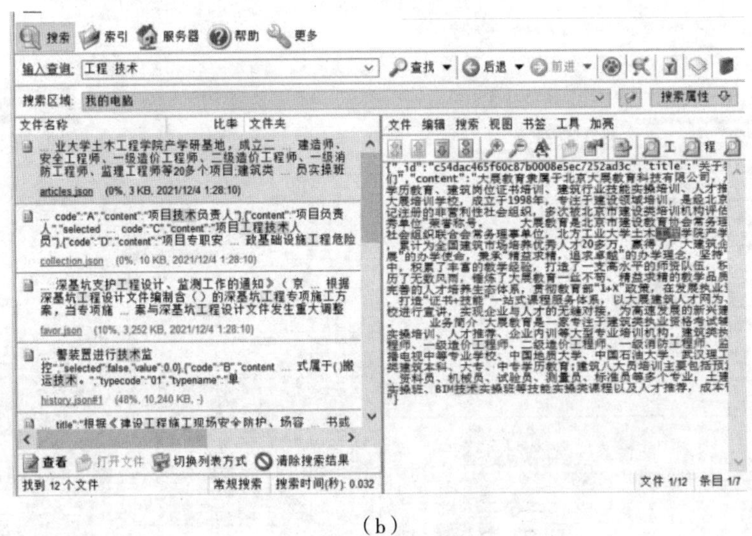

（b）

图 13–27　搜索功能

另外，Archivarius 3000 还提供了预览功能，就算没有安装相应的办公软件，借助 Archivarius 3000 也可以大致浏览文档的内容，见图 13–28。同时，还可以对搜索范围进行手动筛选，例如限定文件的修改日期、大小等，查找文档更加快捷，见图 13-29。

查看文档: D:\BaiduNetdiskDownload\docfile20210329.zip...

文件 编辑 搜索 视图 书签 工具 加亮

工 程 技 术

{"_id":"c54dac465f60c87b0008e5ec7252ad3c","title":"关于我们","content":"大展教育隶属于北京大
一家专注于建筑执业资格考试辅导、建筑类学历教育、建筑岗位证书培训、建筑行业技能实操培训、人才
专注于建设领域培训，是经北京市朝阳区教育委员会核准成立，北京市朝阳区民政局登记注册的非营利性
水平优秀单位"荣誉称号。　　大展教育是北京市建设教育协会常务理事单位，北京建设教育联盟常务理
成立二十年来，专注于建设行业的教育与培训事业，累计为全国建筑市场培养优秀人才20多万，赢得了广
求精，追求卓越"的办学理念，坚持"使无业者有业，使有业者精业"的办学宗旨。发展过程中，积累了丰
企业文化：经历了无数风雨，锤炼了大展教育一丝不苟、精益求精的教学品质。　近年来，大展教育致力
业资格取证培训的同时，大力推进建设行业职业技能培训，打造"证书+技能"一站式课程服务体系，以大
与人才的无缝对接，为高速发展的新兴建筑产业提供全方位、全流程、系统化的职业教育与培训服务。
培训、建筑行业技能实操培训、人才推荐、企业内训等大型专业培训机构。建筑类执业资格考试辅导主要
、监理工程师等20多个项目;建筑类学历教育主要包括中央广播电视中等专业学校、中国地质大学、中国
专、中专学历教育;建筑八大员培训主要包括预算员、施工员、质检员、材料员、合同员、监理员、安全
精装修造价实操班、资料员实操班、BIM技术实操班等技能实操类课程以及人才推荐，成本管理、安全管

查询: 工程 技术　　文件 1/12　条目 1/7

图 13-28　浏览文档内容

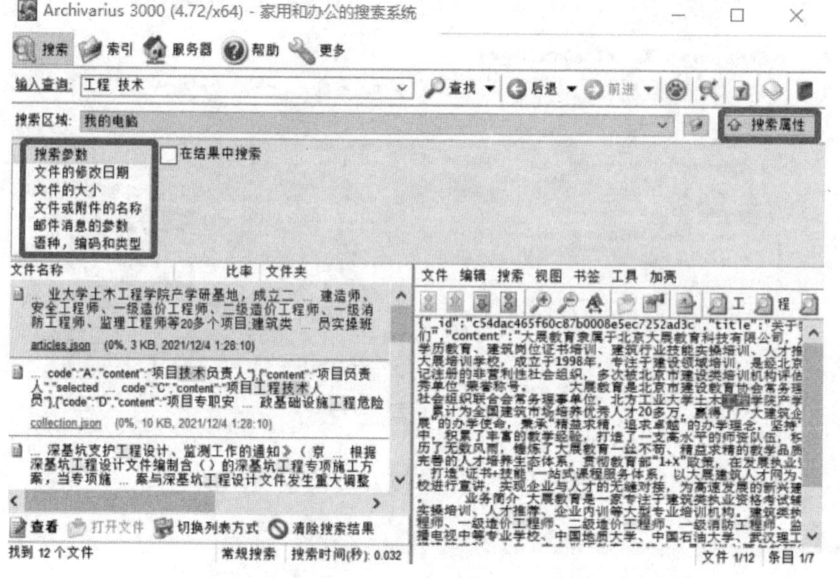

图 13-29　筛选搜索结果

Archivarius 3000 的功能并不止上文所提到的，限于篇幅就不一一展开详述了。简而言之，这的确是一款非常高效快捷的文档搜索工具，尤其是可以搜索文档内容的功能。

第 14 章 信息检索与利用

14.1 信息检索的重要性

信息资源检索与利用是大学生信息素养的一个重要方面，是大学生必备的技能之一。据相关研究，科技人员所拥有的科技知识，10% 是在大学学习期间获得的，90% 以上是在工作中不断学习积累获得的。如果一位刚从大学毕业的大学生，5 年内不继续补充新的知识，那么原有知识将会失效 50%，10 年之内没有补充新的知识，原有知识 95% 将会失效，当然这里指的是技术知识。据统计，一位科技人员检索文献的时间，占全部工作时间的 1/3 以上，如果科技人员能熟悉文献信息检索的方法和技巧，就能节约大量的宝贵时间，全心专注于研究。

马克思曾将利用文献比作站在巨人的肩膀上。大学生如果能够充分占有文献信息，就可以扩展思路，开阔视野，有助于其学习和研究工作。随着时代的快速发展，各种信息、文献等如潮水般涌来。仅就文献来说，每年的文献量以至少千万件的速度不断增长，网上的信息量更是不计其数。

如果不能熟练掌握一些文献检索的方法和技巧，若想从这些数量庞大、类型复杂的文献信息里，快速、准确地查到自己所需要的文献信息，实属不易。以计算机专业来说，目前全世界出版的计算机类杂志上万种，一位计算机方面的优秀科技人员，无论如何努力也只能阅读其中微小的一部分，何况他还不能只停留在阅读本专业文献上。

目前，大学生在资源检索方面还存在一些问题：一是大学生主要依赖于网络资源，把 Baidu，Google 作为获取信息资源的主要途径，对高校图书馆资源接触不多，对电子资源数据库更为陌生；二是不少大学生只会选用少数的信息资源，往往不能满足检索题目的要求；三是缺乏信息分析能力，面对检索出来的众多信息，不能快速、准确地选择自己所需要的文献信息；四是由于外语水平的限制，对于检索到的外文文献不知道如何选取、如何分析，才能把真正有用的文献信息筛选出来。对大学生而言，掌握了文献检索方法，就如同拥有了打开知识宝库的钥匙。

14.2 信息资源的类型

当前，文献信息资源种类极其繁多，除了纸质文献外，还有各种各样的电子资源，其中包括电子期刊、电子图书、全文数据库、学位论文数据库、专利数据库、文摘索引数据库等。常见中文电子资源有超星数字图书馆、CNKI 中国知网、读秀数据库、万方数据知识服务平台、维普数据库、会议论文和专利成果数据库；外文数据库有 Springer LINK，Elsvier Science，John Wiley，EBSCOhost，Pro Quest 等；文摘索引数据库有 SCI，SSCI，EI，INSPEC 等；学位论文数据库有 Pro Qust Dissertations&Theses，Pro Quest DigitalDissertations；电子图书有 Ebrary，Net Library 等；此外还有

大量的网络免费资源。

14.2.1　网上电子期刊资源

网上电子期刊具有时效性强、内容丰富、检索途径多样等优势，利用率非常高。网上电子期刊包括与印刷版同时发行和仅在网上发行的两种，其主要来源渠道有：

（1）出版商和文摘索引服务商提供的期刊检索服务

目前，国际上大多数主要的期刊出版商都建立了全文数字化期刊数据库，并通过因特网提供服务。如美国学术出版社（Academic Prees）的 IDEAL（International Digital Electronic Access Library） 系 统（http://www.Idealibrary.com），德国 Spring–Verlag 出版公司的 Link 系统（http://www.link.springer.de）等。有的文摘索引服务商则将自己的产品上网，提供包括期刊订购、检索、全文传递等服务。如美国威尔逊公司（Wilson）的 Wilson Fulltext（http://www.wilson.com）。

（2）网络数据库信息服务商提供的服务

存储在网络服务器上的网络数据库品种多、质量高，大多由信息服务商或大型图书情报机构创建维护，如世界上最早和最大的国际联机检索系统 Dialog、美国联机计算机图书馆中心 OCLC、中国期刊网等。访问的形式主要有授权直接访问或访问镜像站上的数据库两种。中国期刊网的题录数据库免费供用户检索，可为用户提供 6000 多种刊物的题录信息。有的数据库服务商不定期地提供某些数据库的免费试用服务。

（3）文献情报部门或学术性机构提供的服务

文献情报部门或学术性机构依托自己或协作单位的馆藏，通过自己的网站提供期刊或其他类型文献的网上检索服务，用户在有些网站检索二次文献信息的同时，还可以订购原始文献，原文可通过 E-mail、传真、浏览、下载和联机打印等方式获取。如美国科技信息研究所的科学网（Web of Science）（http://wos.isiglobalnet.com）提供世界三大引文索引（SCI、SSCI、AHCI）的检索。

（4）网络版期刊提供的服务

许多期刊正在网上建立自己的网站，便于读者上网检索或提供免费的电子邮件现刊目录服务。如《中国远程教育》免费为广大读者提供全文阅读、期刊订阅及检索服务；《世界华人名人录》网络版提供网络版的题录和全文；中国经济展望网提供《宏观经济观察》《宏观经济论坛》等多种网络版期刊的题录和全文；等等。

14.2.2 网上图书信息

网上提供的图书信息主要包括书目信息和电子图书。

（1）出版商提供的书目信息

国内外许多出版社都设有自己的网站，通过因特网发布其出版物的目录、最新图书内容简介、价格等信息。如高等教育出版社提供新书推荐、教材目录以及书目查询服务等 ;Academic Press 提供其出版物的目录、最新图书内容简介、价格等信息，带有一定的销售宣传性质。

（2）图书馆、文献情报中心提供的联机图书馆馆藏目录

目前全球至少有 15000 个大型图书馆的联机目录 24 小时对外开放。读者通过 OPAC 可以查询到大量的书目信息，确定某本书是否在馆，能否通过馆际互借加以利用等。有些联机目录不但提供书目及摘要，还提供其他信息资源，用户可以通过相应的 URL 地址访问世界各个国家和地区的各种图书馆。

（3）数字图书馆提供的电子图书

数字图书馆是数字化生存时代的重要文化基础设施。用户只需通过鼠标和键盘，记载人类文明成果的图书资料就会方便地进入人们的生活。如超星数字图书馆可为读者提供 35 万册的 PDG 格式的数字图书。其会员可随时阅览到最新图书。国内可供读者阅读图书的还有中国数字图书馆、书生之家数字图书馆等。

（4）研究机构提供的电子图书

以香港中文大学中国文化研究所的“古文献资料库中心”和中国台湾的“瀚典”为代表。两网站除部分内容需付费使用外，绝大部分内容可免费在线浏览。

（5）个人或团体网站提供的电子图书

大多数文学类网站属于此类，有的以收藏为主，有的以链接为主。虽然侧重点有所不同，但大多是中外文学名著和时下一些比较红火的图书，也包括一些网友自己的习作和文摘，一般为全部免费提供给读者阅读。

14.2.3　网上报纸资源

网上电子报纸时效性强、传播范围广，提供大量时事、专题、经济、政治、法律法规等方面的信息，正逐渐成为新的重要的社科信息源。据不完全统计，自 1995 年 10 月《中国贸易报》率先在网上开办电子版以来，国内大多数报纸可提供网上阅览。以《人民日报》网络版为例，将每天出版的《人民日报》《市场报》等 17 种报刊的全部文字和图片上网发布，还分为“中国”“国际”“财经”等 9 个频道，每天滚动发布国内外新闻 1500 条，并就新闻热点制作专题。网站还设置了对报刊和频道新闻均有效的信息检索功能，读者很方便就能查到相关资料。

14.2.4 网上学位论文资源

（1）利用全国性的学位论文数据库提供的信息

许多国家已将学位论文数字化列为重要的项目计划，其中较具规模与成效的，例如 Networked Digital Library of Theses and Dissertations（NDLTD）（网络博硕士论文数字化图书馆计划）。它是一个国际论文资源的电子图书馆计划，通过整合性检索可检索 19 个单位的论文，另外更列出许多大学及研究机构博硕士论文的网址。CALIS 高校学位论文（文摘）数据库，是中国高等教育文献保障系统的一个子项目，建库的目的是通过对分散在各大学中各类学科的学位文献信息的收集、整理、建库、上网，使原始的论文信息获得升值，为国内外希望获取高校学术信息的用户提供方便的查询途径，起到推动高校教学、科研交流和促进发展的作用。目前博硕士学位论文数据逾 384 万条，其中中文数据约 172 万条，外文数据约 212 万条，数据持续增长中。该系统采用 e 读搜索引擎，检索功能便捷灵活，提供简单检索和高级检索功能，可进行多字段组配检索，也可从资源类型、检索范围、时间、语种、论文来源等多角度进行限定检索。

（2）利用商业出版机构或信息中介者提供的信息

目前已有商业出版机构取得授权，通过正式的出版渠道出版学位论文；有些则是委托代理商接受论文订购。如 1983 年成立的 UMI 公司，是美国学术界首屈一指的出版公司，出版物包括自 1861 年美国的第一本论文到目前所出版的 150 多万本美加地区博硕士论文，1997 年以后出版的已经有 PDF 形式的论文。可通过 Amazon 网络书店订购学位论文，前 25 页可免费浏览。

（3）利用联机检索系统中的学位论文数据库

一些知名的联机检索系统中都包含大量的与学位论文有关的数据库。如 Dialog 系统、Questel Qrbit 系统、STN FizKar/sruhe 系统。我国的“中国优秀博硕士学位论文全文数据库”由教育部主管、清华大学主办，是中国知识基础工程（CNKI）继“中国学术期刊全文数据库”等超大型数据库建成后，又一项大规模开发利用我国知识信息资源的重大信息化工程。包括《中国博士学位论文全文数据库》和《中国优秀硕士学位论文全文数据库》，是目前国内资源完备、质量上乘、连续动态更新的中国博硕士学位论文全文数据库。现有 500 余家博士培养单位的博士学位论文 40 余万篇，780 余家硕士培养单位的硕士学位论文 480 余万篇。

（4）学术教育单位自建的学位论文数据库

有些大学或资料中心在原有图书馆馆藏目录查询系统之外建立本校的博硕士论文查询系统，部分学校除提供书目及摘要外，另有全文下载功能。如：MIT Theses Online，收录经选择后的博硕士论文，提供论文扫描全文。可线上订购全文，包括：纸本、PDF 文档及微缩片三种形式。上海交通大学学位论文数据库，提供多种途径包括摘要和全文的检索，可以查到上海交通大学历年的博硕士论文书目资料及摘要，博士论文的全文下载仅限授权用户。

14.2.5 网上政府信息

政府信息是政府活动的原始记录和产物，它的发展与政府机构本身的扩充及其职能的强化有着不可分割的联系；其文献地位和使用价值也随着综合国力的增强和在国际事务中所发挥的作用而不断上升。网络政府信息的数量，已被视为一个国家民主程度的表征之一。数字政府建设成为推进

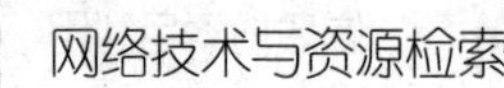

国家治理体系和治理能力现代化的有效手段，“掌上办”“指尖办”成为政务服务标配，“一网通办”“异地可办”“跨省通办”渐成趋势，企业和群众获得感、满意度不断提升。根据《2020联合国电子政务调查报告》，我国电子政务发展指数国际排名从2018年的第65位上升到2020年的第45位。全国一体化政务服务平台基本建成，已联通31个省（区、市）及新疆生产建设兵团和46个国务院部门，实名用户已超过4亿人。省级行政许可事项实现网上受理和“最多跑一次”的比例达到82.13%，全国一半以上行政许可事项平均承诺时限压缩超过40%。中央政府门户网站及其政务新媒体覆盖全球200多个国家和地区的超7.68亿用户，年传播量达138亿次。政务信息资源开发利用深入推进，截至2020年底，全国一体化政务服务平台已发布53个国务院部门的数据资源9942项，为各地区各部门提供共享调用服务达540余亿次。

14.3 国内外主要电子资源

14.3.1 国内主要电子资源介绍

（1）CNKI工程

CNKI工程是以实现全社会知识资源传播共享与增值利用为目标的信息化建设项目，由清华大学、清华同方发起，始建于1999年6月。在党和国家领导以及教育部、中宣部、科技部、新闻出版总署、国家版权局、国家发改委的大力支持下，在全国学术界、教育界、出版界、图书情报界等社会各界的密切配合和清华大学的直接领导下，CNKI工程集团经过多年努力，采用自主开发并具有国际领先水平的数字图书馆技术，建成了世

界上全文信息规模最大的“CNKI 数字图书馆”，并正式启动建设“中国知识资源总库”及 CNKI 网格资源共享平台，通过产业化运作，为全社会知识资源高效共享提供最丰富的知识信息资源和最有效的知识传播与数字化学习平台。其网址为：http://www.cnki.net/，主要包括中国期刊全文数据库（CJFD）、中国优秀博硕士学位论文全文数据库（CDMD）、中国重要会议论文全文数据库（CPCD）、中国重要报纸全文数据库（CCND）、中国基础教育知识仓库（CFED）、中国医院知识仓库（CHKD）、中国企业知识仓库（CEKD）、中国城市规划建设知识仓库（CCPD）。

（2）万方数据资源系统

万方数据资源系统由万方数据股份有限公司经营，是国内一家大型数据库系统。该系统包括三个子系统：科技信息子系统（http://www.scitechinfo.com.cn）、数字化期刊子系统（http://www.periodicals.com.cn）和商务信息子系统（http://www.businessinfo.com.cn）。其网址为：http://www.wanfangdata.com.cn，主要包括中国科技成果数据库（CSTAD）、中国科技论文统计与引文分析数据库（CSTPC）、中国学术会议论文数据库（CACP）、中国学术会议论文集全文数据库（PACC）等。

（3）国家科技图书文献中心数据资源

国家科技图书文献中心（National Science&Technological Library，NSTL），其网址为：http://www.nstl.gov.cn，根据国家科技发展需要，采集、收藏和开发理、工、农、医等各学科领域的科技文献资源，面向全国开展科技文献信息服务。

（4）中国高等教育文献保障系统数据资源

中国高等教育文献保障系统（China Academic Library&Information System，CALIS），其网址为：http://www.calis.edu.cn，是我国高等教育“211

工程”总体建设规划中两个公共服务体系之一，为我国高等教育服务。现已经建成多个中文数据库，同时引进了一批著名的英文数据库。高校“学位论文数据库”是CALIS的一个自建数据库项目，由CALIS全国工程文献中心（清华大学图书馆）牵头负责组织，协调全国80余所高校合作建设。该库的建立，为国内外用户提供了一个获取中国高校学位论文信息的查询途径，从而也更好地推动了高校教学和科研水平的发展。该库目前是一种文摘索引型数据库，内容涉及自然科学、社会科学、医学等各个学科领域。

（5）超星数字图书馆

超星数字图书馆为中文数字图书馆之一，提供大量的电子图书资源，其中包括文学、经济、计算机等五十余大类，数百万册电子图书，500万篇论文，全文总量13亿余页，数据总量1000000GB，超16万集的学术视频，拥有超过35万授权作者，5300位名师，1000万注册用户，并且每天仍在不断增加与更新。先进、成熟的超星数字图书馆技术平台和超星阅览器，提供各种读书所需功能。专为数字图书馆设计的PDG电子图书格式，具有显示效果好、适合在互联网上使用等优点。超星阅览器是国内目前技术成熟、创新点较多的专业阅览器，具有电子图书阅读、资源整理、网页采集、电子图书制作等一系列功能。

（6）读秀知识库

读秀知识库是超星公司开发的一个面向全球的互联网图书资源查询系统，主要提供图书、期刊查询服务。它的图书资料收录丰富，几乎涵盖所有中文版图书，并以每本书为单位，向读者提供图书的详尽信息。读秀知识库是由海量图书等文献资源组成的庞大的知识系统，它集文献搜索、试读、传递为一体，可以对文献资源及其全文内容进行深度检索，并提供文献传递服务。它具有图书资源丰富、检索速度快、检索结果多、远程传递

方便快捷等特点，是一个颇具特色的知识库。

（7）维普数据库

重庆维普资讯有限公司的前身为中国科技情报研究所重庆分所数据库研究中心，是中国第一家进行中文期刊数据库研究的机构。作为中国数据库产业的开拓者，数据库研究中心自主研发并推出了“中文科技期刊篇名数据库”，成为是中国第一个中文期刊文献数据库，也是中国最大的自建中文文献数据库。针对全国高等院校、公共图书馆、情报研究机构、医院、政府机关、大中型企业等各类用户的需求，重庆维普资讯有限公司又陆续推出了“中文科技期刊数据库”“中国科技经济新闻数据库”“中文科技期刊数据库（引文版）”“外文科技期刊数据库”“中国科学指标数据库”、智立方文献资源发现平台、中文科技期刊评价报告、中国基础教育信息服务平台、维普 -Google 学术搜索平台、维普考试资源系统、图书馆学科服务平台、文献共享服务平台、维普期刊资源整合服务平台、维普机构知识服务管理系统、文献共享平台、维普论文检测系统等系列产品。公司网站维普资讯网（www.cqvip.com）建立于 2000 年。经过多年的商业运营，维普资讯网已经成为全球著名的中文专业信息服务网站，以及中国最大的综合性文献服务网站。陆续建立了与谷歌学术搜索频道、百度文库、百度百科的战略合作关系。网站目前遥遥领先数字出版行业发展水平，数次名列中国出版业网站百强，并在中国图书馆业、情报业网站排名中名列前茅。

（8）CSSCI

中文社会科学引文索引（Chinese Social Science Citation Information，CSSCI），是由南京大学研制成功的、我国人文社会科学评价领域的标志性工程。

14.3.2 国外主要电子数据资源介绍

（1）Dialog 数据库系统

Dialog 数据库（http://www.calis.edu.cn）是目前世界上最大的联机数据库系统，已收集有 8 亿条重要记录。Dialog 数据库几乎收集了所有领域的信息，目前共有 900 个数据库，包括为初学者准备的收费较低的实验库和以备将来发展用的空库号。数据库系统中主要有书目数据库（Bibliographic Database）、全文数据库（Complete-text Database Fulltext Database）、指南数据库（Directory Database）、数值数据库（Numeric Database）、复合数据库（Composite Database）。其中科技与农业方面的著名数据库有 INSPEC“英国·科学文摘”、CHZZ 美国“化学文摘”、ABI 数据库、AGRIS 数据库、AGRICOLA 数据库。

（2）Un Cover 数据库系统

Un Cover 数据库（http://uncweb.carl.org）是当前世界上规模最大、内容更新最快的期刊数据库之一，向用户提供联机检索服务，收录期刊超过 18000 种，拥有期刊文献索引 700 多万篇，并以每天 5000 篇的速度扩增。Un Cover 数据库的最大特点是向用户提供自动检索和最新文献报道服务。

（3）Ovid 及其数据库资源

Ovid 系统（http://www.ovid.com.）目前共拥有 250 余个世界顶级的各学科最优秀的数据库，是世界上最著名的信息检索系统之一。

（4）SCI

SCI 是一部国际性的检索刊物，包括有：自然科学、生物、医学、农业、技术和行为科学等，主要侧重基础科学。SCI 成为国际公认的反映基础学科研究水准的代表性工具。

（5）EI

《工程索引》（Engineering Index，EI），1988 年创刊，由美国工程信息公司出版，报道工程技术各学科的期刊、会议论文、科技报告等文献。

（6）SSCI

SSCI 是美国《社会科学引文索引》的简称，为美国科学情报研究所建立的综合性社科文献数据库，涉及经济、法律、管理、心理学、区域研究、社会学、信息科学等。

（7）AHCI

AHCI（Arts & Humanities Citation Index）（艺术和人文引文索引）是美国科技信息所编辑出版的用于对人文和社科论文数量进行统计分析的大型检索工具，是 SCI 的姐妹篇。

14.3.3　有针对性地选取信息资源

在查找文献时不可能也没必要检索所有的数据库，一般应根据自己的专业领域有针对性地选择相应的数据库，前提是要清楚不同学科数据库收录的特点，这样才能有效检索到自己所需要的文献信息。例如，CA 是检索化学文献最主要的检索工具，但多数学生并不清楚 CA 还收录了许多其他学科的文献，物理学、生命科学、农业、分子生物学等。学生除了利用高校图书馆提供的各种数据库外，还要学会利用免费的网络资源，如一些国内外网络的免费期刊、专利文献、典型开放期刊、会议文献、标准文献等，此外 Baidu，Google 搜索引擎也是不错的选择。只有将这些信息资源有机地结合起来使用，才能真正检索出符合自己需求的文献信息。

14.4 需掌握的相关技能

（1）掌握网上检索工具类型

网上检索人人皆知，如常用的 Baidu、Google 等搜索引擎，是目前互联网开放信息的常用工具。网上检索工具大体上可分为两种基本类型：一是目录型；二是检索型。目录型检索工具适合检索网址目录，扩大检索时会经常用到。如果进行缩检，具体到某个网址的内容，就会使用检索型的检索工具。检索型的检索工具是由很多网址文摘组成的，有的附有全文，有的只有题目。

（2）合理使用布尔逻辑符

一般网址检索及各种数据库检索都允许使用逻辑符，常用的布尔逻辑符有 3 种：一是逻辑“与”，用“and”或“*”表示，如 A and B 这个检索式，表示查询的文献信息包括 A 和 B 的所有内容。如要检索 Java 方面的数据库，应输入检索式：Java and Database。二是逻辑“或”，用“or”或“+”表示，在网上检索时，“or”的用处不多，如用到“or”，则检索出来的信息量很大。三是逻辑“非”，逻辑运算符是“not”或“–”，可用来排除在检索中同名但不同义的词组。另外有些词如“计算机”，词义太泛，失去了检索的价值，在某些网站禁用。如果我们对以上情况有初步的了解，就能避免不必要的误检，从而提高检索效率。

（3）精确检索和模糊检索

精确检索指检索词与数据库中的标引词完全一致时才显示出要检索的结果。例如，对“计算机信息检索”进行精确检索，其检索出的结果必然是“计算机信息检索”，而且词序不变。如果对“计算机信息检索”进行模糊检索，则可能会出现“浅谈计算机网络信息检索”“计算机科学领域信息

检索理论架构研究”等，而且词序不一。前方一致检索，就是检索词的前面有若干字符要与检索的数据库标引词匹配。比如在前方一致的情况下检索“数学”就会出现“数学分析”“数学方法”“数学研究”等文献信息。因此，若能依据实际情况灵活运用这些检索方法，对检索很有帮助。

（4）关键词的选用

检索词的选择与检索效果有直接关系，而关键词检索是最基本的检索方法，是使用较多也最不易掌握的检索方法。关键词选择是文献检索中最大的难题，具体来说，关键词的获取有以下 3 种类型。

① 表面关键词。这是直接从检索题名中得到的关键词，这种关键词容易理解，经常使用。

② 扩展关键词。即与表面关键词相关的同义词、上位词和下位词。比如在检索 “计算机辅助设计的应用”相关文献信息时，可以同时采用同义词或近义词的方式来进行，可选取以下检索词：CAD、计算机辅助设计、计算机系统等，通过这些检索词的检索，可以有效地缩小查寻范围，提高检全率，获得所需求的文献信息。再比如检索 “电子计算机”，可以选用计算机、微机、电脑等检索词。假如查找胃病诊断方面的文献，如果直接输入检索词 “胃疾病”这个上位词，那么肯定会有很多文献被漏掉，因为胃病方面的文献还有“胃炎”“胃下垂”“胃溃疡”等，这些词都是“胃疾病”的下位词。当然，还可以通过下位词来缩小检索范围，这样会提高文献的检准率。比如，在百度搜索引擎上检索 “飞行器”这个词时，共有 21052424 条结果，而检索 “航天飞机”，则只有 4789501 条结果。在中国知网中检索 “飞行器”这个词能找到 13421 条结果，而检索 “航天飞机”则只找到 4195 条结果。“航天飞机”属于“飞行器”的下位词，通过下位词检索，能够进一步确定自己想要检索的文献信息。从以上分析可知，

可以通过某些细节来提高文献信息的检全率和检准率。

③ 背景关键词。通过对检索题目的分析，从而取得相关的背景关键词，这种关键词并不在字面上表现出来。例如“发动机”是关键词，根据机械知识“马达”也是同样的关键词，只有将“发动机”和“马达”两个关键词结合起来使用才能检索出足够的满足要求的文献信息量。再比如“高温下使用的不锈钢”，“不锈钢”是关键词，另外，“耐热钢”也不能少。

在这 3 个不同层面的关键词获取上，最容易的是表面关键词，不学自通，扩展关键词可以通过学习掌握并且理解，最难的是背景关键词，因为这些关键词的获取表面看起来与检索题目无关，但与题目所处的知识环境密切相关，因此需要扩展检索的能力，分析题目，并根据背景知识，选取合适的关键词。

（5）检索策略

确定最适当的检索词，并成功地把它们组合起来。具体包括以下内容：首先，为选择检索词确定适当的策略，建立一张与研究课题相关的关键词和短语表，有了这张初始列表，就会想起同样描述研究主题的其他术语。然后，确定图书馆数据库中可利用的信息种类，选择适当的图书馆数据库，这里需要强调数据库与学科专业的对应。最后，使用关键词和主题词的检索法，把检索词有效地组配起来。

（6）信息评价

掌握一定的评价方法，通过仔细研究和鉴定来决定印刷型和电子型文献的意义和价值。判断一种文献资源是否适合于某一研究的方法，可以参照如下因素：作者、出版发行时间、出版者、评价、内容等。为了避免剽窃，应注意在引用别人原文时，清楚详细地标明文献资料的出处，直接陈述别人的原话时用引号等。

第 15 章　资源发现系统

近年来，飞速发展的计算机和网络信息技术使得信息资源的种类日益复杂，资源量日益庞大，图书馆资源检索开始面临更多的难题和挑战。为了让用户能够以较少的时间准确地检索到符合自身需求的资源，图书馆不断地尝试实现精准的资源整合检索，从早期致力于本馆馆藏数字资源的 OPAC 系统、数据库导航系统到资源整合系统，再到现在的资源发现系统。资源发现系统是在元数据的基础上将图书馆各种数字资源整合到统一检索平台，从而为用户提供快速方便检索服务的一种跨数据库跨平台的检索系统，具有内容聚合、整合检索、结果集展示、一站式获取等特点。其资源主要来自本地馆藏资源、电子期刊 / 数据库、数字资源和开放获取资源等，包括图书、期刊、电子书、学位论文、多媒体资源、报纸文章等多种类型。目前，国外的资源发现系统主要有 EDS，Primo，Summon，WorldCat Local 四种；国内主要有 e 读、读秀、超星发现系统、指针搜索、百链、EBSCO、南大数图 Find+ 和 CNKI 学术搜索等。

检索功能是资源发现系统的核心，决定了其能否将资源全面、准确地揭示给用户，主要包括：检索字段的设置，提供的检索类型、检索策略、检索限定以及检索结果的显示方式等。这些功能存在与否、其完备程度及合理性将影响系统的可用性和易用性，与检索效果密切相关，关系到系统满足用户需求的程度，是反映检索系统性能的重要依据。

15.1 超星发现简介

超星发现以数亿各类文献及网络学术资源海量元数据为基础，充分利用数据仓储、资源整合、知识关联、文献统计模型等相关技术，通过引文分析、分面筛选、可视化图谱等手段，为读者从整体上掌握学术发展趋势，洞察知识之间错综复杂的交叉、支撑关系，发现高价值学术文献提供便捷、高效而权威的学习、研究工具。

超星发现系统除了具有一般搜索引擎的信息检索功能外，其最大的功能是提供了深达知识内在关系的强大知识挖掘和情报分析功能。为此，发现的检索字段大大增加，更具备大到默认支持全库数据集范围的空检索，细到可以通过勾选获取非常专指主题的分面组合检索，从而实现了对学术宏观走向、跨学科知识交叉及影响和知识再生方向的判断，具备了对任何特定年代，或特定领域，或特定人及机构的学术成果态势进行大尺度、多维度的对比性分析和研究的能力。超星发现系统是学者准确而专业地进行学术探索和激发创新灵感的研究工具。

15.2　超星发现的使用

15.2.1　进行搜索

（1）基本检索

图 15–1　检索界面

在搜索框中输入一个关键词，点击“发现检索”，系统在多种文献的多个字段中进行搜索，见图 15–1。可搜索字段：题名、作者、摘要、关键词、出版社、出版物名称（如：刊名、书名）、期号、ISBN、标准号、专利申请号。

（2）高级检索

通过高级检索，对文献进行更加精确的查找。高级检索页面如图 15–2 所示，可进行“或与非”逻辑检索。

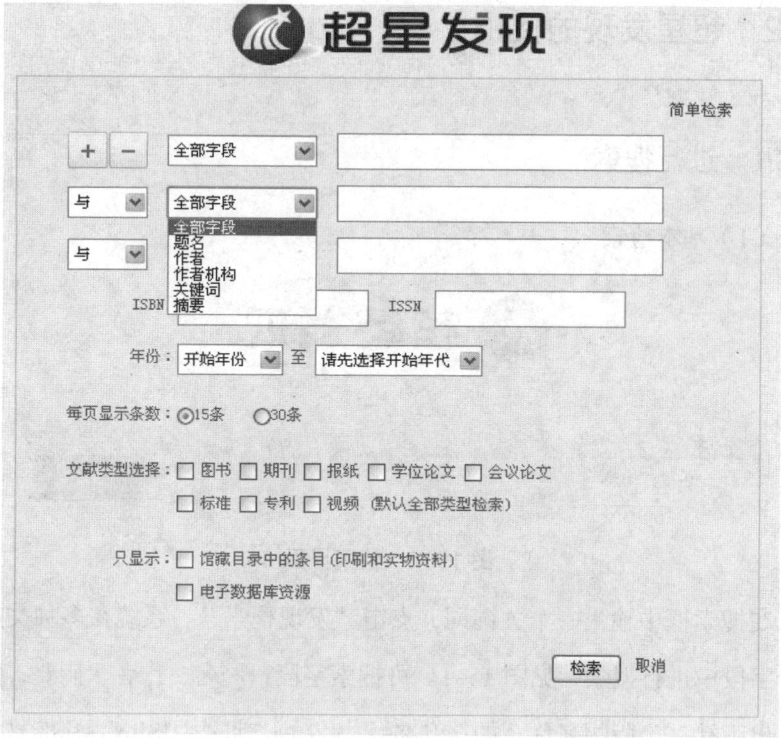

图 15-2　高级检索界面

15.2.2　浏览搜索结果

搜索结果界面见图 15-3。

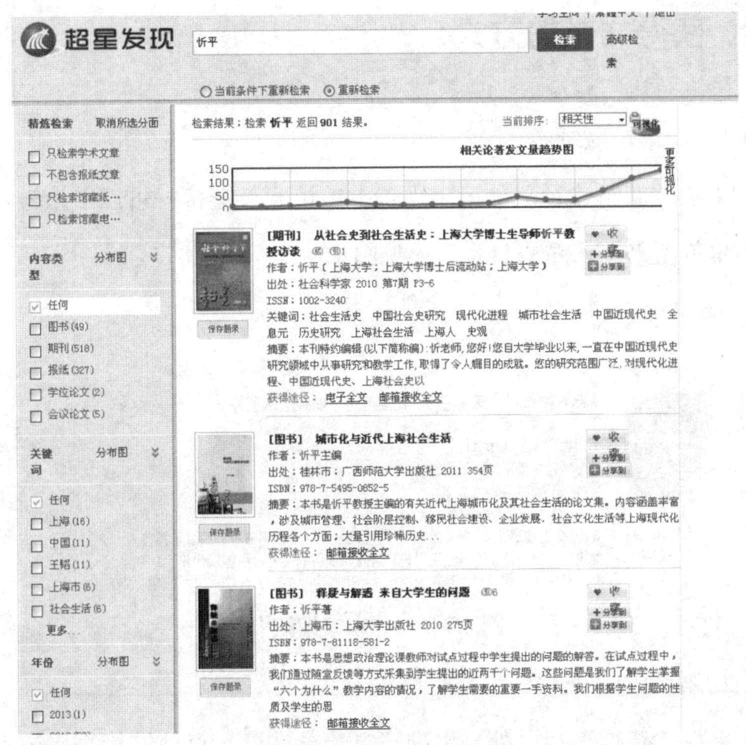

图 15-3　搜索结果界面

① 可以通过左侧选项来缩小检索范围："精炼检索""内容类型""年份""作者""作者单位""重要期刊""关键词"等。

② 期刊学术发展趋势图：可以查看当前检索词相关论著历年来学术发展趋势。

③ 检索结果：可以查看检索到的所有结果，支持键盘↑↓滚动，←→翻页。

④ 可视化按钮：可以展开可视化页面，给读者更直观的数据分析与知识挖掘。还可以通过多种方式对检索结果排序；根据实际需要选择每页显示检索结果的条数。

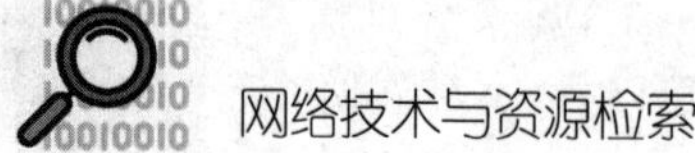

15.3 获得文献的方式

（1）本馆馆藏纸本

如果在“获得途径”处，出现“本馆馆藏”链接，可以点该链接直接进入本单位图书馆馆藏书目系统，见图 15-4。

中国小说史略

【图书】

问题反馈

【获取途径】 本馆馆藏 图书试读 邮箱接收全文

【作者】鲁迅著

【出版日期】2010.11

【出版社】南京市：凤凰出版社

【页 码】308页

【ISBN】978-7-5506-0016-4

【摘 要】鲁迅（1881～1936），浙江绍兴人，幼名周樟寿，后改名周树人，鲁迅为其1898年发表《狂人日记》时开始使用的笔名。中国现代伟大的文学

图 15-4 “本馆馆藏”

（2）本馆电子全文

如果在“获得途径”处，出现“电子全文”，点该链接直接进入相应的数据库页面进行在线阅读全文或下载，见图 15-5。

江南水师学堂 · 鲁迅

【期刊】

问题反馈

【获取途径】 电子全文 邮箱接收全文

【作者】鲁迅

【期刊名】青春

【年份】2013

【页 码】P1

【期号】第1期

【ISSN】1005-2445

【关键词】鲁迅 江南 水师 俏皮话 合适 聘书 津贴 学生 脾气 正经

【摘 要】总觉得不大合适，可是无法形容出这不合适来。现在是发现了大致相近的字眼了，“乌烟瘴气”，庶几乎其可也。只得走开。近来是单是走开也就不容

图 15-5 “电子全文”

（3）文献传递

如果在“获得途径”处，出现“邮箱接收全文”，点该链接直接进入

超星图书馆文献咨询中心通过 E-mail 快速准确地传递读者所需资料，见图 15-6。

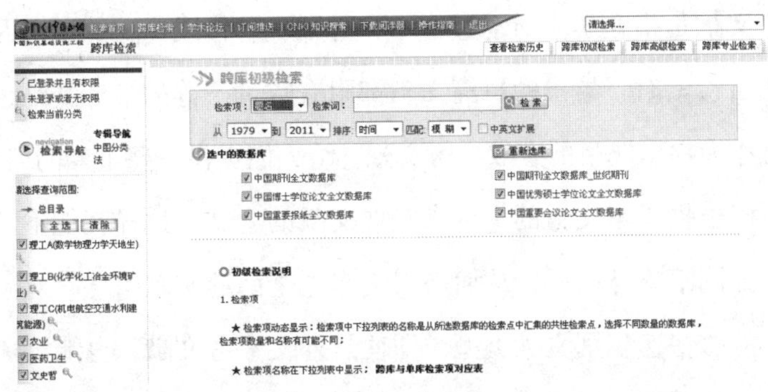

图 15-6　跨库初级检索

文献传递注意事项：

① 每本图书单次咨询不超过 50 页，同一图书每周的咨询量不超过全书的 20%。

② 所有咨询内容有效期为 20 天。

③ 回复邮件可能会被当作未知邮件或垃圾邮件，若没有收到回信，请查看一下不明文件夹或垃圾邮件箱。

④ 平台尊重并维护原作者和出版者的知识产权利益，请在使用咨询服务时遵守法律法规和相关规定，并遵循合理使用的原则。

⑤ 严禁任何个人或单位连续、系统、集中、批量地进行传递，更不能使用软件工具批量下载。

⑥ 通过本方式所获得的文献仅供你本人用于学习研究，严禁将所获得的文献提供给非合法用户以及利用获得的文献资料进行非法牟利。

15.4 参考文献的作用和类型

参考文献是指在学术活动过程中，对某一著作或论文的参考及借鉴。在进行题目检索时，检出的每篇文献都附有数量不等的参考文献，这些参考文献可作为检索题目的有效参考文献，给人们提供一些重要的信息线索。此外，可以根据参考文献的出处来获取文献的全文，这样就能不断扩大检索范围，如同滚雪球一样，从而获得更多更全面的文献信息。对于大学生来说，应能够快速识别文献类型，即便是外文参考文献，也能迅速找到文献的题名、作者及文献出处等信息，这些信息对阅读原文、文献取舍都是十分重要的。文献的类型主要分为两种：一种是期刊 [J]，专著 [M]，论文集 [C]，报纸 [N]，学位论文 [D]，报告 [R]，标准 [S]，专利 [P] 等。另一种是电子文献类型，包括数据库 [DB]，计算机程序 [CP]，电子公告 [EB]，联机网络 [OL] 等。

下面特举 4 个常见的例子。

（1）期刊类

指发表在期刊杂志上的论文。标识方式：J—期刊文章。著录格式为：作者 . 文章名 [J] . 刊物名，年度，期卷号：页码范围 .

如：李景文，于兆军 . 加强师资建设是提高文献信息检索和利用课建设的关键 [J] . 河南高校图书馆学刊，2012（2）：23–29.

Heider E.R，Oliver D.C. The structure of colorspace in naming and memory of two languages [J]. Foreign Language Teaching and Research，1999（3）：62–67.

（2）专著类

标识方式：M—专著，著作。著录格式为：作者 . 专著名 [M]. 出版地：

出版社，出版年 .

如：蒋有绪，郭泉水，马娟，等 . 中国森林群落分类及其群落学特征 [M]. 北京：科学出版社，1998.

Gill R. Mastering english literature [M]. London：Macmillan，1985.

（3）学位论文

标识方式：D—学位论文（硕士论文或博士论文）。著录格式：作者 . 篇名 [D] . 出版地：保存者，出版年份：页码 .

如：段燕芳 . 教学地图的运用对初中生构建脑中地图的影响 [D]. 长春：东北师范大学，2009：1–39.

（4）专利

标识方式：P—专利。著录格式：专利所有者 . 专利题名：国别，专利号 [P] . 发布日期 .

如：广东省长大公路工程有限公司 . 散装水泥流动罐除尘装置：中国，CN201020026582.8 [P] .2010–11–24.

第 16 章　知网使用指南

CNKI 是中国知识基础设施（China National Knowledge Infrastructure）的英文简称。CNKI 系列数据库产品，是“中国知识基础设施”工程的产物。CNKI 工程是以实现全社会知识资源传播共享与增值利用为目标的信息化建设项目，由清华大学、清华同方发起，始建于 1999 年 6 月。目前，CNKI 工程已经完成了 CNKI 数字图书馆、中国知识资源总库、CNKI 知识网络服务平台的建设，为知识资源的传播和利用提供了高效便捷的数字化平台。包含中国期刊全文数据库、中国优秀博硕士学位论文全文数据库、中国重要会议论文全文数据库、中国重要报纸全文数据库、中国统计年鉴数据库、中国精品文艺作品期刊文献库、中国法律知识资源总库多个数据库，覆盖的学科范围包括：数理科学、化学化工和能源与材料、工业技术、农业、医药卫生、文史哲、经济政治与法律、教育与社会科学、电子技术与信息科学等 。

16.1　知网产品介绍

16.1.1　数据库资源

中国知网是目前全球最大的中文数据库，涵盖的资源丰富，主要类型：研究型的资源有期刊、学位论文、会议论文、专利、国标行标、项目成果、国家法律、地方法规、案例、年鉴、报纸、数据、图谱 ；学习型的资源有各种字词典、各种互译词典、专业百科、专业辞典 、术语；阅读型的资源有文学、艺术作品与评论，文化生活期刊。

16.1.2　资源特点

① 中外文资源品种完整，分类科学，覆盖所有学科，满足学校科研教学等各方面工作的需要。

② 外文题录资源合法授权，资源来源渠道稳定可靠。

③ 合作的资源经过了标准化加工，实现了资源的统一整合。

④ 不同类型的文献资源整合，实现资源的价值互补。

⑤ 外文资源的检索结果直接链接到原文下载页面，实现资源发现的目的。

16.1.3　中国知网产品功能介绍

① 知识发现平台：

统一检索——跨库、跨语言的一站式检索，查找文献。

分组和排序——检索结果的筛选和处理。

跨库知网节——揭示知识之间的关联性，进行课题查新。

文献分析——文献内容层面的知识关联与发现，揭示文献。

文献分享与推送——扩展平台的互动性。

指数检索——发现学术热点话题。

② 学术趋势搜索——了解最新科研热点。

③ 翻译助手。

④ CNKI E-Learning——数字化学习平台。

⑤ 引文统计分析——科研管理和评价工具。

⑥ 学者成果库——传播学术影响力。

⑦ 知识元搜索——帮助教师进行教学。

⑧ 个人图书馆——为用户提供了个性化、交互式学习研究的空间。

16.1.4 南京师范大学图书馆订购的 CNKI22 个数据库

主要资源如下：

期刊：国内学术期刊 8207 种，全文文献总量 47325157 篇。

会议论文：国内外学术会议论文集 30735 本，文献 2761608 篇。

学位论文：博硕士学位论文全文文献 3102364 篇。

报纸：报纸全文文献 14639624 篇。

专利：中国专利 15039420 条，海外专利 69872437 条。

科技成果：729479 项。

工具书：6000 多部。

年鉴：25015505 条。

古籍：近 5000 本。

外文文献：51189708 条题录。

16.2　数据库检索方法

进入中国知网后，首先选择数据库，可以选择一个数据库进行单库检索，也可以选择跨库检索同时检索多个数据库。如果仅仅查一个库，建议用单库进行检索。下面就以跨库检索为例进行介绍。

（1）快速检索

检索字段包括题名、主题、关键词、摘要、作者、第一作者、作者单位、来源、全文、参考文献和基金。匹配有精确和模糊两种方式，精确检索指检索结果中含有与检索词完全匹配的词语；模糊检索指检索结果包含检索词或检索词中的词素。具体检索应用中，可以先限定检索字段、检索时间范围、匹配方式，然后输入检索词，选择检索的数据库。

（2）初级检索

初级检索可以对检索条件进行限定，选择检索的学科范围（缺省为全选），选择数据库（缺省为全选），检索词命中方式为精确、模糊两种匹配方式。检索条件限定中，中英文扩展可以用英文查对应的中文内容，也可用中文查对应的英文内容；检索结果按时间和相关度进行排序。具体检索应用中，可以先限定检索字段，输入检索词，然后限定检索时间范围、排序方式和匹配方式，选择要检索的数据库，初级检索界面如图 16–1 所示。

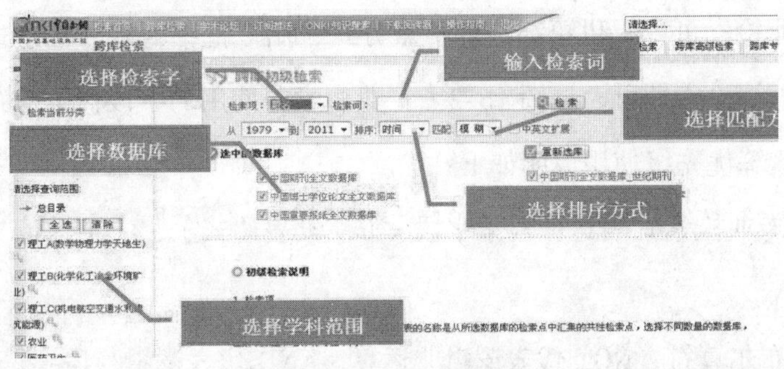

图 16–1　初级检索

（3）高级检索

使用高级检索可以同时限定多个检索字段，通过点击“+”“–”增加或减少检索框，同一检索项检索词关系可为：并且“*”、或者“–”、不包含“–”、同句、同段，字段之间使用“并且”“或者”和“不包含”连接。“并且”代表同时检索出其连接的前后两个检索词；“或者”代表检索出至少包含其所连接检索词之一的结果；“不包含”代表检索结果中不包含所连接的检索词。“并且”“或者”“不包含”的优先级相同，即按先后顺序进行组合。词频指检索词在相应检索项中出现的频次。词频为空，表示至少出现 1 次，如果为数字，例如 3，则表示至少出现 3 次，以此类推。具体检索应用中，可以先输入检索词，然后限定检索字段和字段之间的逻辑关系，高级检索界面如图 16–2 所示。

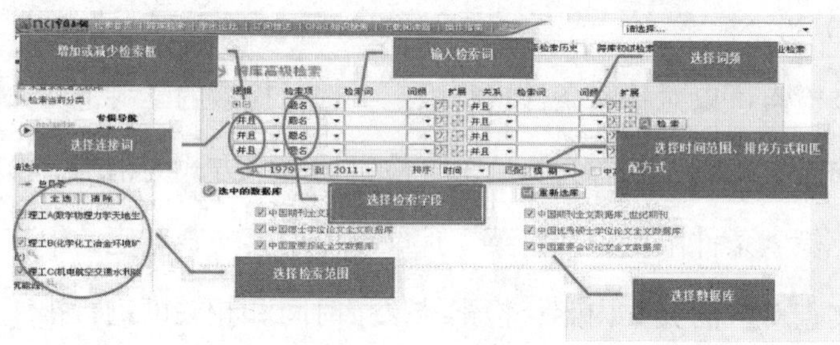

图 16–2　高级检索

（4）专业检索

专业检索可以提供更高级的检索方式，用户把编辑好的检索式输入检索框内直接检索即可，见图 16–3。专业检索中使用的字段代码、布尔逻辑算符，运算优先级使用说明如下：

① 专业检索式表达：检索字段 =（检索表达式），（ ）为英文半角状态下输入。

② 布尔算符：NOT 代表逻辑非运算，AND 代表逻辑与运算，OR 代表

逻辑或运算。

③ 运算优先级：由于中国知网的逻辑算符优先顺序相同，所以可以用（ ）改变优先顺序。

例如：检索钱伟长在清华大学以外的机构工作期间所发表的，题名中包含“微循环”“数学模型”文章。利用专业检索可以表示为：题名 =（微循环 * 数学模型）and（作者 = 钱伟长 not 机构 = 清华大学）。

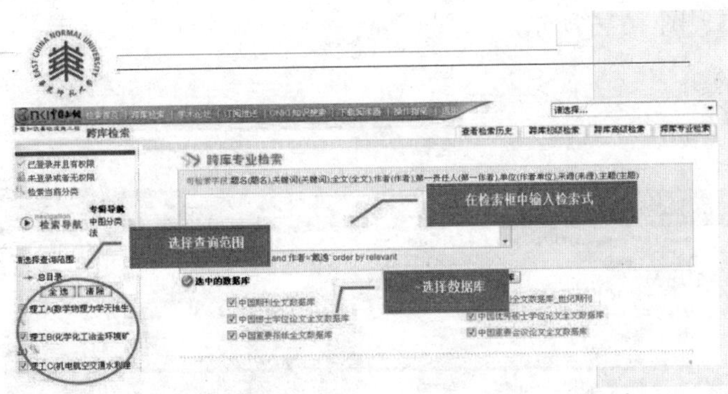

图 16–3　专业检索

（5）导航浏览

进入中国知网，页面左侧的数据库导航包括期刊导航、基金导航、作者单位导航、内容分类导航、博士学位授予单位导航、硕士学位授予单位导航、会议主办单位导航、会议论文集导航和报纸导航，如图 16–4 所示。

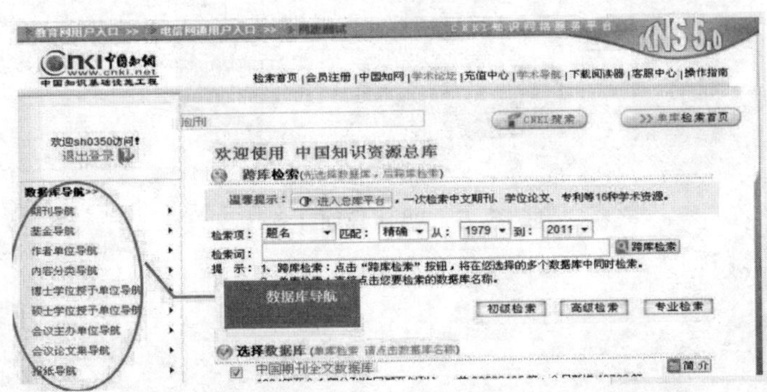

图 16–4　导航浏览

以期刊导航为例进行说明。进入期刊导航界面，分为专辑导航、数据库刊源导航、刊期导航、出版地导航、主办单位导航、发行系统导航、期刊荣誉榜导航、世纪期刊导航、核心期刊导航和中国高校精品科技期刊，根据需要点击进入相应版块进行浏览。每个版块可按首字母导航，也可根据刊名、ISSN、CN 输入检索词进行检索。点击期刊进入其首页，封面下方是期刊信息简介，可对该期刊按年、期进行浏览，也可在该刊中进行检索，如图 16–5、图 16–6 所示。

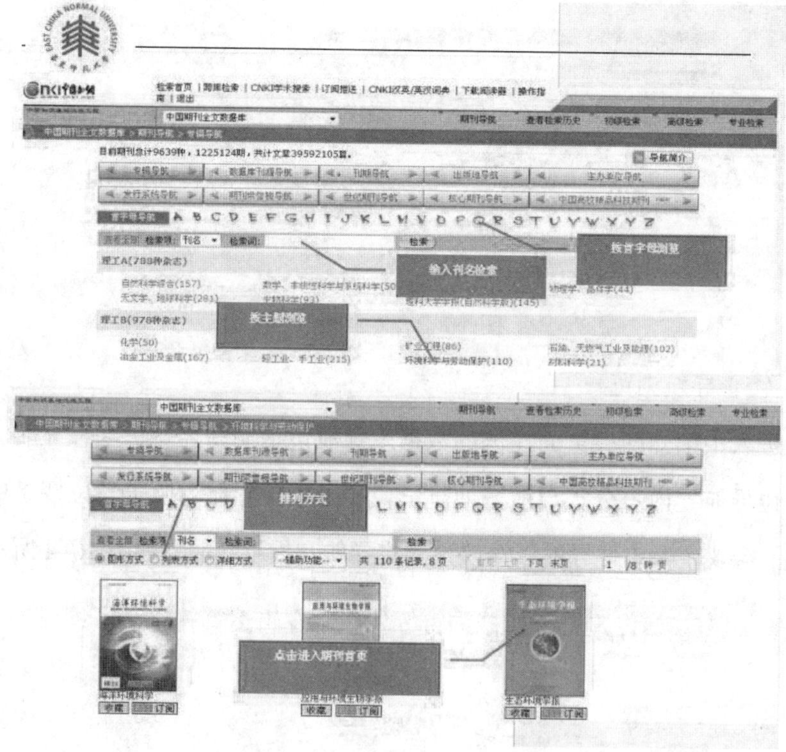

图 16–5　期刊导航（一）

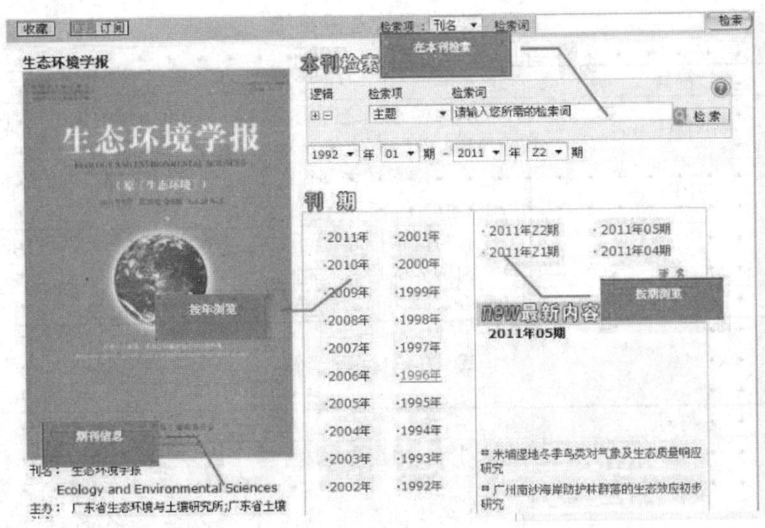

图 16-6　期刊导航（二）

16.3　数据库检索技术

（1）检索字段

中国知网快速检索、初级检索和高级检索字段包括题名、主题、关键词、摘要、作者、第一作者、作者单位、来源、全文、参考文献和基金。

（2）检索算符

检索运算符包括布尔逻辑运算符和系统专用的检索算符（仅在专业检索中可用），如位置算符、截词符等。布尔逻辑运算符定义了词或词组之间的关系，位置算符限定检索词之间的数量，通配符可扩展检索范围，见表 16–1、表 16–2、表 16–3。

表 16–1　逻辑算符

逻辑关系	符号	举例	含义
逻辑与 (AND)	*	教育 * 经济	教育、经济两个检索词必须同时出现
逻辑或 (OR)	+	教育 + 经济	教育、经济两个检索词出现一个即可
逻辑非 (NOT)	–	教育 – 经济	教育必须出现，经济必须不出现

表 16-2　位置算符

符号	含义
/NEAR n	表示两检索词之间可包含 *n* 个其他词，两词的顺序任意，/NEAR n 前后有空格
/PREV n	表示两检索词之间可包含 *n* 个其他词，两词的顺序不变，/PREV n 前后有空格
/SEN n	表示两检索词之间可相隔 *n* 个其他句子，两词的顺序任意，/SEN n 前后有空格
#	两检索词在同一句子中，# 前后须有空格

表 16-3 通配算符

符号	含义
?	截词符，用在词尾表示零个或多个字符或汉字。例如：题名＝计算？，可检索到计算、计算机、计算语言等。用在两个检索词之间，则一个？表示一个字符或单元词。?? 表示两个字符
*	多字符通配符。用在两个检索词之间，代表零个或多个字符或汉字。如：计算机 * 检索，可检索到“计算机情报检索”“计算机情报信息检索”等

$ n，词频，表示检索词在相应的检索字段中出现的频率。词频为空，表示至少出现 1 词，如果为数字 *n*，则表示至少出现 *n* 词。$ 前后须有空格。

匹配方式包括精确和模糊。精确表示检索结果与检索词完全一致，模糊表示检索结果中包含检索词中所含各单元词，在专业检索中，使用算符 % 表示模糊查询。

16.4　检索结果处理

实施检索策略后，在检索结果页面中，可以浏览命中结果的题录、文摘和全文；可进行二次检索从而缩小检索范围；可提供记录的各种相关链接。如：同类文献题录链接、相关文献作者链接、相关研究机构链接等；可以了解某个期刊是否是中国学术期刊综合评价数据库、中国科学引文数

据库、中国人文科学引文数据库的来源期刊。具体如图 16–7 所示。

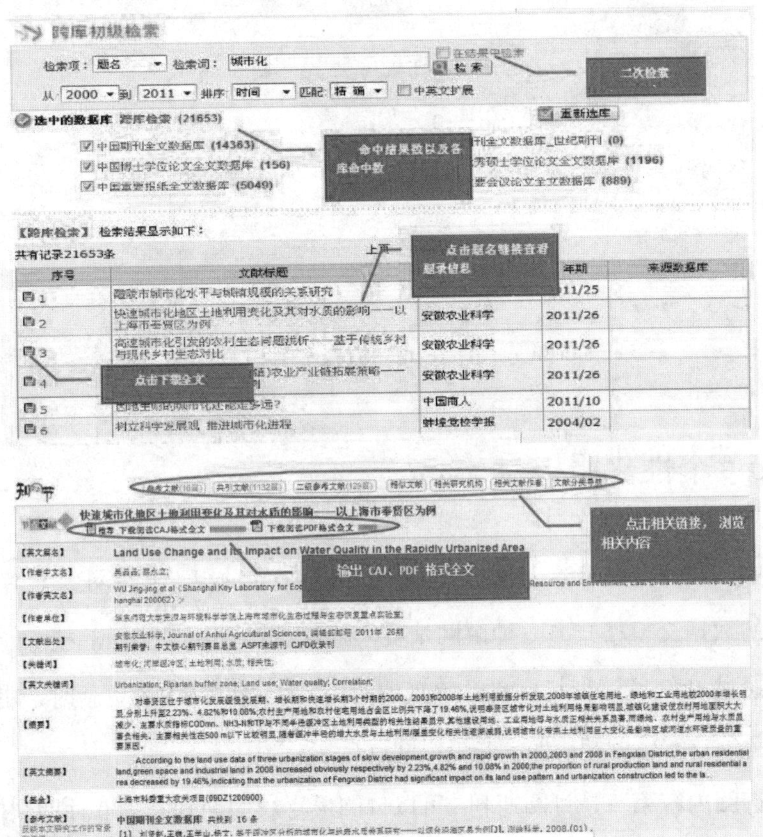

图 16–7　检索结果处理

如要查找南京师范大学 2000 年以来发表的有关信息技术与课程整合的文章。进入高级检索界面，检索途径 1 限定为主题，输入检索词“信息技术”；然后选择“并且”连接符，输入检索词“课程整合”；再选择“并且”逻辑关系，选择检索途径 2 作者单位，输入检索词“南京师范大学”，然后限定时间；点击检索按钮，如图 16–8 所示。

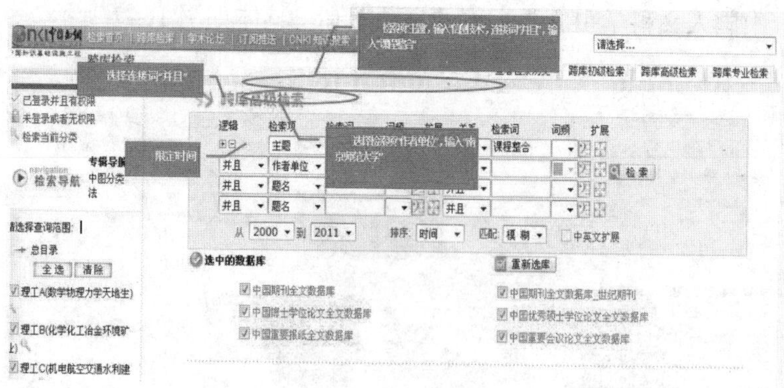

图 16-8　检索案例

16.5　个性化服务

中国知网提供 RSS 订阅推送服务，RSS 是一种用于共享网页（ Web ）内容的数据交换格式，一种由网站直接把信息送到用户桌面的技术，用户可以通过 RSS 阅读器订阅自己感兴趣的内容，当网站内容更新时，用户会看到新信息的标题和摘要，并可以阅读全文。

订阅内容第一是订阅期刊：可以订阅最喜欢的期刊，7600 种期刊任选，新刊一到，就能第一时间看到、读到；第二是按关键词订阅资料，无论是新闻、学术论文、学术动态、最新科研成果，只要是对用户有用的、用户想知道的，都可以订阅。

使用 RSS，需要下载和安装一个 RSS 阅读器或聚合器，点击中国知网的“订阅推送”，选择要定制的内容，获取 RSS 文件地址后将 RSS 文件地址添加到 RSS。

参考文献

[1] 王宏波，来玲．信息资源检索与利用[M]. 大连：东北财经大学出版社，2019.

[2] 魏晟，吴小川．当代信息检索技术 [M]. 北京：科学出版社，2014.

[3] 杜良贤．图书馆利用与文献信息检索 [M]. 成都：电子科技大学出版社，2015.

[4] 陈剑光．信息组织与利用 [M]. 杭州：浙江大学出版社，2017.

[5] 王丽萍．文献信息检索与利用 [M]. 广州：华南理工大学出版社，2013.

[6] 徐庆宁，陈雪飞．新编信息检索与利用 [M].4 版．上海：华东理工大学出版社，2018.

[7] 黑马程序员．网页设计与制作项目教程 [M]. 北京：人民邮电出版社，2018.

[8] 张明．网站开发与网页设计 [M]. 北京：清华大学出版社，2011.

[9] 姚琳．网页设计与制作三合一 (CS3)[M]. 北京：中国铁道出版社，2008.

[10] 新艺科技 .Dreamweaver CS3 超酷网页设计 (CSS 篇)[M]. 北京：清华大学出版社，2008.

[11] 葛艳玲．网页制作基础教程 (Dreamweaver CS3)[M]. 北京：电子工业出版社，2010.

[12] 百度文库 .CNKI 个人数字图书馆使用说明 [EB/OL].(2014-03-20)[2022-04-08].https://wenku.baidu.com/view/a998b863af45b307e9719736.html.